KB125768

사물의 표면

아래

Beneath the Surface of Things

Copyright © 2024 by Wade Davis

First Published by Greystone Books Ltd.

343 Railway Street, Suite 302, Vancouver, B.C. V6A 1A4, Canada

Korean Translation Copyright©2024 by AGORA Publishing

Korean edition is published by arrangement with Greystone Books Ltd. through Duran Kim Agency.

이 책의 한국어판 저작권은 듀란킴에이전시를 통한
저작권자와의 독점계약으로 도서출판 아고라가 소유합니다.
저작권법에 의하여 한국 내에서 보호를 받는 저작물이므로
무단 전재와 무단 복제를 금지합니다.

사물의 표면

아래

너머를 보는
인류학

Wade Davis

웨이드 데이비스 지음
박희원 옮김

Beneath
the Surface
of Things

AGORA

할아버지의 눈에 비친 새로운 빛,
케이드에게

차례

서문

　자연에 보탬이 되기 위해 우리가 할 수 있는 가장 중요한 일을 한 가지 꼽아달라고 시인 게리 스나이더^{Gary Snyder}에게 청했던 적이 있다. 그의 답은 "가만히 있기"였다. 여행이 멈추고 세계가 봉쇄되었던 2020년 초반 몇 달 동안 자연은 아니나다를까 놀랍고도 심원하게 희망적인 양상으로 회복했다. 하루아침에 카이만(주로 중남미에 서식하는 악어의 일종—옮긴이)이 바하칼리포르니아 모래사장을 다시 거멓게 채웠고 멧돼지가 바르셀로나 거리를 활보하게 되었으며 홍학 수천 마리가 뭄바이 습지에 모여들었고 늑대와 곰이 요세미티 계곡 바닥으로 돌아왔다. 메데인과 보고타에서는 산줄기가 흐르듯 강이 흘렀다. 베네치아 운하는 현대인이 기억하기로는 처음으로 맑아졌다. 델리와 라호르, 카트만두 빈민가에서 오래도록 매연과 공장 연기에 휩싸여 살던 사람들은 아침에 눈을 뜰 때 파란 하늘과 지평선에 수놓인 하얀 산봉우리를 보게되었다. 공포와 위험이 전세계로 퍼진 시기에, 자연의 회복력은 지구를 새로 꿈꿀 가능성을 드러내 보여주었다.

물론 자연은 결국 새 생명을 얻지 못했고, 팬데믹이 사그라들면서 옛 습관은 좀처럼 떨쳐지지 않는 성급함과 확신을 보이며 돌아왔다. 그토록 많은 이가 고통받았고 수백만 생명이 횡사했다는 사실은 우리 기억의 유동성 속에서 잊혔고 우리 종의 망각 능력에 압도되었다. 우리 개개인이 떠올리는 일은 지구적이라기보다는 지난 여러 달 동안 서로와 나눈 말도 안되는 그 모든 일화처럼 심히 사적이다. 세상이 급정거해 소중한 계획이 죄다 세차장으로 급선회하는 사이 우리는 어디에서 무엇을 하고 있었나.

2020년 3월 초, 콜롬비아에서 돌아온 나는 5월 말까지 일곱 나라를 돌며 40개쯤 되는 행사 연단에 서는 여행 일정을 앞두고 있었다. 4월에 새 책이 출간될 예정이었고 캐나다와 미국, 영국 매체에 출연하기로 진작 일정이 잡혀 있었다. 이탈리아가 봉쇄되고 이스라엘이 텔아비브의 국제 공항을 폐쇄한 날 아내 게일과 나는 나이 지긋한 캐나다인 10여 명을 인솔하고 암만행 비행기에 오르기 직전이었다. 다들 일흔다섯 살이 넘은 그들은 요르단의 고대 유적을 둘러볼 생각에 들떠 있었다. 그러나 그 대신 우리는 천만다행으로 밴쿠버 인근의 작은 섬에 옹그리고 앉았다. 기대도 안 했던 여름 방학을 갑자기 얻은 어린이처럼. 그 방학은 2년간 이어진 칩거로 변해

갔다.

　시간은 새로운 무언가가 되었다. 삶이 느려졌다. 일이 여가가 되었고, 이에 수반된 뜻밖의 새로운 효율은 단기적으로는 진정 해방적이었다. 록다운 초기의 어느 아침이 유독 생각난다. 나는 언덕에 올라앉은 사무실에서 온라인으로 뉴욕에 있는 《롤링스톤》 편집자와 만나 이 책에 수록된 「허물어지는 미국」을 다듬으며 하루를 시작했다. 이어서 토론토에 있는 동료에게 연락해 그룹오브세븐Group of Seven(20세기 초 캐나다만의 화풍을 개척한 캐나다 풍경화가 집단─옮긴이)을 다루는 출간 예정작에 넣을 로런 해리스Lawren Harris에 대한 짧은 글의 퇴고를 마무리했다. 줌으로는 처음으로 캘리포니아에서 열린 한 작가 축제에서 강연했다. 청중은 현장에 참석한 300명이 아니라 온라인으로 모인 4,000명이었고 그 누구도 사흘간 과음하며 모르는 사람과 말을 섞을 필요가 없었다. 그러고는 싱가포르로 넘어가 한 학생의 보충 시험을 원격으로 감독했다. 성적을 매겨 대학에 제출한 결과지를 들고 손목시계를 흘긋하니, 아직 정오도 되기 전이었다. 점심 전까지 사과 묘목을 심을 시간이 충분했고, 야생화가 흐드러진 풀밭에서 나는 기쁜 마음으로 그 일을 했다.

　다른 모두와 마찬가지로 꼬박 1년을 가만히 있어야만 했던 나는 정적인 상태를 받아들였고, 머지않아 격렬한 환각을 체험하듯 분주했던 과거의 유랑 생활을 돌아보게 되었다. 내가 전에 썼던 글들은 거의 다 이동 생활에, 지구 극단으로 다니며 직접 체험한 바에 바탕했다. 그런데 졸지에 여행이란 선택지가 사라졌다. 이 언덕 위 작은 둥지의 창을 통해 세계를 흡수할밖에. 이 답사에서는 강을 따라가고 사막을 건너는 대신 텍스트의 빽빽한 단어 숲을 헤치고 다녀야 했고, 그 텍스트는 새로운 풍경을 열어 보이며 새로운 방식으로 생각하고 쓰도록 나를 고무했다. 책이 민속지학 답사를 대신했다. 글쓰기는 우리 삶이 되어버린 고독의 회오리를 이해하는 한 가지 방식이었다.

이 책에 수록한 글들은 대부분 팬데믹으로 록다운 중이었던 몇 달 동안 쓴 것으로 전쟁과 인종부터 산맥, 식물, 기후, 탐험, 청년의 전망 그리고 신성의 본질에 이르기까지 여러 분야를 다룬다. 주제보다는 상황으로 엮인 글이다. 이 모두는 쉼 없이 돌아다니던 사람이 결코 멈추는 법 없는 세계의 만방에서 갖은 사건이 터지는 동안에도 강제로 가만히 있어야만 했던 느릿한 수개월 사이에 나왔다.

이 책에서 특히 주목할 만한 글인 「허물어지는 미국」은 여기 실린 글들 다수를 탄생시킨 우연한, 어쩌면 사고와도 같았던 방식을 예시한다. 팬데믹 초기에 몇몇 편집자와 출판 매체로부터 이 위기에 대해 글을 써달라는 요청을 받았을 때 나는 새로 보탤 것이 있을까 싶어 주저했다. 그러다 7월 후반의 어느 여름 저녁, 카약을 타고 우리 섬 주위로 노를 젓던 중에 이 팬데믹은 의학과 공중보건이 아니라 도리어 역사와 문화의 이야기임을 깨달았다.

그후 이틀 동안 나는 7,000단어를 썼고, 오랜 친구이자《롤링스톤》창간인인 얀 웨너Jann Wenner에게 불쑥 그 글을 보냈다. 얀은 그 글을 아들 거스에게, 거스는 편집팀에 전달했다. 능숙한 수정 작업을 거쳐 2020년 8월 6일《롤링스톤》웹사이트에 게재된 그 글은 6주 만에 500만 독자를 끌어들였고 소셜미디어에서 3억 6,200만 회 노출되었다. 그 글에 대한 매체의 관심은 여러 주 동안 지속되었고, 23개국의 그리고 넓은 정치적 스펙트럼에 퍼져 있는 여러 매체에서 인터뷰 요청이 들어왔다. 하루는 PBS의 하리 스리니바선Hari Sreenivasan(에미상을 받은 인도계 미국인 기자─옮긴이)과 대담하고 다음 날에는 〈워룸War Room〉에서 채널 주인 스티브 배넌Steve Bannon(트럼프 행정부의 수석 전략가였던 극우 인사─옮긴이)과 인터뷰를 하는 기묘한 병치를 경험했다. 그날 오전 이후 배넌은 익히 알려진 대로 체포되었지만.

고조된 감정으로 써내려간 그 글은 어떤 부분은 제대로 맞혔고 어떤 부분은 빗나갔다. 도널드 트럼프Donald Trump의 재선 가능성이 선명했던 당시 미국 상황은 유독 암울해 보였다. 반면 그해 여름 캐나다는 팬데믹에서 최악의 고비를 벗어나는 듯했다. 실제로 확실히 그러지는 못했지만 그래도 이웃 나라에 비하면 한결같이 성적이 나았다. 과거에 나왔던 어떤 백신이든 개발 기간이 4년보다 짧았던 적은 없었다. 「허물어지는 미국」이 의문을 제기하는 미국 예외주의라는 개념에 긍정을 표시하는 양 과학계가 효과적인 신규 백신류를 몇 개월 안에 내놓으리라 생각하는 사람은 거의 없었다.

그 글을 고발로 읽은 사람도 있겠지만 나는 개입의 차원에서 썼다. 가족 누군가가 사정이 곤란해졌다면 가장 먼저 할 일은 거울을 들어 그 식구에게 본인이 어떤 처지로 떨어졌는지를 보여주는 것이다. 이것이 재활과 회복으로 가는 첫걸음이다. 나는 그 글이 전세계 독자의 관심을 끈 것이 미국을 신랄하게 비판해서가 아니라 오히려 정반대로 그런 날 선 비판이 없었고 이데올로기라는 짐을 지지 않았으며 나 자신의 삶을 가능하게 해준 나라를 향한 진심 어린 염려와 공감에서 쓰였기 때문이라 생각하고 싶다. 사랑하는 상대는 종종 실망을 안긴다. 코리 부커Cory Booker가 썼던 것처럼 미국 때문에 가슴이 찢어진 적이 없다면 미국을 그만큼 사랑하지 않는 것이다.

이 책에 실린 「약속의 땅」, 「기후 불안과 공포를 넘어」, 「딸에게 전하는 말」, 「어머니 인도」는 여기에 처음으로 발표하는 것이다. 다른 몇 편은 앞서 여러 출판물에 선보였다. 「탐험의 기술」은 《파이낸셜타임스》(2020년 9월 2일), 「인류학이 중요한 이유」는 《사이언티픽아메리칸》(2021년 2월 1일), 「이것이 미국이다」는 《리터러리리뷰오브캐나다》(2021년 7·8월호), 「신이 주신 영생의 잎」은 오디오매거진 《알렉산더》(2021년), 「원주민을 대신할 새로운 단어」는 《글로브앤드메일》(2023년 3월 25일)에 처음으로 실렸다. 「에베레스트 등정」은 두 권짜리 책 『에베레스트: 정찰부터 등정까지 1921년~1953년Everest: From

Reconnaissance to Summit, 1921 to 1953』의 서문으로 2021년 세상에 나왔다. 「신성에 관하여」는 원래 2022년 출판된 대형 판형 일러스트북 『신성*Sacred*』에 들어갈 글로 쓴 것이었다. 「전쟁과 추모」는 2015년 출간된 추모 선집 『플랑드르 벌판의 100년: 전쟁과 상실과 추모에 관해 쓰다*In Flanders Fields: 100 Years: Writing on War, Loss and Remembrance*』에 나왔다.

책을 염두에 두고 이 글들을 쓴 것은 결코 아니다. 이렇게 대중없어 보이는 소재와 주제를 선정해놓고 다방면에 걸쳤다고 말하는 것은 과한 관용일 테다. 그러나 그레이스톤 출판사 편집자이자 좋은 친구이기도 한 낸시 플라이트Nancy Flight와 이 구상을 가다듬는 과정에서 그녀가 포착한 일관된 관점은 내게 큰 스승이셨던 고故 요하네스 윌버트Johannes Wilbert가 해주셨던 말씀을 떠올리게 했다.

UCLA 인류학 교수였던 요하네스는 베네수엘라 오리노코 삼각주에서 40년 넘게 위니키나 와라오족과 섞여 생활하며 연구했다. 대학원생 시절 나는 기회가 있을 때마다 보스턴에서 로스앤젤레스까지 비행기를 타고 가서 샌게이브리얼산맥에 있는 그분의 오두막에서 주말을 보내곤 했다. 그때마다 그분의 정신은 인류학의 전 분야로 뻗쳤고, 그 시간을 보내고 나면 나는 늘 정신적으로는 녹초가 되고 지적으로는 불이 붙었다. 그분은 너무도 거대한 개념을 어구 하나로 능히 정제해내는 천재적인 선생님이었다.

"인류학은 사물의 표면 아래에 있는 것을 드러낸다"고 그분은 종종 말씀하셨다. 인류학은 판단을 지우라고 하지 않는다. 다만 우리 모두 인간인 이상 윤리적으로 하지 않을 수 없는 판단에 충분한 정보가 바탕이 되게끔 판단을 잠시 미루라고 할 뿐이다. 인류학의 렌즈가 최선의 효과를 낼 때 우리는 중도의 지혜를 보고 또 어쩌면 그것을 추구하게 된다. 그 지혜란 이 책의 모든 글에서 전해지기를 바라 마지않는 가능성과 희망의 관점이다.

이것이
미국이다

　워싱턴 D.C.에 살면서 누린 기쁨 한 가지는 봄이면 만개한 벚꽃을 볼 수 있고 다른 도시에서 친구들이 찾아온다는 것이었다. 친구들은 다들 이 나라 수도의 거대한 동상과 널찍하게 펼쳐진 경치를 직접 보고 느낄 기대에 부풀어 있었다. 아무리 시큰둥한 친구, 이를테면 도시 전체가 신고전주의 양식 테마파크 같다고 일갈해버리는 현대 건축가라도 마틴 루서 킹 주니어Martin Luther King Jr.의 역사적 그림자 아래에 서면, 반사 연못의 잔잔한 물이 내려다보이는 돌계단에서 걸음을 멈추면, 나이 지긋한 참전 용사와 상심한 어머니 들이 베트남 밀림에서 목숨을 잃은 형제와 사랑하는 이의 이름을 만지려 손을 뻗는 옆에서 앞이 비치도록 매끈하게 닦인 검은 화강암 벽을 응시하면 감동을 감추지 못했다. 나는 방문객이 육체적으로든 정신적으로든 어느 정도까지 감당할 수 있는지를 몸소 겪어 알

왔기에 나들이를 세심히 준비하는 일에 보람을 느꼈고 신경
도 많이 썼다.

시작은 언제나 마이아 린Maya Lin의 어두운 걸작(베트남 참전
용사 기념관—옮긴이)이었고, 그다음에는 역사에서도 대개 간
과된 한국전쟁 기념 시설을 지나쳐 링컨 기념관으로 갔다. 한
쪽 벽에는 영어라는 언어가 완벽의 경지로 응축된 게티즈버
그 연설문이 석회암에 음각되어 있다. 분리독립 문제로 분열
되었으나 아직 전쟁까지는 가지 않았던 나라를 위해 쓰인 대
통령의 첫 취임 연설문에도 못지않은 감동이 녹아 있다. 링
컨은 "기억의 신비한 화음"이라는 말을 써가며 북부, 남부 할
것 없이 모든 미국인에게, 잠시 숨을 고르고 "우리 본성의 선
한 천사"에게 손을 뻗어달라고 간곡히 청했다. 그 호소를 나
라가 무시했다는 사실은 대리석으로 조각된 그의 얼굴에 슬
픔으로 아로새겨져 있다. 가만하고 굳건하게 들어앉아 내셔
널몰 길이의 절반을 응시하는 이 거대한 조각상은 수도의 추
모 중심지를 굽어보는 워싱턴 기념탑을 향해 있다. 민주주의
세계의 축인 이 기념탑은 세계에서 가장 높은 석조 구조물로,
이집트 파라오들이 상상했던 그 어떤 오벨리스크조차 무색하
게 한다.

기념탑은 너르고 봉긋한 풀밭에 서 있다. 아래는 연방 50개
주를 상징하는 깃발로 둥글게 둘러싸였고 피라미드꼴 지붕돌
은 승천할 듯한 자태다. 워싱턴에서는 건물을 이보다 높게 지
을 수 없다. 초대 대통령을 기리고자 세운 기념탑이지만 외관

을 보면 20년간 공사를 중단시킨 국가적 위기의 여파 속에서 순교자로 살해된 16대의 시련이 떠오른다. 색이 확연하게 끊어지는 부분(아래는 밝고 위는 어둡다)이 작업이 중단되었다가 재개된 위치를 표시한다. 그사이 상잔의 피로 온 나라에 씻기지 않을 얼룩이 남았다는 듯이.

포토맥강 건너 조금 떨어진 곳의 언덕을 오르면 한때 로버트 E. 리Robert E. Lee가 링컨의 청을 받아들여 연방군을 지휘할지 아니면 연합의 대의에 봉사할지 고민하며 사색에 잠긴 채 서성였던 저택의 주랑 현관(여러 개의 기둥을 줄지어 세운 현관―옮긴이)이 나온다. 역사는 나라에 충성했으나 사랑하는 버지니아주를 배신할 수도 없었던 그의 고뇌를 기억한다. 리의 반군은 수만 명 전사자를 낸 전투를 치르며 연방군과 5년 동안 싸웠다. 전사자 다수는 리 일가로부터 압류한 토지에 묻혔는데, 내란을 선동하는 길을 택해 전쟁을 연장하고 수백만 명에게 고통을 안긴 데 독보적인 책임이 있는 인물에게 내려진 제재라고는 이 압류가 다였다.

링컨과 그의 슬픔을 뒤로하고 타이들베이슨 저수지 주위를 거닐다 보면 제퍼슨 기념관 계단에 다다른다. 디자인으로 보나 메시지의 강렬함으로 보나 숱한 기념 건축물 중에서도 가장 감동적인 곳이다. 하늘로 솟은 아치형 천장의 서늘한 그늘에서 하얀 대리석에 새겨진 토머스 제퍼슨Thomas Jefferson의 말과 나란히 서 있기만 해도 남북전쟁의 고통을 한 세기 앞두고 시작되었던 거대한 실험을 향한 순진한 믿음이 다시 살아난다.

돔 아래 기둥 위 가로 장식에는 계몽주의의 더할 나위 없는 정수가 새겨져 있다. "나는 인간의 정신에 가해지는 모든 형태의 압제에 영원히 대적할 것을 신의 제단에 맹세한다." 이 말의 출처는 제퍼슨이 1800년 벤저민 러시Benjamin Rush 박사에게 보낸 서한으로, 여기서 제퍼슨은 국교와 절대 신앙 개념을 모두 거부했다. 신을 믿는 것은 인정하면서도 이성적으로 탐구할 것을, 신화에 이성이 승리하고 마술에 과학이 승리함을 반긴 것이다.

이 시대를 규정하는 정신이었던 지적 해방은 오랜 세월 미국의 도덕적 헌장 역할을 한 다른 구절인 독립선언서의 두 번째 문장에서도 공명한다. "우리는 모든 사람이 평등하게 태어났고 조물주로부터 생명과 자유, 행복 추구와 같은 양도할 수 없는 일정 권리를 부여받았으며 이 권리를 보장하고자 정부가 세워졌다는 진리를 자명한 것으로 본다."

끝으로 이런 글이 있다. "신이 정의로움을, 신의 정의가 영원토록 잠들어 있을 수 없음을 반추할 때면 나는 조국 생각에 전율한다. 주인과 노예 간의 거래는 폭압이다. 이들이 자유로워야 함은 운명의 서에 그 무엇보다 명확하게 적혀 있다."

같은 사람의 손으로 쓰인 세 서술은 하나같이 숨이 멎도록 고무적이지만 일단의 모순으로 서로와 걸려 덜거덕거린다. 제퍼슨은 대심판을 예상하면서도 자신이 그 힘을 거부한 신의 분노를 구태여 유발하기라도 하듯 노예제를 인정하는데, 표면상으로 그 방식은 독립선언서의 전제 자체에 도전하는 것으로 보여 근간이 되는 문헌부터가 애초에 솔직하지 않았음을 시사하는 듯하다. 자유 속에서 탄생한 국가가 어떻게 인간의 예속을 용인할 수 있는가? 계몽주의 사상가들이 그토록 널리 예찬한 대로 탐구에 몰두하면 이런 모순을 덮어둘 수 없다는 것은 분명했다. 진실은 아물지 않은 상처처럼 곪을 것이었다.

이상하게도 미국인은 대대로 이 혼란을 편안하게 느꼈고, 그나마 제퍼슨이 이 난제를 인식하고 있었으며 이를 글에서 기꺼이 인정했음을 아는 데 감사했다. 이런 사고를 따르자면 노예제라는 원죄는 필시 전체를 이루는 한 부분에 지나지 않았다. 이는 예나 지금이나 만사에서 최선이자 최악인 다양성의 땅, 제 과거와 불화하면서도 언제나 더 나은 내일을 향해 나아가는 이 나라의 복합적인 뿌리를 보여주는 또 다른 증거였다. 다수와 마찬가지로 나도 오랫동안 이 관점을 따라 오늘날의 잣대로 과거를 판단하지 않으려 했고 미국이 한 경험의 핵심에 놓인 가능성과 모순을 편안하게 생각했다.

지난 몇 달 사이 벌어진 사건들은 이런 안일함을 확실하게 자극했고 불편한 질문을 숱하게 제기했다. 그 질문 다수는 하버드 대학교 역사학자 질 러포어Jill Lepore가 널리 알려진 명저에서 탐구했다. 『이런 진실들: 미국의 역사These Truths: A History of the United States』에서 러포어는 미국이라는 관념 자체를 격하게 비틀어 재검토할 것을 요구한다. 도로시의 강아지 토토가 오즈에서 마법사의 진짜 정체를 까발린 것만큼이나 확실하게 러포어가 공감과 통찰로 미국사의 베일을 걷어냈으니 우리는 생각을 다시 하지 않을 도리가 없다. 가령 미합중국을 낳은 자유의 언어가 늘 오직 백인만을 위한 것이었다면? 이 나라가 특정 인종이 우월하다는 근거 없는 신념을 토대로 하여 세워졌다면? 그 신념을 자연법으로 여겼기에 건국의 아버지들이 생각한 보편 인권이 그들 관점에서는 노예제의 일상적인 잔악무도함과 하등의 관계도 없었다면? 우리가 오늘날 인지하는 단절이 제퍼슨과 그 동시대인에게는 아무 문제도 안 되었다면? 그렇다고 하면 미국을 어떻게 봐야 하는가? 오늘날까지 우리 뇌리를 맴도는 사건들은 이것으로 어떻게 설명될 수 있겠는가?

조국 생각에 전율하면서도 토머스 제퍼슨은 노예 해방을 지지하지 않았다. 그토록 엄숙히 논한 역사의 심판을 예상했음에도 버지니아 몬티셀로에 으리으리한 집을 지어 올릴 자금을 확보하고자 자기 소유의 노예 140명을 네덜란드 은행에 담보로 잡히지 않은 것은 아니었다. 조지 워싱턴George Washington은 미국 헌법을 제정한 1787년 의회를 주재할 때도 수려하여 영웅적인 풍모마저 지니고 있었다. 그러나 치아만은 엉망이어서 나무와 사람 이로 만든 틀니를 끼고 있었는데 자신의 살아있는 노예 입에서 생니 아홉 개를 뽑아 만든 것이었다. 헌법을 초안한 제임스 매디슨James Madison은 연구에 꼭 필요한 책 뭉치를 사느라 어릴 때부터 자기 소유였던 노예를 팔아야만 했다고 푸념했다. 심지어 에이브러햄 링컨Abraham Lincoln 역시 1861년 천사를 들먹이며 연민과 자애를 보여달라고 하면서도 자신은 남부 주의 노예제에 간섭할 생각이 없으며 1850년에 통과된 도망노예법을 집행할 의사가 확고하다고 친애하는 미국인들에게 약속했다. 이 법에 따르면 탈출한 노예는 연방 어느 주에서 붙잡히건 노예 신분으로 강제 복귀되어야만 했다. 천사와 신비한 화음, 그리고 쇠고랑이라니.

여러 해 전 서아프리카를 여행하고 있을 때 기자이자 명망 있는 전미지리학회 동료인 한 미국인이 자연법칙을 진술하듯 예사롭게 한 말이 있었다. 인종이 곧 미국사라는 것이었다. 당시에는 그렇게 단순할 리 없다고 생각했으나 요즘에는 그럴지도 모른다는 의구심이 든다.

영국은 아메리카 대륙에 늦게 발을 들였다. 스페인은 1565년 산아구스틴을, 1607년에는 산타페를 세웠다. 프랑스는 1534년에 몬트리올섬에 다다랐고 1608년에 세인트로렌스강을 내려다보는 요새를 퀘벡에 짓고 있었다. 그에 비해 월터 롤리Sir Walter Raleigh가 노스캐롤라이나 외곽의 강둑으로 원정대를 파견한 것은 1585년이 되어서였다. 이듬해 봄에는 프랜시스 드레이크Francis Drake가 사슬로 묶은 아프리카인 300명을 끌고 꼴을 갖춰가는 정착촌에 재보급을 하러 왔는데, 정착촌 사람들은 간절하게 그곳을 떠나고 싶어했다. 드레이크는 배에 자리를 만들기 위해 별수 없이 불필요한 화물을 바다에 버렸다. 그곳 모래에는 훗날 한 대륙을 정복할 병원균도 남겨졌다. 매사추세츠만 식민지를 건설한 존 윈스럽John Winthrop은 불과 한 세대 뒤에 도착해 천연두가 원주민을 쓸어버린 것을 알고 기뻐했다. 아브라함이 소돔 사람들을 몰아낸 것만큼이나 정당하게 자신이 비어 있는 땅을 차지하도록 신이 개입했다는 확실한 징후였다.

윈스럽과 청교도인들은 영적 세계의 별종으로, 일찍이 해안에 밀려온 다수와 같은 부류였다. 영국에서 인정받지 못하고 박해당한 종파의 성원이자 그들 자신의 종교적 불관용을 방해받지 않고 실천할 자유를 찾아 아메리카로 온 열성 신도였다. 이들의 불관용은 시온이라는 꿈이었다. 본래 그 땅에 살던 사람들의 불편한 존재는 질병으로 해결되었고 최종적으로는 토착 인구 90퍼센트가 병에 걸려 죽었다. 식민지 주민들이 아리스토텔레스를 들먹이며 영국인이 인정할 수 있는 방식으로 토지를 소유하지 않은 자는 천생 노예라 주장하는 통에 생존자들은 역사에서 지워졌다. 테라 눌리우스(주인 없는 땅)는 허구였으나 시간이 흐르며 이 개념은 대륙 정착을, 더불어 강탈과 수백만 명의 살상을 합리화하고 부추기게 되었다.

뉴프랑스의 식민지 풍경은 매우 달랐다. 사람보다 호수가 더 많고 겨울이 분위기를 좌우한 북부에서는 상업의 열기가 동력이 되어 멋쟁이용 잡화였던 비버 털모자를 바탕으로 경제가 돌아갔다. 훗날 캐나다가 된 이곳은 초반 240년 동안은 정착민 사회가 아니었고 그렇게 된 것은 19세기 중반이나 되어서였다. 초기에는 프랑스인, 나중에는 스코틀랜드인이 토착민 공동체에 친절을 베풀었다고는 할 수 없지만 그렇다고 이들이 토착민을 학살하겠다고 나선 것도 아니었다. 처음부터 선주민의 지식과 기술에 의존했던 교역에 선주민족과 맺는 동맹은 필수였다. 존 랠스턴 솔John Ralston Saul이 썼듯 모피 무역상은 인디언을 죽이지 않았다. 오히려 그들과 결혼했고 그렇게 해서 더 많은 부를 쌓았다.

남쪽의 스페인인은 정착에 더더욱 관심이 없었다. 그들 제국 체제의 토대는 자원 추출이었다. 약탈은 피정복지의 부, 대륙에서 훔친 보화가 있었기에 가능했다. 왕실은 더 효과적으로 지배력을 행사할 요량으로 식민지를 일부러 무지의 수렁에 빠뜨려두었다. 서적과 신문은 스페인에서 발행된 것이 아니면 금지되었다. 식민지 피지배민은 인쇄 장비를 보유할 수 없었다. 식민지에서 태어난 사람은 광산이나 포도밭을 소유할 수 없고 담배나 올리브나무를 재배할 수 없으며 포도를 심거나 길에서 물건을 팔면 안 되고 금과 은, 구리, 진주, 녹옥, 가죽, 설탕, 면화, 양모는 물론 감자와 토마토 같은 기본적인 식료품조차 거래하면 안 된다는 법적 제재를 받았다. 허가 없이는 지역 이동도 할 수 없었다.

이런 억압은 빈자에게는 고통을, 부자에게는 모멸과 수모를 의미했으니 이들이 언젠가 단일 혁명 세력으로 결집할 것은 예견된 결과나 다름없었다. 1812년 도망 노예, 땅 가진 지주, 땅 없는 소작농을 모아 군대를 꾸린 시몬 볼리바르Simón Bolívar의 지휘 아래 이들은 실제로 그렇게 했다. 혼혈은 일반적이었다. 스페인령에서는 1775년에 이미 자유인 신분인 흑인 수가 노예 신분인 흑인보다 많았다. 전통에 따르자면 신을 섬기는 부자는 유언으로 노예를 해방해야 했다. 완전한 해방은 1826년에 이뤄졌다. 볼리바르가 자기 소유의 노예를 해방한 지 10년 만이었다. 이 일을 워싱턴은 죽음이 닥쳤을 때야 했고, 제퍼슨과 매디슨은 영영 하지 않았다.

이들의 미국에서는 전부터 정착이 무엇보다 중요했다. 정착과 노예제라고 해야겠다. 전쟁에서 포로로 잡힌 원주민은 카리브해 플랜테이션에 노예로 팔렸다. 그 가운데에는 1676년 플리머스에서 능지처참을 당하고 머리가 꼬챙이에 꽂혔던 왐파노아그족의 위대한 사쳄(원주민 사회의 우두머리—옮긴이), 메타콤Metacom의 아홉 살배기 아들도 있었다. 족쇄를 찬 아프리카인들은 피와 토사물로 미끄러운 선창에 엄청난 양으로 저장된 인디고 염료와 담배, 가죽 그리고 당밀과 럼을 생산할 설탕과 나란히 욱여넣어졌다. 이것들이 대서양 무역의 상품, 그 모든 식민지의 성장 동력이었던 교역 삼각형의 상품이었다. 북부도 남부도 가릴 것 없었다. 뉴잉글랜드가 쌓은 부의 절반은 노예가 서인도제도 플랜테이션을 경작해 재배한 설탕에서 나온 것이었다.

1619년 버지니아에서는 자유와 노예제가 같은 해에 태어난 형제처럼 나란히 세상으로 나왔다. 지주들은 입법체인 시민원에서 회동했고 사슬에 묶인 아프리카인들은 처음으로 포인트컴퍼트 해안을 밟았다. 매사추세츠의 청교도인, 뉴욕의 네덜란드인, 펜실베이니아의 퀘이커교도 모두 노예 노동을 착취했다. 18세기 초반 뉴욕 가정 절반은 노예를 소유했고 1776년에 이르자 노예가 인구 4분의 1을 꽉 채웠다. 월스트리트라는 이름의 유래가 된 벽은 노예 경매장을 에워싸도록 노예들이 지어 올린 것이다. 도시 이름의 유래인 요크 공작Duke of York은 훗날 왕위에 올랐고 로열어드벤처러사Company of Royal Adventurers도 설립했는데, 아프리카인 한 명 한 명의 가슴에 공작의 머리글자 D.Y.를 낙인으로 찍어 해마다 3,000명씩을 바베이도스와 자메이카로 실어날랐던 사업치고는 이름이 상당히 무해하다. 벤저민 프랭클린Benjamin Franklin은 1738년 필라델피아에서 이 사업의 폐단에 극렬하게 반대하는 서적을 일찌감치 출판했으나 당시 자신도 조지프라는 소년과 피터와 제마이마 부부, 이렇게 세 사람을 노예로 소유하고 있었다.

미국 독립전쟁으로 번드르르한 언사에는 난점이 생겼다. 버지니아 권리선언을 초안한 조지 메이슨George Mason은 "모든 인간은 태어날 때부터 자유롭고 독립적"이라 천명하면서도 그 천부권은 오직 "사회 상태에 진입한" 이에게만 생긴다는 조건을 달았다. 사회에 아프리카인의 자리는 결코 없을 것이므로 이들에게는 자연히 자유로울 권리도 없었다. 이런 식의 뒤틀린 사고는 편리했을지언정 복잡했다. 게다가 영국에서는 국왕군에 입대해 반란 진압에 힘을 보태면 노예에게 자유를 주겠다고 약속한 상황이었다.

제임스 매디슨의 조부는 노예에게 독살당했다. 워싱턴의 노예들은 한 세대 내내 도망 다녔다. 전쟁을 치르는 동안 도망자 수는 치솟았다. 다섯 명 중 한 명꼴인 총 10만 명쯤 되는 아프리카인이 필사적으로 영국군에 가려 했다. 특히 임신한 여자는 아이가 자유인 증명서를 받을 수 있도록 경계선을 넘어가 출산하기를 간절히 바랐다. 식민지 억압자가 실은 자신들을 자유로 이끌어줄 사람이었다. 워싱턴은 영국 배로 실려간 '재산'에 대해 주인이 배상을 받을 수 있도록 손해분을 꼼꼼히 계산하라고 대응했다. 5,000명쯤 되는 노예주가 뉴욕을 이 잡듯 뒤질 때는 방관했다. 자유를 찾던 사람들은 많이 붙잡혔고, 그 중에는 80번 채찍질을 당한 열다섯 살 소녀도 있었다. 체벌은 상처에 뜨거운 숯덩이를 들이부어 더 끔찍해졌다. 죽는 사람도 있었고, 제퍼슨의 플랜테이션에서 도망친 서른 명 중 열다섯 명도 그랬다. 성공한 사람은 모두 2만 명 정도로 그 중 5,327명은 영국군을 격퇴해 축제 분위기였던 사우스캐롤라이나 찰스턴에서 배를 타고 떠났다.

노예 인구는 미국의 자유와 독립과 더불어 급증했고 음지의 무역은 어느 때보다 번창했다. 이 젊은 나라가 태어나고 처음 10년 동안 들어온 아프리카인은 100만 명도 넘는다. 무역 역사상 최대 규모의 수입이었다. 일부 주가 극악무도한 제도의 오랜 그늘을 인정했고 남부에서조차 폐지론의 목소리가 커지고 있기는 했으나 실업계와 금융계는 이윤을 거두려고 사업을 더 거세게 밀어붙였다. 면화 산업이 호황이었기에 더욱 그랬다.

1791년 프랑스 식민지 생도밍그에서 아메리카의 두 번째 위대한 혁명이 발발했다. 전쟁의 맹위는 1804년까지 계속되다가 나폴레옹의 정예군을 무찌른 아이티 애국주의자들이 마침내 독립을 선언하며 끝났다. 미국은 프랑스 원조에 총력을 다했고, 무기와 탄약, 자금이 처지가 절박한 식민지 농장주에게로 흘러들었다. 제퍼슨은 아이티인을 "식인종"으로 치부했고 그런 폭력이 자신들의 해안에까지 이르면 큰 공포가 되리라고 매디슨에게 경고했다. 볼리바르가 보기에는 해방 전쟁이었던 것이(그후 아이티 정부는 볼리바르가 그란콜롬비아의 노예를 해방하는 조건으로 그의 혁명에 자금을 지원했다) 제퍼슨의 눈에는 역사상 최초로 성공한 노예 반란이었다. 물론 이는 둘 다였다. 생도밍그의 폐허에서 도망쳐나온 플랜테이션 농장주 다수는 새로 개방된 미시시피와 루이지애나에 이르렀고 그곳에서 번창하는 노예 경제를 누리며 삶을 다시 일으켰다. 이들이 전한 유혈 사태와 강간, 약탈 같은 경악스러운 이야기에 남부인의 가슴은 강철처럼 딱딱하게 굳었고 노예 해방이라는 대의는 여러 세대 동안 지연되었다.

한 시대의 끝을 장식해야 했던 순간, 1808년 대서양 노예무역이 종식되었다는 소식은 면화가 왕이던 지역에서는 별

주목을 받지 못했고 국내 거래의 성황 속에 100만 명도 넘는 노예가 버지니아와 사우스·노스캐롤라이나에서 디프사우스(미국 최남부의 루이지애나, 미시시피, 앨라배마 등이 해당하며 면화 농업이 발달했던 지역—옮긴이)로 수송되었다. 1860년까지 100만 명이 서쪽으로 더 보내졌다. 노예제가 경제의 동력이었다면 면화는 미국을 돈주머니 두둑한 괴물로 바꿔놓았다. 19세기의 면화는 20세기의 석유와 다름없었다. 나라의 최대 수출품이자 세계에서 가장 값지고 널리 거래되는 원자재였다. 생산량은 1815년에서 1820년 사이 두 배로 늘었고 1825년까지 또 한 번 곱절로 뛰었다. 노예의 값어치는 리버풀 부두에서 불리는 면화 더미 호가와 더불어 오르내렸다. 이들의 육체는 밭을 일궜을 뿐 아니라 드넓은 숲을 베어내며 플랜테이션 자체를 만들어냈다. 작물로 땅이 황폐화되는 속도 때문에 이 과정은 끝없이 이어졌고, 수확이 해마다 감소해 새로운 땅을 찾는 수요도 끝없이 생겨났다.

이 문제를 처리할 적임자가 때와 장소도 알맞게 이 나라에 등장했다. 뉴올리언스 전투의 영웅 앤드루 잭슨Andrew Jackson은 천재적인 군인은 아니었으나 인디언 죽이는 법은 확실히 알았다. 이는 그의 목표이기도 했다. 미국 남동부 전역에서 그들의 존재를 깡그리 지우는 것 말이다. 세미놀족, 치카소족, 촉토족, 크리크족을 상대로 한 잭슨의 공세는 대학살이라 할 만했다. 그가 대통령이 되고 초반에 보인 행보는 1830년 인디언추방법을 강행한 것이었고 이로써 성인 남녀와 어린이 6만 명이 눈물의 길로 내몰렸다. 이는 사실상 죽음의 행군이었고 살아남은 이들은 미시시피 너머 정착촌까지 서쪽으로 무거운 발을 옮겼다. 원주민 부족들은 예로부터 살아온 땅 수백만 에이커를 울며 겨자 먹기로 포기해야만 했고 정부 손에 넘어간 그 땅은 결국 투기꾼과 정착민, 노예주에게 헐값으로 팔렸다.

숲이 베어 넘겨지며 플랜테이션이 넓어졌고 면화 수확량은 하늘을 찌를 기세로 솟구쳤다. 1831년에 이 나라에서 거둔 면화의 양은 15만 9,000톤으로 전세계 생산량의 절반을 차지했으며 4년 뒤 이 숫자는 22만 6,800톤이 되었다. 뉴올리언스 경매대에서 팔린 젊은 남자의 값은 50년 사이 세 배로 뛰어 약 1,600달러가 되었다. 오늘날 기준으로는 5만 달러쯤 되는 돈이다. 매년 플랜테이션의 효율이 높아지고 체계가 잡힐수록 인력 수요도 늘어났다. 1862년 밭에서 하루에 손으로 수확된 면화는 전대인 1800년의 네 배였다. 세계 시장의 가격 변동은 체벌에 반영되었다. 비결은 채찍질이었다. 할당량에서 2킬로그램 모자라게 하루를 마감한 노예는 등으로 부족분을 체감했다. 채찍질 다섯 번이 빠진 생산량을 벌충하는 방식이었다. 고문이 이 경제의 원동력이었다.

확장되는 국가에는 서부의 문제, 그리고 하나같이 주 지위를 간절히 원했던 새 영토의 명운이라는 위험이 늘 드리워져 있었다. 1848년 전쟁의 여파 속에서 이 나라는 멕시코 영토였던 땅 260만 제곱킬로미터를 획득했다. 미국의 운명은 되풀이되는 질문에 달려 있었다. 노예 주인가, 자유 주인가? 워싱턴의 정치인들은 갖가지 타협안만 찾으며 고통을 연장할 뿐이었다. 남부 달래기용이었던 1850년의 도망노예법은 이 나라에서 유색인이 안전하게 지낼 수 있는 가능성을 없애버렸다. 노예 사냥꾼은 자유인으로 태어난 사람까지 잡아 노예로 파는 것을 사업으로 삼았다. 1857년 대법원장 로저 태니 Roger Taney가 작성한 드레드 스콧 판결문은 어떤 주로든 노예제가 확대되는 것을 의회가 제한할 수는 없다고 못 박았다. 헌법을 쓴 건국의 아버지들이 아프리카인을 "열등한 계층이자 사회적 관계로든 정치적 관계로든 백인과 어울리기에는 하나같이 부적격한 존재, 너무 열등해서 백인에게 존중받을 권리는 전혀 지니지 않은 존재"로 간주했음이 명백하다는 까닭에서였다.

태니는 얼토당토않은 소리를 인정해주듯 "아프리카 인종인 니그로"가 시민의 권리와 특전을 요구할 생각을 해서는 안 된다고 썼다. 판결문은 추악할지언정 솔직했다. 나라에서 가장 높은 법원이 평등의 가능성마저 부정했다. 이는 대심판의 시작이었다. 프레더릭 더글러스Frederick Douglass(노예 신분으로 태어나 노예제 폐지에 힘쓴 19세기 운동가─옮긴이)는 이 판결에 대해 이렇게 말했다. "정의를 울부짖는 흑인 앞에 대법원의 문을 닫을 수는 있어도, 신께 감사하게도 이를 가련히 여기는 세상의 귀를 닫을 수는 없으며 천국의 재판정을 닫아걸 수도 없습니다. 이 나라에서 노예제가 존속하는 것은 종이에 쓰인 헌법 때문이 아니라 미국인의 도덕적 무지 때문입니다."

이제 공포는 탐욕만큼이나 온 나라에 만연했다. 하퍼스페리에서 존 브라운John Brown이 보란 듯이 봉기한 1859년, 아칸소에서는 자유인인 흑인은 한 사람도 빠짐 없이 주를 떠나거나 그러지 않으면 노예가 되어야 한다는 법이 통과되었다. 오리건은 자유 주였는데도 백인과 흑인을 분리하는 정책을 도입했다. 워싱턴에서는 의회가 노예제 논의를 금지하는 규칙을 적용했다. 논의하기에는 너무 일촉즉발인 주제라는 듯이.

나라가 남북전쟁을 향해 가는 동안 남부 정치인들은 자신들이 내세우는 대의의 본질에 의심의 여지를 남기지 않았다. 링컨이 타협을 모색하던 그때 제퍼슨 데이비스Jefferson Davis는 이렇게 공표했다. "우리에게 노예제라는 상태는 스스로 다스리기에 적합하지 않은 부류를 위한 시민 정부의 한 형태일 뿐이다."

남부 주의 권리를 언급하려는(또는 푸근한 인상의 셸비 푸트 Shelby Foote가 영화제작자 켄 번스Ken Burns에게 남부인 대다수는 노예를 소유하지 않았고 단순히 양키가 "여기로 내려와서" 싸웠을 뿐 아니냐고 꼬집은 것(PBS 다큐멘터리 〈남북전쟁〉에 나왔던 내용— 옮긴이)을 떠올리는) 사람은 아메리카연합국 부통령이었던 알렉산더 스티븐스Alexander Stephens가 서배너에서 한 연설을 생각해봐야 한다. 스티븐스는 남부의 목표를 명확히 요약했다. 미국 헌법은 모든 인종이 평등하다는 생각에 기초하는 반면 스티븐스는 이렇게 포문을 열었다. "우리의 새 정부는 정반대의 생각에 기초해 설립되었다. 이 정부의 기반과 이 정부의 초석은 니그로가 백인과 평등하지 않다는 위대한 진리에 기초해 닦이고 놓였다. 이 진리에 따르면 노예제는 …… 니그로에게 자연스럽고 정상적인 상태다. 우리의 새로운 정부는 세계 역사상 최초로 이 위대한 물리적·철학적·도덕적 진리에 바탕을 뒀다." 아메리카연합국의 동기는 주의 권리가 아니었다. 그 뿌리는 인종 우월주의였다.

이 진실은 양측 군대가 다 알았다. "이 불명예스러운 반란의 부정할 수 없는 유일한 이유가 노예제라는 사실, 이 전쟁이 노예제에 대한, 노예제에 의한, 노예제를 위한 것이란 사실은 한낮의 태양만큼이나 명명백백하다." 한 연방 군인이 1862년에 쓴 글이다. 같은 해 연합 군인은 이렇게 썼다. "이 전쟁의 이유가 흑인 해방이 아니라고 생각하는 척하는 사람은 …… 어리석거나 거짓말을 하는 것이다." 링컨은 노예제를 혐오스럽게 생각했고 36만 연방 군대와 함께 이 제도를 무너뜨리는 데 목숨을 바쳤다. 이 희생은 미국 내 어떤 인종 논의에도 예나 지금이나 분명 영향을 미친다. 그러나 정치인 링컨은 아슬아슬한 줄타기를 했다. 신문 편집인 호러스 그릴리Horace Greeley에게 보낸 편지에 그는 이렇게 썼다. "노예를 전혀 해방하지 않고도 연방을 지킬 수 있다면 그렇게 하겠습니다. 노예를 모두 해방해야 연방을 지킬 수 있다면 그렇게 하겠습니다. …… 노예제와 유색 인종에 대해 내가 하는 일은 연방을 지키는 데 도움이 되리라 믿기에 하는 일입니다."

군사적 승리에 눈을 둔 링컨은 1862년 노예해방선언을 발표할 때 의도적으로 국경 지역의 주들을 빼놓았고 이 주들은 연방에 충성한다는 이유로 노예를 계속 두게 되었다. 지금과 마찬가지로 그때도 정치에서 순수한 것은 없었다. 같은 해 링컨은 저명한 흑인 지도자 여러 명을 백악관으로 초대해 노예였던 이들을 중앙아메리카로 내보내거나 아프리카로 돌려보낼 계획을 논의했다. 그들이 미국에서는 결코 터전을 마련할 수 없으리라 확신했던 것이다.

　이 대통령의 감정과 신념 그리고 계산은 그가 살았던 시대만큼이나 복잡했다. 그러나 노예해방선언은 비록 메릴랜드, 델라웨어, 켄터키, 미주리를 예외로 두기는 했으나 자유를 일깨우는 경종이었고, 신통찮았던 북부의 대의에 도덕적 정당성을 불어넣은 무를 수 없는 약속이었다. 한편 이 선언은 그런 자유를 실존적 위협으로 인식했던 남부 전역에 증오와 공포라는 화마를 일으켰다. 아메리카연합국에서는 노예해방선언문을 소지한 것만으로도 사형을 받을 수 있었다.

　그러나 여러 제재도 자유를 향한 긴 행진을 막을 수는 없었다. 남부의 정치인과 목회자, 감독관과 경매인, 사병과 고위 장교가 일제히 몸서리치는 동안 노예였던 이들은 연방군 깃발에 모여 군대에서 한 부대를 이뤘다. 부대원 18만 6,000명은 저마다 복수하고픈 악랄한 기억을 품고 있었다.

　연방의 승리로 새로운 국가의 가능성이 생겼다. 재건시

대 초기에는 법적으로 시민의 자유가 확대되었고, 인종차별이 금지되었고, 여성의 재산권이 인정되었고, 무상교육이 모두에게 의무화되었고, 형사 제재의 강도가 약해졌다. 수정헌법 제14조로 노예였던 남성에게 투표권이 생겼고 미국 땅에서 태어난 사람은 누구나 시민권을 받게 되었다. 남부 전역에서 지방과 주 선거의 흑인 투표율은 90퍼센트라는 놀라운 수치에 이르렀다. 수백 명이 지방·주·연방 정부에서 근무했다. 대대로 노예를 죽이는 것이 법적으로 살인에 해당하지 않았던 미시시피에서는 흑인 남성 두 명이 상원의원으로 선출되었다. 기상과 희망이 섬광처럼 내비치던 시절 앨라배마 의회는 "이제 법에는 백인도 흑인도 없고 단지 인간이 있을 뿐이다"라고 선언했다. 그러나 이것도 당분간이지, 오래가지는 못했다.

  미시시피는 하나의 지표였다. 1866년 참전 용사에게 의수와 의족을 제공하는 데 예산 5분의 1을 고스란히 바친 이 주는 남부의 대의에 대한 신념도, 백인의 우월성에 대한 신념도 포기할 생각이 없었다. 이웃한 테네시에서는 연합국의 망령이 무덤에서 나온 듯 되살아났다. 하얀 가운을 뒤집어쓴 복수자 무리, 테러와 폭동을 일으키는 컬트 집단에서 사교계 자제를 비롯해 재산과 교육 수준, 영향력이 상당한 이들이 쿠클럭스클랜Ku Klux Klan(KKK단이라고도 불린다—옮긴이)의 기치를 올리고 뜻을 같이했다. 루이지애나 콜팩스에서는 무장 자경단이 카운티 법원 청사에 불을 질러 안에 있던 사람들을 산 채로 불태우고 도망치는 사람은 살해했다. 뼈가 으스러지고 불에 탄 시신을 150구도 넘게 그대로 방치한 것은 법적 권리와 헌법의 신성함을 믿는 아둔한 이들에게 전하는 메시지였다.

법을 지키는 것은 권력자의 재량이었는데, 남부에서 이는 곧 인종차별적인 일련의 법에 따라 계약 노동과 소작이라는 외피만 두른 채 노예 경제가 실질적으로 복구되었다는 의미였다. 일을 그만두겠다고 하는 흑인 노동자는 노임을 박탈당했고 체포 대상이 되었다. 사우스캐롤라이나에서는 흑인이 농부나 하인 외의 일을 하려고 하면 1,600달러 상당의 세금을 내야 했다. 채무 노동으로 소작농은 자신을 노예로 부렸던 일가와 플랜테이션에 묶여버렸다. 무의미한 혐의(부랑죄와 비행죄 같은 범죄가 새로 만들어졌다)로 유죄 선고를 받은 사람은 사슬이 채워져 수형 노동력을 착취하려고 입맛 다시는 사업체에 무상으로 임대되었다. 교육을 받으려고 백인 가정에 들어간 아동은 아침부터 저녁까지 무급 하인으로 부려질 뿐이었다.

남부 곳곳의 입법기관이 흑인 참정권을 겨냥해 써먹은 문맹 기준과 투표세는 유권자 권리 박탈에 매우 효과적이어서 도망노예법이 통과되고 한 세기가 지난 1950년에도 미시시피에서 투표 자격이 있는 흑인 중 유권자로 등록한 비율은 고작 7퍼센트에 그쳤다. 정부에서 이들의 목소리는 지워졌다. 1882년 존 R. 린치John R. Lynch가 선거에서 진 후 미시시피에서 워싱턴으로 간 아프리카계 미국인 하원의원이 또 나오기까지는 거의 한 세기가 지나야 했다. 버지니아에서 노예로 태어났으나 1874년 미시시피에서 상원의원으로 선출된 블랜치 브루스Blanche Bruce는 1881년 자리에서 물러났고, 아프리카계 미국인이 미국 상원에서 다시 임기를 지낸 것은 86년이 지난 뒤였다. 1873년 P. B. S. 핀치백P. B. S. Pinchback이 루이지애나에서 퇴임한 후로 1990년까지 미국에서 흑인 주지사는 또 선출되지 않았다.

뒷거래로 이름난 이 나라에서도 가장 악명 높은 뒷거래는 1876년에 이뤄졌다고 할 수 있다. 러더퍼드 헤이스Rutherford Hayes가 대선 출마 지지를 받는 대가로 남부에서 연방군을 철수하는 데 합의한 것이다. 지금이야 잊힌 지 오래여도 열성 노예제 폐지론자이자 용맹한 군인으로 연방을 위해 싸우다 다섯 번이나 부상을 입었던 이 인물은 역사의 지렛목 앞에서 자신의 직무를 다하기보다는 개인의 영달을 좇는 쪽을 택했다. 군 주둔 종료는 재건시대의 끝을 의미했다. 대통령 헤이스의 두드러진 공로는 흑인을 도로 예속 상태에 몰아넣은 것이었다.

남부가 패배와 굴욕의 잿더미에서 다시 일어서자 노예제의 참상은 새로운 서사에 포섭되었다. 잃어버린 대의라는 서사였다. 예의 전쟁은 희생과 명예의 이야기, 생활양식을 수호하고자 남자와 소년이 목숨을 바친 이야기로 재구성되었다. 이민자 떼거리와 산업의 검댕과는 동떨어진 이 농업 문명의 흑인과 백인은 자족과 질서, 믿음의 땅에서 자신의 자리가 어디인지를 알았다. 이 모두는 소설로, 나중에는 영화로도 그려져 익히 알려졌다시피 바람과 함께 사라졌다. 신화의 핵심은 남북전쟁이 결코 노예제의 문제가 아니었다는 생각이다. 전쟁은 오히려 자신들의 주를 수호할 남부인의 권리를 위한 싸움이었다. 건국의 아버지들이 연방주의자 연맹을 창설하며 구상했던 것과 같았다. 이런 렌즈로 보면 아메리카연합국이야말로 미국독립혁명의 진정한 계승자였다. 전투마다 수적으로 열세였는데도 당당했던 군대는 성령을 받은 스톤월 잭슨Stonewall Jackson, 젭 스튜어트Jeb Stuart, 제임스 롱스트리트James Longstreet, 로버트 E. 리 같은 장군이 이끈 자유의 부대였다.

경배의 중심은 남부의 한 기자가 썼듯 패전했음에도 "지구에 발을 디딘 모든 인간 중 가장 훌륭하다고 할 만한" 인물로 신격화된 로버트 E. 리였다. 애포매톡스에서 보여준 흔들림 없는 품위, 머내서스와 프레더릭스버그, 챈슬러즈빌 전투에서 놀라운 연승을 거둬 승전 직전까지 가는 등 전장에서 한참 우세한 적군을 격파한 소름 돋는 능력으로 기억되는 리는 개인적으로는 노예제를 혐오했으며 패전 후 분열된 나라를 합치고자 부단히 힘쓴 겸손하고 고상한 기독교인으로 남부 역사에 기록되었다. 시간이 흘러 그의 이름은 교회와 호텔, 군 요새와 극장, 50군데도 넘는 학교와 대학, 80곳쯤 되는 거리와 공공 고속도로, 8개 카운티, 남북부 양쪽의 광장 수십 곳을 장식하게 되었다. 1870년 때 이른 죽음을 맞았을 때는 애도의 물결이 쏟아졌고 더불어 공사 바람도 불어닥쳐 리를 비롯해 연합국의 하늘을 이뤘던 전설적인 인물들의 동상이 남부 곳곳에 세워졌다.

조지 워싱턴과 가족 관계로 엮여 있다는 사실로 리의 평판은 더 윤색되었다. 그의 아내 메리는 초대 대통령의 양자인 조지 워싱턴 파크 커스티스George Washington Parke Custis의 딸이었다. 그러나 여기서 신화는 역사적 기록과 충돌한다. 결혼으로 리는 커스티스 플랜테이션을 맡게 되었다. 그가 처음으로 한 일은 노예 가족을 갈라놓지 않는다는 가문의 오랜 전통을 깨는 것이었다. 노예제를 불쾌히 여겼다는 사람이 베풀었을 법한 은덕은 아니다. 사실 리는 3년 동안 한 가족만 빼고 모든 노예 가족을 찢어놓았다. 탈출했다 결국 도로 붙잡힌 이들을 기다리는 것은 무엇보다 가혹한 처분이었다. 리는 종종 직접 채찍을 휘둘렀고 상처에 꼭 소금물을 바르게 했다.

남북전쟁이 발발했을 때 리는 미 육군 장교로 복무하고 있었다. 이야기대로 그는 나라에 충성했으나 남부 편에서 싸우기로 결정한 것을 보면 가장 결정적인 순간에는 아메리카연합국의 기반 신조인 백인 우월주의가 나라에 대한 충심보다 앞섰다. 전쟁 내내 그랬지만 특히 1862년 앤티텀과 이듬해 여름 게티즈버그에서 정점을 찍은 두 차례 침공을 벌이는 동안 리는 북부에서 흑인을 붙잡으면 그의 신분이 어떻든 무조건 남부로 이송해 노예로 삼아야 한다고 주장했다. 연방군에서 복무한 흑인 군인은 전투에서 자비를 기대할 수 없었다. 붙잡히는 것은 곧 고문과 죽음을 의미했다. 부대 전체가 몰살당했다.

리는 단 한 번도 개입하지 않았다. 전쟁이 끝나가던 시기에 율리시스 S. 그랜트Ulysses S. Grant가 인종에 구분을 두지 않는 포로 교환을 제안하자 리는 거절하며 "우리 시민의 소유물인 니그로는 교환 대상으로 볼 수 없다"고 말했다. 친애하는 남부인들이 패전 후 봉기하지 않도록 호소하며 화합의 방향으로 국가의 긴장을 해소하던 때에도 그랜트의 말에 따르면 리는 "억지로 마지못해, 겉으로 드러내지는 않았으나 결과적으로는 해가 되도록" 움직였을 뿐이었다.

리는 종전 후 5년을 더 살았고 그 기간 대부분은 훗날 워싱턴앤드리 대학교로 이름이 바뀐 워싱턴 대학교 학장으로 지냈다. 리의 행동은 또 한 번 신화와 상충한다. 리는 버지니아 사람들에게 백인만 고용하라 권고했다고 기록되어 있다. 남부에 인종 평등을 도입하려는 연방을 비난하면서는 노예였던 자가 지적으로 투표할 수 있을 리 없다는 이유를 대며 흑인 참정권에 반대했다. 대학 학장으로서는 학내에 쿠클럭스클랜 지부가 세워지는 것을 방관했다. 이 지부는 인근의 여러 종교 학교에서 흑인 여학생들을 납치해 강간한 것으로 익히 알려졌다. 백인 학생들이 아무 죄 없는 흑인을 린치할 태세로 학내에 두 차례 운집했을 때 리와 그의 직원들은 손을 쓰지 않았다.

리는 사실 뼛속까지 백인 우월주의자였다. 장군으로서 자신이 이끈 군인들에게는 존경받았고 확실히 그럴 만했지만, 그가 인간으로서 남긴 유산은 전후의 행적으로, 또 만인의 해방과 자유에 헌신한 정부에 반해 내란을 이끌었다는 불편한 진실로 얼룩졌다. 심지어 그 명분은 노예제였다.

재건시대의 밝았던 전망이 해가 갈수록 희미해지면서 아집과 증오, 공포는 점점 더 깊이 뿌리박혔고 남부 전역의 입법기관은 교회와 광장, 야구장과 해변 같은 모든 공공장소에서 흑인과 백인을 분리하는 법을 통과시켰다. 흑인으로 분장하고 무대에 오른 광대의 캐리커처에서 이름을 따온 짐크로법은 인종 분리를 성문화했다. 이는 잔인하고 부자연스러운 왜곡이었지만 성서의 가르침이라도 되는 양 받아들여졌다.

당장의 목표는 흑인의 권리를 박탈하고 이들이 전후에 정치와 경제에서 이룬 소득을 도로 거둬들이는 것이었다. 장기적 관점으로는 전쟁에서 패한 남부가 아프리카계 미국인을 미국 생활의 변두리로 내몰아 그 굴욕을 대갚음할 때 평안을 찾을 수 있으리라는 확실한 가능성이 그려졌다. 1881년 테네시에서 흑인은 열차를 탈 때 백인과 떨어져 앉아야만 했다. 10년 뒤 조지아에서는 이 법이 모든 교통수단에 적용되도록 확대되었다. 곧 우체국과 은행에서 창구가 분리되었다. 놀이터에서는 음수대와 그네가 나뉘었다. 법원에서는 성경을 따로 뒀다. 구역을 구분해 동네 전체에 흑인 출입을 금지하는 법이 여러 도시에서 통과되었다. 작은 가게에는 유색인 손님을 거부할 권리가 생겼다. 앨라배마에서는 흑인 어린이가 백인 어린이와 공원에서 체커 게임을 하는 것이 범죄가 되었다.

1892년, 외모는 백인 같았으나 인종법에 따르면 흑인이었던 뉴올리언스의 제화공 호머 플레시Homer Plessy가 열차에서 백인 전용 좌석에 앉아 당국에 도전했다. 로자 파크스Rosa Parks가 1955년 몽고메리 버스에서 한 일과 비슷했다. 플레시도 파크스처럼 체포되었는데, 그의 형사 선고는 분리된 시설이 불평등한 시설을 의미하지는 않으므로 플레시의 권리가 어떤 식으로도 침해되었다고 볼 수 없다는 논지의 악명 높은 대법원 판결로 확정되었다. 현실과 완전히 괴리된 교묘한 수사적 속임수였던 분리하되 평등하다는 말에는 70년 동안 문제가 제기되지 않았다.

플레시 대 퍼거슨 판결은 미국 대법원의 역사가 또 한 번 바닥에 처박힌 사례였다. 1896년의 이 판결은 인종 분리 정책에 대한 법적 문제 제기를 차단했을 뿐 아니라 연방 정부가 완전히 물러났음을 시사해 사실상 보복을 부추겼다. 남부 전역에서 흑인을 마음대로 공격해도 좋다고 선포한 것과 같았다. 몇 년 후 미시시피 주지사는 일절 제재당할 걱정 없이 조용한 확신을 담아 "필요하다면 이 주의 흑인 모두에게 린치를 가할 것이다"라고 말했다.

애틀란타 외곽에서는 농장에서 일하던 샘 호스Sam Hose가 살해되고 절단되고 구워졌으며 신체 조각이 기념품으로 팔렸다. 1921년 미국에서 가장 부유했던 흑인 동네를 파괴한 털사 인종 학살은 린치를 가하는 군중 손에서 시작되었다. 흑인은 평균적으로 나흘에 한 번씩 미국 어딘가에서 목이 매달리거나 산 채로 불태워졌다. 1882년부터 1968년까지 모두

3,400명이 넘는 남녀가 고문과 린치에 희생되었고, 늘어지고 망가진 이들의 몸은 그대로 남겨져 빌리 홀리데이Billie Holiday의 노래에 나오는 "산들바람 부는 남부에서 미루나무에 매달린 이상한 열매"가 되어 흔들렸다.

1913년 우드로 윌슨Woodrow Wilson은 연방 정부 전 부처에 인종 분리를 도입한 바로 그해에 게티즈버그로 가서 남북전쟁의 결과를 판가름한 결정적인 전투의 50주년을 기념했다. 파랑과 회색 옷(남북전쟁 당시 북군 군복은 파랑, 남군 군복은 회색이었다―옮긴이)을 입은 두 소규모 노인 부대가 하나로 어우러지자 윌슨은 이렇게 선포했다. "우리는 형제이자 전우로 다시 만났습니다. 이제 적은 없고 너그러운 친구가 있습니다. 전투는 먼 옛날의 일이고 다툼은 잊혔습니다." 이들을 둘러싸고 전장 양측으로는 펜실베이니아 땅 위로 솟아난 기념 동상이 수십 개씩 있었다. 그 청동과 대리석 증거물의 수는 1863년의 아득한 여름에 운명의 사흘 동안 맞붙었던 전력의 규모를 떠올리게 했다. 행사장의 공기에는 화합의 정신과 안일한 합의가 감돌았다. 이 전쟁이 국운을 위한 투쟁이었고 주의 권리와 연방 정부 권력의 대결이었다는 합의, 그 시련의 도가니에서 나라가 한층 완전한 연방으로 부상해 미국의 세기가 된 시대를 맞이할 준비를 갖췄다는 합의였다. 노예제는 이야기되지 않았다. 참석하도록 초청받은 흑인 참전 용사 역시 한 명도 없었다.

고작 4년 만에 윌슨은 또다시 더 참혹한 전쟁으로 나라를 이끌었다. 35만 명이 넘는 아프리카계 미국인이 인종이 분리된 부대에서 복무했다. 200명 가까이가 프랑스에서 레지옹 도뇌르 훈장을 받았다. 미국이 참전한 1917년에 흑인 30명이 린치를 당했다. 휴전하고 1년이 지나 군대가 고국으로 돌아왔을 무렵에는 76명이 백인 군중의 손에 목이 매달렸고 그 가운데 10명은 군복을 입은 채인 참전 용사였다. 1920년, 다시 융성해진 쿠클럭스클랜은 500만 단원을 자랑했다. 이 가공할 세력의 적과 악마 목록은 점점 불어나 유대인과 가톨릭교도, 이민자와 이방인까지 포함하게 되었다. 5년 후, 네브래스카 오마하에 살던 침례교 목사 얼 리틀Earl Little과 아내 루이즈 사이에서 아들 맬컴이 태어났다. 엄마와 아기만 있을 때 들이닥친 쿠클럭스클랜은 루이즈의 남편을 린치하겠다고 협박했다. 가족은 미시간으로 피신했지만 몇 달 못 가서 패거리가 이들의 집에 불을 질렀다. 얼은 전차에 치여 사망했는데 이 수상쩍은 죽음은 나중에 살인으로 확인되었다. 생명보험사에서 보험금 지급을 거부해 남편을 잃은 아내는 무일푼이 되었다. 가족은 주로 민들레와 잡초 같은 풀을 뜯어 먹으며 연명했다. 루이즈가 힘겹게 살아가던 1934년에는 아프리카계 미국인 15명이 린치를 당했다. 그 중 한 명인 클로드 닐Claude Neal은 앨라배마 감옥에서 플로리다로 끌려가 환호하는 군중 4,000명 앞에서 고문당하고 목이 매달렸다.

미국 상원에서는 남부 정치인들이 린치 중지를 요구하는

법안에 적극적으로 반대했다. 어차피 정치는 아프리카계 미국인이 손댈 수 없는 영역이었다. 1936년에 이들이 유권자로 등록된 비율은 4퍼센트도 안 되었다. 여덟 자식을 먹여 살려야 했던 루이즈 리틀은 망가지고 말았고 1939년에 정신병원으로 보내졌다. 아들 맬컴은 위탁 시설에, 이어서 소년원에 갔고 각종 기관을 전전하다가 끝내 감옥에 이르렀으나 그곳에서 종교의 구원을 찾았다. 그는 이름을 맬컴 엑스Malcolm X로 바꿨다.

미국은 1941년에 전쟁으로 돌아갔다. 아프리카계 미국인은 120만 명 넘게 징집되었으나 전선을 보조하는 잡역부 역할을 면치 못했다. 육군 항공대나 해병대 입대는 그들 중 누구에게도 허락되지 않았다. 공장에서는 백인들과 분리되었다. 디트로이트에서는 거리에 방벽을 쳐 흑인 가족이 공공주택 단지에 들어오지 못하게 막았다. 광고판에는 이렇게 적혔다. "우리 백인 동네는 백인 세입자만 받겠다." 버지니아에서 흑인 육군 병장 두 명이 버스에서 자리 비키기를 거부하는 일이 일어났다. 둘 다 두들겨 맞은 후 수감되었고 앨라배마의 육군 간호 장교도 비슷한 일을 겪었다. 그녀는 버스 뒤편으로 가지 않으려 했다는 이유로 경찰 손에 코가 부러졌다. 당시 적십자 혈액은행의 수장이었던 찰스 드루Charles Drew는 혈액 보존법을 발견했는데 그것은 흑인 백인 할 것 없이 전투에서 부상당한 수천 군인의 목숨을 구할 혁신이었다. 적십자는 이 발견을 반기면서도 수혈로 인종이 섞일 것을 우려해 아프리카계 미국인이 헌혈한 피로 백인 환자를 치료하기는 거부했다. 흑인인 드루는 이에 항의해 사임했다.

모욕 주기는 끝을 몰랐다. 전쟁에서 싸우며 형제들의 죽음을 지켜본 흑인들은 종전 후 미국 재향군인회 가입을 금지당했고, 모든 백인 참전 용사에게 무상으로 대학 교육을 제공한 제대군인 지원법 지아이빌에서도 배제되었다. 1946년 조지아에서는 참전 용사 한 명이 린치당했고 1년 후 루이지애나에서도 또 한 명이 당했다.

1950년까지도 남부에 사는 아프리카계 미국인 80퍼센트는 투표할 방법이 없었다. 서굿 마셜Thurgood Marshall을 필두로 한 운동가들은 법원에 도움을 청했다. 1954년 브라운 대 교육위원회 재판의 중대 판결에서 대법원장 얼 워런Earl Warren은 "분리된 교육 시설은 본질적으로 불평등하다"고 밝혔다. 인종 분리를 한풀 꺾어놓는 한 구절이었다.

남부는 살해 위협과 워런 탄핵 요구로 응수했다. 조지 월리스George Wallace 주지사는 흑인 학생의 인종 통합 교육 접근을 허용하느니 자기 몸으로라도 앨라배마 대학교의 문을 막겠다고 나섰다. 그는 이전 선거에서 패했을 때 "또다시 상놈이 깜둥이 표로 나를 이길 일은 없게 하겠다"고 맹세했다. 1962년 월리스는 쿠클럭스클랜 단원 중에서 뽑은 연설문 작가의 힘을 빌려 96퍼센트 득표율로 승리했다. 취임 연설에서는 제퍼슨 데이비스를 들먹이며 "분리는 오늘도 내일도, 영원히 계속될 것"이라고 선언했다. 공공수영장의 인종 통합을 명령하는 소송을 맞닥뜨린 몽고메리시는 수영장 물을 빼고 시설을 폐쇄했다.

싸움은 법정에서 거리로 옮겨갔다. 몽고메리 버스 보이콧과 초기 연좌시위가 일어났으며 마틴 루서 킹 주니어의 웅변이 찬란하게 울려퍼졌다. 텔레비전은 평화롭게 시위하는 사람들에게 개를 풀고, 학교 출입문에서 아이들을 구타하고, 불길이 타오르는 버스 앞에서 군중이 미친 듯이 소리를 질러대는 참혹한 장면을 나라의 양심 앞에 드러냈다. 앨라배마 주지사 존 패터슨John Patterson은 로버트 케네디Robert Kennedy의 한 측근에게 이렇게 말했다. "놈들을 산 채로 태워버리겠소. 그 망할 깜둥이들한테 본때를 보여줄 만한 강골이 이 나라에 나밖에 없으니."

이런 그림은 나라 안팎으로 보기에 안 좋았다. 당시는 냉전의 절정기였다. 미국은 자국을 자유의 수호자로 홍보했다. 그럼에도 가나 재무장관은 델라웨어에서 하워드존슨이란 체인 음식점에 들러 오렌지주스를 시켰다가 주문을 거부당했다. 회담 참석차 미시시피에 초청받은 아이티 농무부 장관은 주최 측 호텔에 투숙할 허가를 받지 못했다. 국무장관 딘 애치슨Dean Acheson이 인정했다시피 인종차별은 이 나라가 도덕적으로 민주주의 세계의 지도자를 자청하는 데 걸림돌이 되었다.

1963년 6월 존 케네디John Kennedy는 대국민 연설에서 진실을 말했다.

우리는 베트남이나 서베를린으로 미국인을 파견할 때 꼭 백인이어야만 한다고 말하지 않습니다. …… 피부색이 짙다는 이유로 미국인이 일반에게 열려 있는 식당에서 점심을 먹지 못한다면, 갈 수 있는 최선의 공립학교에 아이를 보내지 못한다면, 자신을 대표할 공직자에게 투표하지 못한다면, 요컨대 우리 모두가 바라는 충만하고 자유로운 삶을 누리지 못한다면, 피부색이 바뀌어 그의 입장이 되었을 때 만족한다고 할 사람이 있겠습니까?

두 달 후 약 25만 명이 민권을 위해 워싱턴에서 행진했다. 그때까지 내셔널몰에 집결한 시위대의 규모 중 최대였다. 킹이 연단에 오를 때 케네디는 청중으로 그 자리에 있었다. 엄청난 인파에 감동한 침례교 목사는 준비해온 글을 치우고 선지자로서 입을 열어 역사에 울려퍼질 속죄와 희망의 꿈을 나눴다. 대통령이 킹의 연설을 온전히 들은 것은 그때가 처음이었다. 말은 자유의 종을 울리듯 하늘로 솟았다. 모든 것이 변했다. 감동한 케네디는 행동에 나섰다. 그러나 석 달 만에 백인 암살범의 총에 맞아 사망했다.

맬컴 엑스는 연좌시위나 평화시위 방식을 주장하는 킹의 비폭력주의를 거부했다. 그는 "앉는 것은 누구나 한다. 일어나려면 배짱이 있어야 한다"고 공표했다. 그 역시 겨우 1년 만에 목숨을 잃었다. 그의 몸은 총알 스물한 발로 벌집이 되었고 그 중 열다섯 발은 직사거리에서 발포된 것이었다.

맬컴 엑스가 암살되고 14일 후 존 루이스John Lewis가 행진 인파 수백 명과 함께 몽고메리로 향했다. 셀마의 앨라배마강으로 간 그들 앞에는 연합군 장군이자 쿠클럭스클랜 수장 이름을 딴 에드먼드 페터스Edmund Pettus 다리가 있었다. 당시 흑인은 셀마 인구 3분의 1을 차지했으나 등록된 유권자 중 흑인의 비율은 고작 1퍼센트였다. 다리를 건너던 시위대는 말을 타거나 개를 끌고 온 주 경찰 500명에게 폭행당했다. 온 나라가 텔레비전 중계로 그 모습을 지켜보며 훗날 '피의 일요일'로 알려진 폭행 현장의 증인이 되었다. 린든 존슨Lyndon Johnson은 워싱턴에서 이 분노를 지렛대 삼아 투표권법을 확실히 통과시키고자 했고 법은 1965년 8월 6일에 실제로 제정되었다. 닷새 후 사우스센트럴로스앤젤레스 와츠에서 폭동이 일어났다. 마틴 루서 킹 주니어는 캘리포니아로 와 사태를 진정시키려 했으나 아무도 말을 듣지 않았다. 주에서는 소요 진압에 소규모 군대(주 방위군 1만 4,000명)를 동원했다.

여름이 네 차례 지나가는 동안 나라는 스스로와 전쟁했다. 예외 없이 경찰 폭력으로 촉발된 도심 폭동으로 빈민가는 불구덩이가 되었다. 텔레비전을 보는 사람들은 뉴어크와 디트로이트에서 펼쳐지는 혼란과 약탈, 폭발의 풍경과 포위된 베트남 도시의 붕괴를 보도하는 방송을 구별하기 어려웠다. 디트로이트의 여러 흑인 동네에서는 아프리카계 미국인이 7,000명도 넘게 체포되었고 건물 약 2,000채가 연기 속으로 사라졌다. 정부는 질서를 회복하고자 제101공수사단과 제

82공수사단에서 낙하산 부대 9,600명을 보냈다. 디트로이트로 파견된 이 군인들 중 일부는 훗날 베트남에서도 복무했는데, 아프리카계 미국인은 전국 인구에서 차지하는 비율이 10분의 1임에도 베트남에서는 병력 4분의 1을 구성했다. 일부 공수 전투 부대는 흑인이 다수이기까지 했다. 디트로이트에서 흑인 청년들을 체포하고 필요하다면 사격까지 하는 임무를 받은 이들 다수는 그 자신도 흑인이었으며, 몇 달 뒤 햄버거힐에서 무의미한 전방 돌격을 벌이다가 죽을 운명이었다. 전략적 가치가 없는 밀림 속 외딴 고지였던 햄버거힐은 함락 2주 만에 미군에게서 버려졌다.

베트남의 영상이 관과 함께 고국에 전해지자 빈민가 사람들은 폭력에 의지했다. 주민 65퍼센트가 흑인이었던 도시 뉴어크에서는 한 해에 영아 열여덟 명이 박쥐가 들끓는 병원에서 설사로 사망했다. 3만 5,000명이 거리로 나섰던 와츠에는 병원이 없었다. 디트로이트가 불길에 휩싸인 1967년에는 권총과 산탄총으로 무장한 흑표당Black Panther Party(아프리카계 미국인의 권익 향상을 목표로 했던 극좌익 정당—옮긴이)원 서른 명이 총기 규제가 논의되고 있던 새크라멘토의 캘리포니아 주 의사당에 진입했다. 보비 실Bobby Seale은 규제에 반대하며, 미국 권리장전을 초안할 때 제임스 매디슨의 머릿속에는 없었을 게 분명한 논리로 수정헌법 2조를 언급했다. 그는 이렇게 공표했다. "흑인은 미국의 인종차별적 권력 기구가 흑인에게 불리하게끔 역사적으로 영속화된 부정을 바로잡도록 그간 간청하고 기원하고 탄원하고 시위하는 등 할 수 있는 모든 것을 해왔다. ······ 흑인이 더 늦기 전에 이 테러에 맞서 스스로 무장해야 할 때가 왔다." 마지막 줄은 뺀다 쳐도, 장기적 관점으로 본 미국사에서 이 선언은 타당하고 진실한 견해로 읽힌다. 그러나 교외에서 안락하게 살던 사람들에게 이는 테러리스트가 하는 말이었다. 그 테러리스트는 심지어 흑인이었다.

1967년 4월, 마틴 루서 킹 주니어는 린든 존슨과 갈라서고 베트남전쟁에 반대하고 나서며 1964년 민권법과 1965년 투표권법 제정을 가능하게 했던 복잡한 관계에 마침표를 찍었다. 전쟁으로 돌이킬 수 없이 힘을 잃은 대통령은 1년 뒤 재선에 출마하지 않을 것이며 남은 임기 몇 달을 갈등 종식의 길을 찾는 데 바치겠다고 발표해 온 나라를 놀라게 했다. 나흘 후 멤피스에서 킹이 암살자의 총알을 맞고 쓰러졌다. 살해범은 전과가 있었고 인종 분리를 공공연히 옹호했으며 대선 후보 조지 월리스를 열렬하게 지지했다. 흑인운동가 스토클리 카마이클Stokely Carmichael은 킹을 살해한 것은 전쟁을 시작하자는 도발이라며, 집에 가서 총을 챙기라고 전방위로 독려했다.

인디애나폴리스에 있던 로버트 케네디는 수많은 아프리카계 미국인 청중 앞에서 막 연설하려던 참에 킹이 암살됐다는 소식을 전해 들었다. 이 소식은 어두운 파도가 요동치듯 열띤 군중을 휩쓸었고, 들떠 있던 사람들은 이내 애통해 하며 무너졌다. 전 법무장관이자 현 민주당 대통령 후보로 유세 트럭에 선 케네디는 형제를 잃는 심정이 어떤지 잘 안다고 말했다.

그리고 모두 차분히 집으로 돌아가 킹의 가족을 위해 기도하자고 권했다. 이어서 아이스킬로스(고대 그리스 비극 작가—옮긴이)의 말 몇 구절을 암송했다. "잊을 수 없는 고통은 우리가 잠들어 있을 때조차 심장 위로 방울방울 떨어지지만, 그 끝은 우리 자신의 절망 속에서 우리 의지에 반해 외경할 신의 은총으로 찾아오는 지혜다."

그날 밤 인디애나폴리스는 미국 대도시 중 유일하게 불길이 일지 않았다. 두 달 후, 캘리포니아 예비선거에서 이겨 백악관으로 향할 것이 분명해 보였던 로버트 케네디는 승리를 축하하던 앰배서더 호텔에서 퇴장하다가 총격으로 사망했다.

나라는 번민 속에 쪼개졌다. 전쟁은 끝이 안 보였고 여러 도시가 불탔다. 모든 가정의 아이들은 해마다 반복되는 암살을 보며 자랐고 손위 형제는 거리로 나서고 약을 하고 부모와 나라와 세계에 반항했다. 혼란은 사회운동의 기회였다. 여성이 결집해 경제와 정치 영역에서의 권한을, 무엇보다도 자기 신체에 대한 통제권을 요구했다. 남성과 여성 동성애자가 성적 자유와 혼인 평등을 위한 긴 행진을 시작했다. 일부는 여기에 고무되었으나 이런 변화는 필연적으로 대다수를 불안하게 했다. 여전히 단순한 진리를 따르며 가족, 신, 나라에 충실하게 살던 이들을.

좌절의 잿더미, 실패의 그림자에서 일어선 리처드 닉슨 Richard Nixon은 이 공포를 손아귀에 쥐고 정치적 움직임으로 바꿔놓았다. 공포의 잠재력과 혐오의 힘을 아는 정치인의 등장이었다. 닉슨은 불확실성을 동원해 침묵하는 다수를 호명했다. 그가 진정한 시민으로 규정한 이 발명된 집단은 규범을 벗어난 삶을 사는 이들은 모두 비정상임을 시사했다. 닉슨의 최측근 내정 자문관이었던 존 얼릭먼John Ehrlichman이 훗날 시인했듯 닉슨은 마약 사용에 큰 관심이 없었음에도 오직 정치적 술수로 1971년 '마약과의 전쟁'에 돌입했다. 목표는 히피와 흑인, 학생을 비롯해 전쟁에 반대하는 모두를 방해꾼 조연으로 써먹으며 자신의 지지층을 자극하는 것이었다. 인종을 넘어 판이 새롭게 확장되었다. 닉슨은 지지자의 마음에 독을 타는 데 명수였다. 공산주의, 마약, 악마는 거대하고 사악한 위협으로 뭉쳐져 자라났다. 1조 달러가 소모되었지만 그로부터 50년이 흘렀을 때 마약 오용자는 닉슨의 오도된 전쟁이 개시된 이래 그 어느 때보다도 많았다.

공공정책 역사상 최대의 실수로 미국은 선진국 중 유일하게 대학 학위보다 범죄 기록을 보유한 시민이 더 많은 나라가 되었다. 2018년 아프리카계 미국인은 인구 비율로는 13퍼센트에 지나지 않았지만 수감자 중에서는 34퍼센트를 차지했다. 백인 정치인들이 알갱이 코카인 소지에 대한 처벌을 가루 코카인 소지보다 백 배는 더 무겁게 한 것이 크게 작용한 결과다. 약리적으로 둘은 같은 마약의 두 가지 형태다. 하나는 연기를 피워, 다른 하나는 코로 직접 흡입한다. 나머지 차이는 시장뿐이다. 알갱이형은 단위 가격으로 팔리기 때문에 거리에서 생활하는 사람도 손을 댈 수 있지만, 가루형은 중역 회의실에 들어가는 사람이나 감당 가능할 무게당 가격으로 판매된다.

그렇게 희망과 절망이 널뛰던 미국에서, 흑인 아버지와 백인 어머니의 아들이자 아프리카의 손자, 그리고 하버드의 자제로 웅변의 재능을 타고났으며 말의 힘을 깊이 이해하는 버락 오바마Barack Obama가 이 나라의 더 나은 꿈에 다시 불을 밝히고 백악관에 입성했다.

뉴욕에서는 도널드 트럼프가 중상모략으로 정치권 진입을 시도하며 오바마가 케냐에서 태어났고 그래서 대통령직을 맡을 자격이 없다는 거짓말을 퍼뜨렸다. 모함을 음모론으로 바꿔놓을 자원도 소질도 있고 성격 역시 그런 일에 제격인 트럼프는 '출생론'이라는 컬트적인 믿음을 혼자서 잘도 부추기며 자신의 정치적 미래를 몽상하는 장난질을 벌였다.

트럼프의 가치관과 돈은 다 아버지 프레드에게 물려받은 것이다. 지주 출신으로 중산층이 된 그의 아버지는 아들더러 아프리카계 미국인이 트럼프 부동산에 발도 못 들이도록 그들이 낸 입주 신청서에 유색인colored을 뜻하는 C 표시를 남기라고 가르쳤다. 물러터졌다고 아버지에게 인정받지 못한 도널드의 형은 술에 탐닉했다. 형의 꿈은 비행기 조종사였다. 반면 도널드는 아버지를 빼다 박은 모습으로 자랐다. 카지노 소유주 시절 도널드는 자신이 아내와 슬롯머신을 돌리고 싶을 때면 업장에서 흑인 손님을 전부 내보내라고 관리인에게 지시하곤 했다.

1989년 유색인 소년 다섯 명이 센트럴파크에서 백인 여성 한 명을 강간했다는 혐의로 기소되었을 때 트럼프는 뉴욕의 여러 타블로이드지에 소년들의 사형을 촉구하는 전면 광고를 냈다. 12년 후 새로운 증거가 나와 이들이 무죄임이 밝혀졌다. 법원은 잘못된 유죄 선고에 대한 배상금으로 4,100만 달러를 지급했다. 원고들은 이전의 유죄 선고가 "인종이 이유였던 음모"에 지나지 않았다고 주장했다. 트럼프는 다시 한 번 신문을 창구 삼아 '센트럴파크 파이브'라 불리는 이들은 여전히 유죄라고 증거도 없이 우겼다. 폭도에게 손짓이라도 하는 것처럼 그들의 이름과 연락처, 주소를 공개하기까지 했다. 사건에 관계한 변호사들은 트럼프의 행동이 린치를 부추긴 것과 다름없다고 봤다.

대통령 집무실에 들어간 트럼프는 여러 아프리카 국가들을 "똥통" 나라라 불렀고 나이지리아 같은 곳에서 온 이민자가 미국을 경험하고 나면 절대 "자기네들 움막으로 돌아가"지 않으려 할 거라고 말했다. 대통령 임기 첫해에 강도가 동일한 허리케인이 텍사스와 푸에르토리코를 휩쓸었을 때 트럼프는 9일 동안 세 배 많은 노동력과 스물세 배 많은 구호 자금을 휴스턴에 투입하고 푸에르토리코는 암흑 속에 방치했다.

2017년 2월, 버지니아 샬러츠빌 시 의회에서 투표 끝에 로버트 E. 리 동상을 철거한다는 결정이 내려졌다. 6개월 후 네오나치와 중무장한 민병대 패거리가 전 쿠클럭스클랜 단장이었던 데이비드 듀크David Duke를 비롯한 여러 연사의 말을 듣겠다고 운집했다. 이들은 밤새 횃불을 밝혀 들고 행진하며 히틀러의 갈색셔츠단 구호를 외쳤다. "유대인은 우리 자리를 차지할 수 없다!" "피와 땅!" 흑인 청년 디안드레이 해리스DeAndre Harris는 폭력배 여섯 명에게 구타당했다. 자칭 백인 우월주의자가 반대 시위대를 제 차로 들이받았을 때는 32세 백인 여성 헤더 하이어Heather Heyer가 죽었고 서른다섯 명이 부상당했다. 충격에 빠진 나라에 대고 이틀 뒤 트럼프는 이렇게 발언했다. "양측이 다 잘못했다. …… 저쪽에는 아주 나쁜 사람도 있었지만 아주 훌륭한 사람도 있었다. 양쪽 다 그렇다."

실상 샬러츠빌에서 드러난 것은 아메리카연합국의 분리주의자, 린치를 일삼던 테네시의 군중 못지않은 도덕적 확신에 차서 대놓고 뻔뻔하게 진격하는 백인 민족주의였다. 향수로 똘똘 뭉쳐 백인 기독교인이 힘을 휘두르던 시대를 잃어버린 것을 아쉽게 여기며 가슴 깊이 피해의식을 품고 무엇이든 자신들이 원하는 것이 진실이라 믿는 이들은 눈을 부라리며 분노에 차서 행진했다.

2021년 1월 6일 생각을 같이하는 애국자 수천 명이 도널드 트럼프의 직접적인 선동에 따라 워싱턴 국회의사당에 난입해 미국 민주주의의 심장을 공공연히 욕보였다. 이들은 가는 길에 "내 구원자는 주 예수요, 내 대통령은 트럼프다"라고 표명하는 깃발 아래에 멈춰 기도를 올렸다. 누구도 트럼프의 선거

패배를 인정하지 않았다.

이들은 펜실베이니아애비뉴로 행진하며 "국회라는 악"을 끝장내달라고 신에게 간청했다. 의사당 경찰을 밀치고 나아가며 문과 창문을 부수고 사무실을 초토화했으며 기물을 박살 냈다. 한 여자가 총에 맞아 숨졌고 다른 여자는 군중에게 짓밟혔다. 경찰 한 명은 소화기에 머리가 짓이겨져 사망했다. 다른 경찰은 층계 아래로 끌려내려와 미국 국기를 두른 봉으로 구타당했다. 경찰 가운데 총 50명이 부상당했고 15명이 입원했다. 쿠데타니 난동이니 민주주의가 전복되었다느니 하는 이야기가 뜨겁게 오갔다. 그러나 끝내 발포된 것은 애슐리 배빗Ashli Babbitt을 죽인 총알 한 발뿐이었다. 건물이 뚫렸을 때 트럼프 지지자들은 대체로 무엇을 해야 할지 모르는 눈치였다. 그들은 복도를 배회하고 홀에서 어슬렁거렸으며 다수가 텔레비전으로만 봤던 건물의 궁륭 천장과 돔 아래에 모였다. 대부분은 제 사진을 찍었다. 이를 쿠데타라 한다면 셀카 형식의 혁명이었다. 미국이라는 국가가 아이폰에 습격받은 것이다.

무엇보다 인상적이었던 것은 무단 침입자의 행동이 아니라 그들이 받은 대우였다. 영상 속 경찰은 그들에게 말을 붙이는 등 록 공연의 왁자한 관객을 대하는 안전요원처럼 행동했다. 살살 또는 세게 밀쳐진 사람은 있었지만 구타당하거나 머리채를 잡혀 끌려가거나 최루 스프레이 세례를 받거나 맞아서 의식을 잃은 사람은 아무도 없었다. 그런 취급은 지난해 여름 수도 거리를 행진했던 흑백을 막론한 남녀 청년들처럼 인종

정의를 위해 나선 시위대 몫인 모양이었다. 그들이 국회 홀에 난입해 정치권력의 지성소를 욕보였다면 어떤 꼴이 되었을지는 상상에 맡기겠다.

습격 당일 저녁, 일찍이 트럼프 편 군중에 겁먹어 몸 사리는 모습이 카메라에 적잖이 잡혔던 공화당 상원의원 8명과 하원의원 137명은 부정 선거라는 터무니없는 이의 제기를 지지하는 표를 던졌다. 방금 미국 민주주의의 상징 그 자체를 공격하도록 선동한 대통령과 발을 맞춘 것이다.

투표소에서 패한 공화당은 투표 억압으로 주의를 돌렸다. 투표에 새롭게 장벽을 세우고 의원 선거구를 입맛에 맞게 변형하고 공정한 선거 관리를 감독할 자원이 되는 민간 기부를 불법화하는 등 앞으로 있을 선거에서 흑인과 히스패닉계가 주류인 민주당 텃밭의 투표율을 저하시킬 방법을 총동원했다. 조지아에서는 일요일 사전 투표를 제한해 교회 예배 후 투표소에 가는 아프리카계 미국인의 오랜 전통을 죽이려는 움직임도 있었다. 아무리 무정하고 치졸한 수라도 괜찮았다.

동기는 명백하다. 에이브러햄 링컨이 몸담았던 당은 한 후보나 선거에 국한할 수도 없을 지경으로 백인의 불만을 내세운 당이 되어, 미국의 현실에 언제나 존재했던 어둠을 소환해 권력을 붙들고 늘어졌다. 적어도 품위를 아는 사회에서는 오래도록 감춰져 있던 무언가가 트럼프의 수사로 유행이 됐고, 활개 치는 편견과 아집 앞에서 분별과 예의의 선이 깨졌다.

인구 통계에 따른 필연인지도 모른다. 다수였던 백인은 곧 소수가 될 것이다. 역사가 증명하듯 미국인 다수에게 이는 실존적 난관이다. 자신의 나라에서 백인이 더 이상 다수가 아니게 되면 백인 미국인은 어떻게 되겠는가? 누구보다 목소리를 높이는 사역자들이 모두에게 관용과 자비를 베풀라는 예수의 말씀에 계속 귀를 닫으면 기독교는 어떻게 되겠는가? 이방인에게 등 돌리고 어려운 이를 돕지 않는 자는 예수 곁에서 추방되고 "저주받아 마귀와 그 사자들에게 준비된 영원의 불로" 던져지리라는 마태복음 속 경고는? 장담하건대 정치적으로 우파인 백인 복음주의자 손의 신약성서보다 더 선택적으로 읽힌 경전은 없다.

"직시한다고 모든 것이 바뀌지는 않는다. 그러나 직시하기 전에는 그 무엇도 바뀌지 않는다." 수십 년 전 제임스 볼드윈James Baldwin이 쓴 글이다. 자국 예외주의의 거울을 마주하고도 원형 홀 바닥에 흩어진 유리 파편만 본다면 미국은 과연 어떻게 되겠는가? 암담했던 트럼프 정권 4년은 이례가 아니었다. 긴 역사에서 벌어진 모든 일을 일관되게 따른 것이었다. 분노, 인종차별적 증오, 희생양 만들기, 폭력, 거짓과 망상, 수사와 괴롭힘, 훤히 드러난 근본적 약점, 갖은 모순. 무엇도 배우지 못하고 무엇도 해결하지 못한 듯하다. 흑인과 백인 사이의 구조적 격차는 여전히 나라의 근간을 이루는 신화와 현실의 간극만큼이나 넓다.

미니애폴리스의 조지 플로이드George Floyd는 또 한 구의 시신이 되어 미국의 원죄에 희생된 수만 명 주검 더미 위에 얹혔다. 그의 마지막 말(자신을 체포하려는 백인 경찰의 무릎에 목덜미가 눌린 플로이드는 "숨을 못 쉬겠어요"라고 호소했다―옮긴이)은 과거를 결코 깨끗이 인정한 적 없는 나라에서, 더는 숨 쉴 수 없는 나라에서 토해진 마지막 숨이었다. 다시 한 번 위대하고 초월적인 심판대에 서지 않는 한 이 나라는 영영 숨 쉴 수 없을지도 모른다. 그 심판대는 국가의 영혼을 씻어내고 지금껏 그 모든 전쟁의 불길로도 이룩하지 못한 정화를 해내는 자리다. 플로이드를 죽인 자가 유죄 선고를 받았으니 정의로 한 걸음 나아간 것도 같다. 그러나 2020년 5월 25일 조지 플로이드가 사망한 후로도 700명 가까이 되는 흑인 남녀가 경찰 폭력에 목숨을 잃었다. 데이터가 이야기한다. 이것이 지금의 미국이자 여태까지 늘 그랬던 미국이다.

제임스 볼드윈은 그 옛날에도 희망을 품을 이유를 보았다. 그의 글이다. "과거를, 역사를 받아들인다는 것은 그것에 잠겨 죽는 것과는 다르다. 이는 과거를 어떻게 쓸지 배우는 일이다. 만들어진 과거는 절대 쓸 수 없다. 그런 과거는 삶의 압박 아래에서 가문 날의 점토처럼 갈라지고 바스러진다." 여기에 볼드윈은 어쩌면 그 무엇보다도 희망찬 말을 덧붙인다. 긴긴 세월 끝에 비로소 오래도록 참칭해온 나라로 거듭나고자 하는 나라에서 헌장 역할을 할 수도 있을 만한 말이다.

우리가(여기서 우리란 비교적 의식 있는 백인과 비교적 의식 있는 흑인을 말하며 이들은 연인처럼 고집스레 상대를 의식하거나 그 의식을 만들어내야 한다) 지금 우리 의무를 다하기를 주저하지 않는다면 설령 한 줌뿐인 우리일지라도 인종의 악몽을 끝내고 우리의 나라를 이룩해 세계 역사를 바꿀 수 있을 것이다.

언젠가는 이런 말이 내셔널몰의 빛나는 하얀 대리석에 새겨질지도 모르겠다. 마틴 루서 킹 주니어의 말은 그가 살던 시대에는 상상도 못 했을 기념비에 음각되어 이미 그곳에 있다. 내 조촐한 워싱턴 투어는 여기서 끝난다. 신념도 피부색도 각양각색인 미국인 인파로 이곳은 이 도시에서 방문객 많기로 손꼽히는 곳이 되었고 그 인기는 제퍼슨과 워싱턴에게 헌정된 곳을 뛰어넘는다. 쓰여 있는 글은 이러하다. "어둠으로는 어둠을 몰아낼 수 없습니다. 그것은 오직 빛으로만 가능합니다."

킹은 인종차별, 그리고 인종주의자를 양산하는 체제 둘 다에 반대했다. 미국인 네 명 중 세 명이 자신을 못마땅하게 보던 시절에 세상을 떠났음에도 속죄가 가능하다고 믿었다. 죄악과 증오로 일그러진 사람도 빛을 보게 할 수 있으며 가장 추악한 이도 편견과 아집의 짐을 내려놓을 수 있다고 믿었다. 내셔널몰에서 그의 말은 이어진다. "우리는 이겨낼 것입니다. 도덕적 섭리는 아주 긴 호를 그리지만, 결국 정의를 향해 구부러지기 때문입니다." 강하지만 불완전한 곳, 다행히도 아직 이야기가 쓰이는 중인 미국의 가능성은 분명 여기에 있다.

인류학이
중요한 이유

　2012년《키플링어》와《포브스》가 인류학을 가치 없는 학부 전공 1위로 꼽자 작게 분개의 물결이 일었다. 인류학 분야 밖의 사람들은 이 교양 학문이 상호 연결되고 세계화된 세상에서 살아가고 일하는 데 필요한 이상적인 예비 과정이라고 두둔했다. 실존적 난관과 공개 망신에 부닥친 직업 인류학자들의 대응은 간절했으나 대체로 효과가 없었다. 한 세대에 걸쳐 제 세계에만 몰두하고 멸시에 가까운 수준으로 공공 영역에 관여하기를 등한시하는 태도를 고수해왔던 탓에 이 학문의 목소리가 소거되었기 때문이다.

　위대한 프랜츠 보애스Franz Boas의 제자이자 1947년 미국인류학회 회장이었던 루스 베네딕트Ruth Benedict는 인간의 다름이 안전하게 받아들여지는 세계를 만드는 것이야말로 인류학의 목적이라고 말했다고 한다.

오늘날 이런 실천주의는 식민지 시대에 쓰던 사파리 헬멧만큼이나 구식으로 보인다. 9·11 테러가 발생하고 얼마 되지 않아 미국인류학회는 워싱턴 D.C.에 모였다. 개인적으로나 국가적으로나 앞으로 맞닥뜨릴 수 있는 그 어떤 문화적 이야기보다 거대한 이야기가 펼쳐진 직후에 인류학자 4,000명이 미국의 수도에 온 것이다. 이 회합은《워싱턴포스트》에서 한 번 언급되는 데 그쳤고 그마저도 괴짜들이 돌아왔다는 요지로 가십란에 몇 줄 적힌 수준이었다. 어느 쪽이 더 태만한지 판단하기 어려웠다. **저들이 우리를 왜 증오하냐**는 질문에 답할 수 있는 바로 그 학계의 목소리를 듣지 못한 정부인가, 아니면 고찰해봄직한 통찰을 전국적 관심사로 띄우지 못한 이 학계 당사자들인가?

인류학자에게 인류학이 왜 중요한지를 일깨우는 데 외부인이 필요한 것은 어쩌면 마땅한 일이다. 조지타운 대학교 국제학 교수 찰스 킹Charles King은 탁월한 저서 『인류의 재발명The Reinvention of Humanity』의 포문을 열면서 우리 조부모나 증조부모의 머릿속에 존재했을 세계를 그려보라고 요청한다. 그가 짚기로, 그 시대에 인종은 태곳적까지 거슬러 올라가 백인을 흑인과 구별한 계보와 더불어 주어진 것이자 생물학적 사실로 받아들여졌다. 관습과 신앙에 나타나는 차이는 지능과 운명의 차이를 반영했고, 모든 문화는 야만에서 미개를 거쳐 문명화된 런던 스트랜드 거리로 올라가는 진화의 사다리에서 각자의 위치가 있었다. 서구의 위대한 성취인 마법 같은 기술이 진보와 성공의 유일한 척도였다.

성적·행동적 특성은 고정된 것으로 간주되었다. 백인은 영리하고 근면했고, 흑인은 신체적으로는 강인하나 나태했으며 일부는 짐승과 거의 구별되지 않았다. 1902년까지도 오스트레일리아에서는 원주민이 인간이냐는 문제가 의회에서 논의되었다. 정치는 남성의 영역, 자선 활동과 가정은 여성의 영역이었다. 미국에서 여성 참정권은 1920년에야 생겼다. 본인 역시 막 해안에 다다른 사람들조차 이민자는 위협으로 인지했다. 빈자의 비참한 생활은 그들 자신의 책임이었다. 같은 시기 영국 육군에서는 1914년에 선발된 사관들의 키가 사병보다 평균 15센티미터나 큰 것이 다름 아닌 영양 섭취 때문이라는 보고가 나왔지만 말이다. 소경과 귀머거리와 벙어리, 불구와 저능아와 몽골로이드와 광인은 격리하거나 뇌엽절리술을 실시하거나 아예 죽여서 유전자 풀에서 제거하는 것이 최선이었다.

백인 남성의 우월성이 얼마나 확실하게 인정되었던지 1911년 『옥스포드 영어사전』에는 인종주의나 식민주의라는 항목조차 없었다. 근래인 1965년에도 칼턴 쿤Carleton Coon은 『인종의 기원The Origin of Races』과 『살아있는 인류의 종The Living Races of Man』이라는 책 두 권을 완성하면서 유럽인의 정치적·기술적 우위는 진화된 유전적 우월성에 따른 자연스러운 결과라는 이론을 펼쳤다. "인종 혼합은 집단의 사회적 평형뿐 아니라 유전자까지 교란할 수 있다"는 주장마저 내놓았다. 쿤은

1963년 은퇴할 때까지 펜실베이니아 대학교의 교수이자 학예사로서 존경받았다. 인종 간 결혼은 1967년까지 미국 대부분 지역에서 불법이었다.

두 세대도 지나지 않은 지금, 교육받은 사람이 이런 무익한 확신을 공유하지 않으리란 건 두말하면 입 아픈 이야기다. 같은 이유로, 현대인의 관점에서는 잘못되었음이 분명하고 도덕적으로 비난해 마땅한 고집스러운 견해를 눈에 불을 켜고 옹호한 이들이 보기에 우리가 당연시하는 생각은 상상조차 할 수 없는 것이었다. 여기서 질문 하나가 떠오른다. 대체 무엇이 이런 전환을 가능하게 하고 이토록 짧은 시간에 이토록 급격한 변화를 우리 문화에 가져왔는가?

정치운동은 변화의 가능성을 토대로 하여 만들어지며 이 가능성은 새로운 사고방식에서 생겨난다. 이런 투쟁이 왕성하게 일어나려면 통찰의 섬광과도 같은 근본적인 무언가가, 지구의 나이가 고작 6,000살이라고 확신했던 19세기 성직자의 생각만큼이나 지금 우리 삶에 무의미한 낡은 믿음을 지탱하는 지적 기반에 도전하고 그 기반을 격파해야 한다.

찰스 킹이 상기시키듯 그 촉매는 프랜츠 보애스와 소수의 용감한 학자 무리가 보여준 지혜와 과학적 천재성이었다. 마거릿 미드Margaret Mead, 앨프리드 크로버Alfred Kroeber, 엘시 클루스 파슨스Elsie Clews Parsons, 멜빌 헤르스코비츠Melville Herskovits, 에드워드 사피어Edward Sapir, 로버트 로위Robert Lowie, 루스 베네딕트, 조라 닐 허스턴Zora Neale Hurston 등 다들 반골이었던 그들은 세상을 바꿀 운명인 보애스의 궤적을 따랐다. 오늘날 우리는 이들이 꿈꿨던 사회적 지형에서 살아간다. 가령 아일랜드 남자가 아시아인 여자친구를 사귀는 것이, 유대인 친구가 불교 진리에서 위안을 찾는 것이, 남성 신체로 태어난 사람이 여성으로 자기 정체성을 규정할 수 있는 것이 정상이라 생각한다면 당신은 인류학의 자손이다.

결혼이 반드시 남녀 사이를 의미하는 것은 아님을, 싱글맘이 좋은 엄마가 될 수 있음을, 두 남자나 두 여자도 사랑만 있다면 좋은 가족을 꾸릴 수 있음을 인정한다면 그것은 당신이 증조부모 세대에는 생각도 할 수 없었던 가치관과 제도를 수용했기 때문이다. 지혜는 어느 영성 전통에나 있다고, 사람은 어디서든 늘 새로운 삶의 가능성으로 춤추고 있다고, 잼은 보존해도 문화는 보존할 수 없다고 믿는다면 우리 종의 가장 숭고한 발견일 공감과 포용의 비전을, 모든 인류는 서로 이어져 있어 나눌 수 없는 하나의 전체라는 과학적 깨달음을 공유하고 있는 것이다.

미국 문화인류학의 아버지로 널리 인정되는 프랜츠 보애스는 인간의 사회 지각이 어떻게 형성되며 개별 사회의 구성원이 어떻게 세계를 보고 해석하도록 조건화되는지를 진정 개방적이고 중립적인 방식으로 탐구한 최초의 학자였다. 앎의 본질이 무엇이냐고 그는 물었다. 무엇을 알지는 누가 정하는가? 대중없어 보이는 신념과 고집스러운 견해는 어떻게 **문화**라는 것으로 수렴되는가? 문화라는 용어는 보애스가 조직 원리이자 지적 이탈을 위한 유용한 지점으로 처음 내세운 것이었다.

시대에 한참 앞섰던 보애스는 개별 사회 공동체, 즉 언어나 적응 경향으로 구별되는 인간 군집이 모두 인류 유산과 그 가능성의 고유한 일면임을 인지했다. 각각이 저마다의 역사에서 나온 산물이었다. 그 무엇도 절대적인 것으로 존재하지 않았다. 모든 문화는 현실의 한 모형일 뿐이었다. 보애스라면 우리가 사회적 영역을 창조한다고, 이어서 무엇을 상식과 보편적 진리, 적절한 행동 규칙과 규범으로 정의할지 결정한다고 말했을 것이다. 아름다움은 실로 보는 이의 눈에 달렸다. 매너가 사람을 만드는 것이 아니라 사람이 매너를 발명한다. 인종은 생물학에서 유래한 것이 아니라 관념의 영역에서 탄생한 문화적 구성물이다.

결정적으로, 이 무엇도 모든 인간 행동이 단지 존재한다는 이유만으로 무조건 수용되어야 한다는 식의 극단적 상대주의를 의미하지는 않는다는 것이 중요하다. 보애스는 판단을 지우라고 한 적이 없다. 우리 모두 인간인 이상 윤리적으로 또 도덕적으로 하지 않을 수 없는 판단에 충분한 정보가 바탕이 되도록 판단을 잠시 미루라고 했을 뿐이다. 1936년 《타임》의 표지를 장식했을 때 이미 피 흘리는 고국을 떠나 망명 중이던 유대계 독일인 보애스는 과학적 인종주의라는 잔인한 착상과 그 어리석음을 매섭게 비판했다. 배핀섬에서 이누이트와, 다음에는 태평양 북서부 연어 숲에서 콰콰카와쿠족과 어울려 지내며 큰 자극을 받은 그는 세계의 다른 민족들은 우리가 되는 데 실패하고 근대화에 실패한 존재가 아님을 귀기울이는 모두에게 알렸다. 모든 문화는 인간의 상상과 마음의 고유한 발로였다. 그 하나하나가 '인간으로 존재하고 살아있다는 것이 무엇을 의미하는가'라는 근본적인 질문에 대한 고유한 답이었다. 이 질문을 받은 인류는 각기 다른 언어 7,000종으로 답한다. 이 목소리를 한데 모으면 우리가 하나의 종으로 직면하게 될 그 모든 난관에 대처할 자원이 된다.

생전에 보애스는 자신의 통찰과 직관이 새로운 전 지구적 문화의 시대정신을 규정하는 것은 고사하고 자연과학에서 확증되는 것조차 보지 못했다. 그러나 80년이 흐른 뒤 인간 게놈 연구는 인류의 유전적 자질이 단일한 연속체가 맞음을 밝혀냈다. 인종은 실제로 허구다. 우리 모두는 같은 유전적 천에서 재단된, 공통 조상을 둔 자손들이다. 6만 5,000년 전 아프리카에서 걸어나와 4만 년에 걸쳐 2,500세대 만에 사람이 살 수 있는 세계 구석구석으로 인간의 정신을 실어나른 여정을 시작한 이들도 그 조상이다.

그러나 중요한 생각은 이것이다. 모두 같은 생명의 천에서 재단되었다면 우리가 명민한 정신과 다듬지 않은 천재성을 똑같이 공유한다는 것도 자명하다. 이 지적 잠재력이 기술 혁신으로 발휘되는지 아니면 신화에 내재한 기억의 복잡한 타래가 풀어지며 발휘되는지는 순전히 선택과 지향, 순응적 통찰과 문화적 강조의 문제다. 문화사에는 진보의 위계가 없으며 성공으로 가는 진화의 사다리도 없다.

보애스와 그의 제자들이 옳았다. 탁월한 과학 연구인 현대 유전학의 여러 발견으로 인류의 단일성과 문화상대주의라는 근본적인 지혜가 눈부시게 확인되었다. 모든 문화는 실로 이야기를 품고 있으며, 그 이야기는 모두 들려질 가치가 있다. 신에게 이르는 길을 누구도 독점할 수 없듯이.

학자로서 보애스는 아인슈타인, 다윈, 프로이트와 함께 현대성의 네 지적 기둥을 이루는 인물로 불린다. 문화상대주의라는 개념으로 정제된 그의 핵심 사상은 급진적 이탈이었고, 물리학으로 따지면 아인슈타인의 상대성이론과 맞먹을 만큼 유일무이했다. 보애스가 제기한 바는 모두 정설과 충돌했다. 유럽적 사고의 파격, 원자를 쪼갠 것과 같은 일이 사회학에 일어난 것이었다. 연구 과정에서 신화와 샤머니즘, 상징주의와 영혼이라는 난해한 영역까지 가기는 했으나 그는 인종과 경제 정의의 정치에, 사회적 변화의 가능성과 잠재력이라는 사안에 계속 발을 붙이고 있었다. 인권을 위하는 지칠 줄 모르는 활동가였던 보애스는 인류학이 더 높은 수준의 관용을 위해 실천되어야만 과학으로서 타당성을 지닌다는 입장을 견지했다. 토머스 고싯Thomas Gossett은 1963년 작『인종: 미국 내 한 관념의 역사Race: The History of an Idea in America』에 이렇게 썼다. "인종 편견에 맞선 싸움에서 보애스는 역사상 그 누구보다 많은 일을 한 듯하다."

지금이야 인류학의 거목으로 기억되지만 살아생전 보애스

와 제자들은 그들이 하는 활동으로 인해 직장에서 해고되었고, 신념 때문에 승진에서 탈락했으며, 실제로 그렇기도 했지만 불온분자로 여겨져 FBI의 등쌀에 시달렸고, 다르다는 이유만으로 언론의 공격을 받았다. 그럼에도 불구하고 그들은 자기 견해를 굳게 지켰고, 그랬기에 찰스 킹이 썼듯 "인류학이 우리 시대의 거대한 도덕적 전투에서 최전선으로 나와 진가를 발휘했다. …… 〔인류학은〕 여성 참정권과 민권부터 성혁명과 혼인 평등에 이르기까지 지난 100년간 일어난 지각변동과도 같았던 사회 변화를 예고하고 더불어 그 지적 기반을 다졌다."

보애스가 오늘날 우리 곁에 있다면 그의 목소리는 분명 광장에, 매체에, 권력이 행사되는 모든 공간에 울려퍼졌을 것이다. 전세계 언어의 무려 절반이 멸종 언저리를 맴돌고 있는, 그래서 인류의 지적·생태적·영적 유산 절반이 단 한 세대 만에 사라질 수도 있는 상황에서 침묵하며 물러나 있었을 리없다. 토착 문화는 사라지게 마련이라는 생각을 은근히 내비치는 이들에게 보애스는 문화를 위협하는 것은 변화와 기술이 아니라 권력이라고 응수했을 것이다. 위태로운 문화는 취약한 것도, 겨우 잔존하는 것도 아니다. 모든 경우 이런 문화는 분명히 알 수 있는 힘에 떠밀려 멸종으로 내몰리는 긴요하고 역동적인 공동체다. 인간이 문화를 소실시키는 주체라면 필시 문화의 생존을 촉진할 수도 있다는 데 보애스는 주목했으리라.

인류학이 중요한 것은 우리가 이 학문으로 사물의 표면 아래를 볼 수 있기 때문이다. 다른 존재 양식과 다른 사고방식, 다른 삶의 비전이 실재한다는 바로 그 사실 앞에서, 우리가 이 지구에 거주하는 근본 양식을 반드시 바꿔야 함을 알면서도 그렇게 할 수 없다고 하는 우리 문화 내부의 말은 거짓이 된다. 인류학은 순혈주의의 해독제이자 혐오의 적이요, 선동가의 수사를 침묵시켜 프라우드 보이스Proud Boys(미국인과 캐나다인 남성만으로 2016년에 구성된 극우 집단—옮긴이)와 도널드 트럼프 같은 부류에 대항할 세계의 예방 주사가 되는 이해와 관용과 공감의 백신이다. 최근 몇 년간 일어난 여러 사건에서 드러났듯 오래전 프랜츠 보애스가 벌인 투쟁은 오늘날까지 이어지고 있다. 인류학의 목소리는 어느 때보다 중요해졌다.

그러나 목소리는 입에서 나와야만 귀로 들어갈 수 있다. 100만 위구르인이 중국 수용소에 있고 피난족이 사는 사라왁의 숲이 황폐화되고 이누이트의 고향 땅이 그들의 터전 아래에서부터 녹아내리는 지금, 현대의 인류학자는 교조적인 불만학(젠더학, 퀴어학, 비판적 인종이론 등의 분야가 엄밀한 학술적 접근보다는 정체성 정치 중심의 불만 토로에 집중한다고 보고 이를 비판하는 용어—옮긴이)과 교차성 세미나, 대명사 사용을 비롯해 다양하게 표현되는 각성 문화의 정설만 탐닉하는 것을 넘어 반드시 더 나은 모습을 보여야만 한다. 이 학문이 실제로 가장 무가치한 학부 전공이라는 비난을 듣고 싶지 않다면.

약속의

땅

예루살렘은 그 역사 내내 세계의 영적 중심지이자 신이 기거하는 곳이었다. 아브라함 계통의 세 종교, 유대교와 기독교와 이슬람교 모두 이곳을 거룩한 도시로 여긴다. 세 종교에서 특히 신성시하는 여러 성지가 모두 예루살렘에 있고, 셋 모두 한 장소, 성전산Temple Mount이라는 세계의 축을 공유하며 이곳에 대한 권리를 주장한다.

유대인에게 예루살렘은 기원전 10세기부터 대대로 살아온 영적 고향이다. 수천 년간 하루 세 번씩 세계만방 유대인의 기도가 이 도시와 성전산을 향했다. 기도는 이곳에서 천국에 오른다고 한다. 탈무드에는 이렇게 적혀 있다. "이스라엘 땅 밖에서 기도하는 이는 마음을 이스라엘 방향으로 둬야 한다. 이스라엘 안에서 기도할 때는 마음이 예루살렘을 향하게 하라. 예루살렘에 있는 이는 마음이 성전을 향하게 해야 한다."

이 도시와 성전산에 대한 유대인의 경배는 성서 속 역사에 뿌리를 두고 있다. 바로 이 고지에서 아브라함이 신과 대화하고 아들 이삭을 희생 제물로 바치기 직전까지 갔다가 유대 민족에게 영생을 보장한 언약을 신과 맺었다. 이곳에서 야곱은 천국으로 올라가는 사다리 꿈을 꾸었다. 다윗의 아들 솔로몬은 기원전 950년 제1성전을 완공하고 이 성전이 선지자 이사야의 말처럼 "만민이 기도하는 집"이 되도록 유대인과 비유대인의 기도를 똑같이 들어달라고 신에게 간구했다.

기원전 580년, 신바빌로니아는 예루살렘을 약탈해 성전을 파괴하고 유대인을 방랑의 길로 내몰았다. 그러나 시간이 흘러 유대인은 돌아왔고 같은 성지에 제2성전을 지어 기원전 516년에 봉헌했다. 500년이 지난 후 헤롯 대왕은 성전산의 규모를 대폭 확장해 이 신성한 건축물의 크기를 키우고 건축물이 선 기단 면적을 두 배로 늘렸다. 그러나 헤롯왕의 성전은 오래가지 못했다. 서기 70년 로마가 마사다라 불리는 요새를 군대로 포위하고 유대인의 봉기를 잔혹하게 진압하면서 성전 건물까지 파괴하자, 성전 기단 확장부를 지탱하도록 헤롯왕이 세운 거대한 벽의 잔해만 남았다. 그 벽 중 하나가 오늘날 그토록 경배받는 서벽Western Wall이다.

기독교인에게 예루살렘은 축제에 온 어린 예수가 성전에 나타난 곳이다. 청년 예수가 설교하고 치유의 기적을 행하고 성역을 더럽힌 상인들을 내쫓은 장소다. 또한 예루살렘은 예수가 '최후의 만찬'을 든 곳이자 겟세마네 동산에서 붙잡힌 곳, 골고다에서 재판받고 십자가에 못 박힌 곳, 무덤에 묻혔다가 다시 살아나 끝내 천국에 있는 신의 옆자리에 오른 곳이다. 성묘교회는 예수가 십자가형을 받고 무덤에 눕혀진 바로 그 터에 있다.

이슬람교도에게 예루살렘은 영적 중요도를 따졌을 때 메카와 메디나 바로 다음 가는 곳이며, 초기 이슬람교 신자들은 기도할 때 메카가 아니라 예루살렘을 바라봤다. 신자들은 서기 570년에 태어난 무함마드가 신의 전령이라고, 아브라함과 다윗과 솔로몬과 예수를 아우르는 긴 선지자 계보의 마지막을 장식하는 인물이라고 믿었다. 이슬람교 경전인 쿠란은 이 선지자들 모두를 언급하고 경배한다. 실제로 이슬람교에 영감이 된 것은 기독교인과 유대인이라면 누구나 익숙하게 생각할 성서 속 인물들, 아담과 노아, 모세, 여호수아, 사무엘, 이삭, 야곱과 그 자손들, 세례 요한, 나사로를 비롯한 이들이 이룬 바로 그 전당이다. 아브라함은 아랍인과 기독교인과 유대인의 공동 조상이자 가장 근본이 되는 시조다.

성전산은 이슬람교 역사에서도 아주 중요하다. 쿠란에 따르면 서기 610년의 어느 경이로웠던 밤에 무함마드가 신묘한 말 알부라크를 타고 예루살렘을 찾았고, 이곳에서 기도를 올리고 천국으로 승천해 알라에게 이슬람교의 두 번째 기둥을 받았다. 그 기둥이란 하루에 다섯 번 기도하라는 교리로, 지금도 전세계의 이슬람교도가 지키는 관습이다. 이 선지자가 천국으로 올라간 지점은 이제 신성한 사원인 '바위의 돔'이 되었다. 도시가 이슬람교도의 지배를 받기 시작하여 약 50년이 지났을 때인 서기 691년 성전산에 건립된 사원이다. 무함마드가 천국에 오르기 전에 말을 매어둔 곳은 오늘날 알부라크 모스크가 되어 서벽 광장 남쪽 끄트머리 벽 안에 있다.

성전산의 면적은 56만 6,560제곱미터에 이른다. 이렇게 큰 종교적 열정이 공명하는 곳, 매일 신앙의 약속이 거행되는 장소는 세계 어디에도 없다. 비록 그 영적 환경에 원한과 증오가 도사리고 있고 언제든 터질 수 있는 폭력이 기다리지만 말이다. 이 긴장은 역사로 설명되는데, 긴밀하게 엮인 아브라함 계통의 세 전통 가운데 두 가지(기독교와 이슬람교)가 복음주의 종교 중 신에게 이르는 길이 단일하다고 상정하는 유이한 종교라는 사실에 많은 부분이 기인한다. 두 종교 모두 칼의 힘으로 개종자를 얻을 각오가 되어 있다.

유대교 전통은 정반대다. 대학 시절 내 첫사랑은 보스턴 출신의 아리따운 유대계 미국인이었다. 우리는 4년 가까이 만났고 나는 그녀의 가족도 좋아했다. 아버지가 특히 너그럽고 따뜻하셨다. 다만 그녀의 할머니는 영영 내 이름을 불러주시지 않았고 그나마 나와 관련해 하셨던 말씀은 "애니, 캐나다에 살아서 좋을 거 없다"였다. 손녀가 외부인과 결혼한다는 건 그분으로서는 생각조차 할 수 없는 일이었다. 그분이 박정하셨다는 것은 아니다. 할머니의 반응은 자신의 인생 경험에, 그리고 유대인이 수세기 동안 문화적으로 생존할 수 있었던 비결은 결속이었다는 확실한 지식에 근거한 것이었다. 이들의 종교 전통에 세계의 나머지가 자기 종교를 받아들이도록 설득해야 한다는 의무는 포함되지 않는다. 유대인은 나머지 인류가 자신과 똑같이 생각하도록 강요하는 데 취미가 없다. 그저 간섭 받지 않고 살기를 바랄 뿐이다.

유대인의 실존적 변민은 이들의 역사에 온통 자국을 남기다 20세기에 그 무엇보다 흉악하고 야만적인 행위로 정점을 찍은 산발적인 박해에서 비롯된다. 또한 어떤 민족이든 고향 땅 밖에서 1,900년 동안 표류했다면 분명 시달렸을 불안정성과 불확실성에 기인한다.

세계 각지의 유대인에게 성전의 잔해인 서벽은 예나 지금이나 만고불변의 신성이 깃든 곳이다. 예루살렘은 아홉 번 파괴되었지만 천사의 날개가 그대로 보전한 서벽은 결코 파괴된 적이 없다. 서벽의 실물은 위압적이며 어떤 공격에도 끄떡없어 보인다. 높이는 32미터고 19미터가 드러나 있으며 45단으로 쌓은 돌 가운데 28단은 지상, 17단은 지하에 있고 가장 큰 돌은 517톤이라는 깜짝 놀랄 무게를 자랑한다. 이 벽은 무엇으로도 쓰러지지 않았으며, 유대인들은 눈물로 벽을 적시고 입맞춤으로 돌을 녹이며 영원한 하나님의 민족이자 선택받은 민족으로서 영적인 명확성과 목적을 얻는다.

당연하게도 팔레스타인 아랍인은 이에 동의하지 않는다. 이들은 서벽이 알아크사 모스크의 일부라고 주장하며, 유대인이 이곳을 경배의 장소로 본 것도 시온주의자가 민족 국가를 꿈꾸기 시작한 19세기 후반이 되어서였다고 말한다. 유대인이 처음으로 서벽에서 경배한 흔적이 보이는 시기를 16세기로 추정하는 사람도 있지만, 다른 이들은 이 모든 것이 1917년 밸푸어 선언(영국 외무장관 밸푸어가 유대인이 팔레스타인에 민족 국가를 건설하는 것을 지지한다고 밝힌 선언—옮긴이) 후에 시작되었다고도 한다. 1973년, 파이살Faisal bin Abdulaziz Al Saud 사우디아라비아 국왕은 서벽에 유대인 역사의 단면과 관계된 돌은 한 덩이도 없다고 단호한 어조로 거짓말을 했다.

수세기 동안 유대인의 예루살렘 출입이 금지되었으나 기독교인 황제 콘스탄티누스 1세Constantinus I 통치기에 살던 유대인은 1년에 한 번 허가를 받고 이 도시로 들어와 벽 앞에서 성전의 상실을 애도할 수 있었다. **통곡의 벽**Wailing Wall이라는 부정적인 이름이 생긴 것이 이 때문이다. 오스만제국 지배자 술레이만Suleiman의 통치를 받던 16세기 유대인은 이 구역에서 예배드려도 좋다는 공식 허가를 받았다.

그러나 이런 은덕과 회유는 제한적이었고 드물었다. 지난 수세기 대부분 기간에 유대인이 벽에 접근하는 것은 철저하게 통제되었다. 1920년대에 시온주의 지도자들은 벽을 아예 사들이려 했으나 그 시도는 거부당했다. 1948년, 전쟁으로 요르단이 올드시티를 지배하게 된 후 유대인은 19년 동안 출입을 금지당해 사실상 벽에서 기도 올릴 길이 막혀버렸다. 1967년에야 비로소 이스라엘 낙하산 부대가 올드시티를 점령했고 이로써 예루살렘이 서벽과 더불어 2,000년 만에 처음으로 유대인의 손에 들어왔다.

이스라엘 군인들이 벽 앞에서 흐느끼고 춤추는 사진은 순식간에 세계 곳곳으로 퍼져 여전히 홀로코스트의 그림자 속에 살고 있던 미국인과 서유럽인 수만 명의 가슴을 울렸다. 그러나 이 축하에는 불편한 면이 있었다. 이스라엘 군대가 사흘 만에 벽 인근의 모로코인 거주 지구를 불도저로 철거해, 원래 예루살렘에서 손꼽히게 오래된 이슬람교 학당이었던 셰이크에이드 모스크를 파괴하고 아랍인 가족 106가구의 집을 초토화한 것이다. 다수가 집을 떠나지 않으려 했으나 그들의 집은 불도저 앞에서 속절없이 무너졌고 그 집들 중에는 안에 성인 남녀와 아이들이 남아 있던 집이 분명히 있었다.

이토록 여러 세대에 걸쳐 도무지 끝이 보이지 않는 형세로 맹위를 떨친 갈등을 어디서부터 이해해야 하는가? 예루살렘을 처음 방문하기 전날 나는 이스라엘 작가 두 명에게 도움을 청했다. 『신성한 땅: 1948년 이후 성지의 묻힌 역사*Sacred Landscape: The Buried History of the Holy Land Since 1948*』의 저자 메론 벤베니스티Meron Benvenisti와 『약속의 땅 이스라엘: 고난에 찬 유대민족 100년의 부흥 분투기*My Promised Land: The Triumph and Tragedy of Israel*』를 쓴 아리 샤비트Ari Shavit였다. 두 책 모두 그 뿌리가 비범한 학술 활동이라, 통찰이 빛나고 진솔하며 자비롭게도 날선 비판이 없다. 시온주의적 꿈의 자손인 이스라엘인이 쓴 이런 출판물이 이스라엘에서 찬사를 받을 수 있다는 사실은 이나라가 되고자 하는 최선의 모습과 닿아 있다. 이스라엘과 이

웃한 중동 국가 중 자국 과거의 어두운 그림자를 조명하는
데 열심인 작가를 이만큼 용인하는 나라는 별로 없을 것이다.

밴쿠버를 떠나기에 앞서 나는 가까운 친구이자 랍비의 아
들인 셰파 시겔Shefa Siegel에게 유대인이 생각하는 귀환의 본질
은 무엇이며 시온주의의 꿈은 어떤 의미인지 설명해달라고
부탁했다. 셰파의 증조부는 1930년대에 유대인이 팔레스타인
에 터를 잡아야 할지 아니면 아프리카나 다른 지역의 인구가
적은 영국 식민지에 자치구를 수립해야 할지를 논의하는 과
정에서 큰 역할을 했다. 시온주의 운동의 핵심 인사들 사이에
끼어 있던 셰파의 증조부는 논쟁에서 패했다. 셰파는 나에게
다음과 같은 답변을 써주었다.

역사 내내 유대인은 책과 함께했지. 유대인이 전통과 접점
을 유지한 수단이 지성이었다는 추론에서지만 여기에는 착오
가 있어. 책과 지성은 예나 지금이나 그 땅과 계속 이어져 있
기 위한 의례적 수단이야. 유대인이 본래 살던 고향 땅은 이렇
게, 그저 '그 땅'으로 통해. 마치 지구상 다른 어느 곳도 선조
의 영토를 대신할 수 없다는 듯이. 이 영토는 오직 하나뿐인,
진실로 사랑하는 단 하나의 대상이고, 방랑한 2,000년 세월 동
안 콜카타부터 카르타헤나, 카사블랑카에서 카라카스에 이르
기까지 유대인이 어디에 당도하든 이들의 메시아적 상상에는
이 땅이 자리했지. 구속救贖은 필시 그 땅에 귀환하는 형태로
이뤄져, 대규모 순례로 흩어졌던 부족들이 신성한 시온산에서

재회하게 될 거란 이야기야.

    팔레스타인인과 이스라엘인 사이의 분쟁은 근본적으로 종
교 문제가 아니다. 공통으로 나타나는 수십 가지 의식 행위가
이슬람교와 유대교의 기원이 같다는 사실을 떠올리게 한다.
성소에 입장하기 전에 신발을 벗는 관습, 생리 중인 여성은
성전과 모스크 출입을 금하는 규칙, 기도 전에 씻어야 한다는
의무, 정해진 시기에 떠나는 순례, 예물과 희생 제물, 높은 언
덕 꼭대기를 거룩한 곳으로 여기는 믿음, 성인과 신성한 나무
와 산과 샘에 대한 경배가 그렇다. 중동에서 거의 한 세기 동
안 맹렬하게 이어진 전투는 모두 땅과 기억 그리고 역사를 통
제할 힘의 문제다. 이는 민족 간 분쟁이기도 하지만, 완전히
별개인 두 역사 내러티브의 충돌이기도 하다.

    1900년 팔레스타인은 오스만제국의 영토였고, 이곳에 사는
유대인은 세계 유대인 인구의 0.4퍼센트에 불과했다. 1903년
부터 1913년까지 100만 명이 넘는 유대인이 동유럽을 벗어나
피신했는데 팔레스타인행을 택한 사람은 3만 5,000명밖에 되
지 않았다. 자기 인생을 살려던 대다수는 미국으로 갔다. 유
토피아를 상상한 소수만이 약속의 땅으로 갔다. 이들은 유럽
인이 아니라 유럽에 희생된 자들로, 반유대주의에서 비롯된
증오와 폭력을 몇 세기 동안 겪은 희생자 모두를 대표해 이
곳에 도착했다.

    디아스포라에서 돌아온 이들은 잃어버린 고향 땅의 꿈과

그 땅을 향한 갈망을 지니고 왔다. 그러나 긴 방랑을 마치고 귀환한 이들이 맞닥뜨린 것은 낯선 나라와 낯선 민족과 위협적인 땅, 그리고 1,900년이란 거주 기간과 역사로 뿌리내린 팔레스타인 문화였다.

번민과 고통의 하세월을 겪으면서도 지켜온 꿈을 실현하려면 이런 현실을 쓸어버려야만 했다. 갈망에 사로잡힌 이주자들은 이 땅 위 팔레스타인인의 존재를 자신들이 꿈꾸던 숨겨진 세계와 땅에 얹힌 덮개쯤으로만 생각했다.

이주해온 이들은 자신들이 상상하던 고대 세계의 흔적을 찾았다. 그러나 그걸로는 부족하다는 것이 드러나자 낯설고 위협적인 팔레스타인 땅에 시온의 새로운 지도 제작법을 강요하는 지도를 그렸다. 이어서 땅 자체를 또 한 번 자신들의 비전과 꿈에 부합하도록 재구축하는 작업에 착수했다. 목표는 이 땅에 토착 유대인으로 이뤄진 새로운 세대가, 디아스포라가 아니라 이스라엘이 기른 아들딸이 살게 하는 것이었다.

아랍인에게 관심을 뒀다 하더라도 그것은 팔레스타인인을 인류학적 호기심의 대상으로 본 현대성의 렌즈를 통해서였다. 목축 생활을 하는 베두인족은 '고상한 야만인' 같은 것으로 추켜세워졌다. 그들은 기백 높고 독립적이며 자유로운 이들, 해묵은 성경 구절이 적힌 먼지 쌓인 종이 뭉치 속에 살듯 멈춰버린 시간에 갇힌 사막의 아들이었다. 시온주의자의 경멸은 도시에 사는 아랍인과 시골 소작농에게 쏠렸는데 특히 후자는 땅을 망쳐놓은 범인이요, 농업 기술은 원시적이며 방

목도 번식도 과하게 하고 시답잖은 일로 다투는, 기본적으로 무식한 부류로 여겨졌다.

이스라엘의 근간이 되는 신화 한 가지는 유대인 정착민이 팔레스타인인의 땅을 빼앗지 않았다는 고집스러운 확신이다. 정착민은 땅이 황폐해지지 않도록 구원하고자 자연과 싸운 것이었다. 그림 같은 마을에서 원시적인 관습에 매여 사는 아랍인들은 그저 땅의 일부였을 뿐이고. 사막을 정복하고 나면 팔레스타인인을 포함해 모두가 머물 공간이 생길 터였다. 어디까지나 팔레스타인인이 시온주의자의 드라마가 펼쳐지는 연극 무대 위 한낱 단역으로 고분고분하게 굴 때의 이야기긴 했지만 말이다.

구속이 필요한 황량한 땅에 찢어진 민족이, 인류 역사상 가장 거대한 잔혹 행위의 피해자들이 정착한다는 것은 강렬한 서사였다. 그러나 한 가지 방해물이 있었다. 유대인이 방랑하던 1,900년 동안 이 젖과 꿀이 흐르는 땅에 팔레스타인인이 터를 잡았으며 이들이 순순히 기억에서 지워지지는 않으리라는 거추장스러운 진실이었다.

시온주의자의 이주 물결이 당도하기 전까지 팔레스타인이 불모지였다는 생각은 아랍인이 운영하던 농장들의 생산량이 미미했다는 의견과 마찬가지로 호도된 것이다. 영국이 오스만제국에게 팔레스타인을 넘겨받은 1918년, 유대인은 인구 8퍼센트를 차지했고 이들이 소유한 토지는 전체의 2.4퍼센트에 불과했다. 영국 위임통치가 끝나갈 무렵인 1947년 유대인 인구는 50만 명까지 늘어 전 인구의 3분의 1에 이르렀지만 팔레스타인 시골에서는 아랍인 수가 유대인보다 5배는 더 많았다. 유대인이 소유한 토지 역시 두 배 이상 불어났으나 그럼에도 팔레스타인 전체 토지 면적의 6퍼센트에 못 미쳤다.

여전히 농업 생산은 대체로 아랍인에 의해 이루어지고 있었다. 1947년에는 아랍인 소유 오렌지 과수원이 유대인 과수원보다 더 많은 땅을 차지했고, 올리브와 대추야자 생산량 98퍼센트 이상을 책임진 것도 아랍인이었다. 포도 73퍼센트, 신선 채소 77퍼센트, 수박 95퍼센트, 자두와 살구 76퍼센트, 사과와 배 57퍼센트, 바나나 53퍼센트, 우유 57퍼센트도 그랬다.

아랍인은 팔레스타인 시골에서 인구로 보나 경제로 보나 우위에 있긴 했지만 10년 이상의 시간을 거치며 점차 유대인 유입을 경계하게 되었다. 1936년에는 한계가 왔다. 지난 5년간 팔레스타인 내 유대인 인구는 곱절도 넘게 늘어 38만 4,000명이 되어 있었다. 나치 독일에서 히틀러의 권력이 공고해진 후였으니 유대인에게 고향 땅이 필요하다는 것은 자명했고, 보면 볼수록 팔레스타인이 적소인 듯했다. 팔레스타인인의 눈에 비친 유대인 난민과 정착민의 물결은 끝이 없었다.

소규모 충돌과 폭동은 전에도 있었지만, 1936년 봄에는 강렬한 충돌이 본격적으로 시작되었다. 팔레스타인인 군중이 유대인을 죽였고 4개월간 이어진 아랍인의 테러에 유대인도 앙갚음했다. 몇 개월 만에 이상은 죽어버렸고 유대인의 집단

정신은 변질됐다. 시온주의는 유토피아적 지복에서 디스토피아적 갈등의 상태가 되었고 여태까지도 이 지역은 여기서 회복하지 못했다. 1936년, 팔레스타인에 거주하는 유대인 35만 명은 전쟁에 나선 공동체가 되었다.

1년 후 영국 왕립위원회가 처음으로 분할안을 내놓았다. 여기에는 유대인에게 할당된 토지에서 아랍인을 강제 추방한다는 합의가 포함되어 있었다. 이 순간부터 아랍인 추방은 시온주의 주류 사고의 일부가 되었다. 순수와 도덕적 자제는 이것으로 끝이었다. 전부 생존의 문제였다.

1938년 내내 아랍인의 저항이 불을 뿜었다. 양측 모두가 저지른 잔악무도한 행위로 선혈 낭자한 춤판이 벌어졌다. 전 지역의 아랍 정치 지도자들은 무고한 유대인을 대상으로 하는 공격을 반겼다. 시온주의 지도자들은 반대로, 그리고 이 점은 훌륭하게도 죄 없는 아랍인 가족을 공격하는 것을 규탄했으나 그럼에도 공격은 계속되었고 아랍인 사망자 수는 유대인 사망자 수를 훌쩍 넘겨 치솟았다. 영국이 철권으로 소요를 진압했지만 테러는 잦아들 줄 몰랐다.

히틀러 전쟁이 발발하자 팔레스타인에서 긴장이 고조되던 와중에도 영국의 관심은 분산되었다. 1942년 말 앤서니 이든 Anthony Eden(당시 영국의 외무장관―옮긴이)은 나치 독일이 유대인 절멸을 노골적인 국가 정책으로 내걸고 실행하고 있음을 의회에서 인정했다. 그해 유대인 성인 남녀와 어린이 270만 명이 살해당했다. 팔레스타인 내 유대인이 보기에 아랍인이

가하는 위협은 카이로의 여러 관문에서 동진하고 러시아에서 남진해 캅카스를 뚫고 쳐들어오는 독일군이 자아내는 공포에 비하면 아무것도 아니었다.

마사다가 기억의 안개 속에서 떠올라 새로운 의미와 중요성을 지니게 된 것이 바로 이때였다. 이제 마사다는 역사 속 전설이 아니라 유대인의 생사를 건 투쟁의 상징이었다. 홀로코스트는 중세 이래 보지 못했던 엄청난 규모의 인재였다. 유대인으로서는 제2성전이 파괴된 후로 전혀 겪어보지 못한 일이었다.

시온주의를 정립해 구원하려던 유대인 남녀와 어린이 수백만 명이 죽음의 수용소에서 잿더미로 사라졌을 때 시온주의의 꿈은 어떻게 되었겠는가? 이런 참상 앞에서 시온주의는 사막을 푸르게 가꾸는 것과는 아주 무관한 일이 되었다. 포위당했으나 절대 항복하지 않을 유대인의 실존만이 중요했다.

마사다의 역사는 대체로 미지의 영역이었고, 1,000년도 넘게 버려져 있던 폐허였다. 유적은 해수면보다 60미터밖에 높지 않은 곳에 있지만 사해가 해수면보다 396미터 아래로 내려와 있는지라 마사다의 메사(위는 평평하고 가장자리가 가파른 탁자 모양 지형—옮긴이)는 456미터 높이로 급하게 솟아 있다. 서쪽으로는 유대광야, 남쪽으로는 소돔, 북쪽으로는 예리코가 있다. 청명한 날에는 아마 예루살렘도 보일 것이다. 경사는 거의 수직에 가깝게 가파르며 정상은 평평한 사방형으로 길이는 610미터, 폭은 제일 넓은 곳은 300미터에 이른다.

정상은 기원전 2세기에 일찌감치 요새화되었지만 이곳이 완전히 개발된 것은 헤롯왕 통치기 들어서다. 헤롯왕은 기원전 36년부터 이 바위 주위로 포대砲臺가 있는 벽을 쌓고 망루와 병영을 세웠으며 집과 창고를 짓고 돌을 깎아 수조를 만들고 장대한 궁전으로 이 모두를 완성했다.

서기 70년 로마가 예루살렘을 정복하고 성전을 파괴해 유대인의 대규모 반란을 진압했을 때도 소수 유대인 열성분자들은 한사코 마사다를 떠나지 않으려 했다. 서기 72년 로마 제10군단은 포위망을 좁히며 기지 주변으로 여덟 군데에 진을 치고 서기 73년 봄의 공격을 준비했다. 공격 전날 밤, 마사다에 있던 성인 남녀와 어린이 960명은 로마인의 지배에 굴복하느니 스스로 목숨을 끊는 길을 택했다.

근대에 이 유적이 처음으로 발견된 것은 1838년의 일로, 에드워드 로빈슨Edward Robinson과 일라이 스미스Eli Smith라는 두 미국인 여행자에 의해서였다. 1842년 미국인 선교사 새뮤얼 울컷Samuel Wolcott과 영국인 화가 윌리엄 J. 티핑William J. Tipping은 기록상 최초로 이곳을 등정했다. 고고학 조사는 1932년에야 완료되었다.

마사다가 대서사시의 차원으로 올라선 것은 시온주의 운동의 부상과 더불어 일어난 일이다. 마사다 이야기의 유일한 역사적 출처(서기 75년 플라비우스 요세푸스Flavius Josephus가 쓴 『유대전쟁사The Jewish War』)가 히브리어로 번역된 것은 1923년이 되어서였다. 2년 후 시온주의 역사가 요세프 클라우스너Joseph Klausner

는 마사다의 열성분자를 격찬하는 글을 썼다. 그리고 2년 후에
는 이츠하크 람단Yitzhak Lamdan이 비극시 「마사다」를 발표했다.

유대 민족주의가 부활하면서 마사다가 점차 기억 속으로
들어왔으나 그 속도는 느릿했다. 히틀러 전쟁이 발발하기 전
까지 마사다는 대체로 알려지지 않은 상태였다. 그러나 홀로
코스트 이후 시온주의에 환상은 없었다. 시온주의는 죽음을
불사하는 투쟁이 될 것이었고 이 투쟁에는 상징이 필요했다.
그 상징이 마사다였다.

1947년, 유엔이 팔레스타인 분할을 촉구했다. 그 제안을 유
대인은 받아들였고 아랍인은 거부했다. 아랍인과 유대인은
1947년 12월부터 1948년 5월까지 맹렬하게 내전을 벌였다.
영국의 철수를 하루 앞둔 5월 14일, 이스라엘 건국이 선포되
었다. 이 신생국은 다음 날 이집트, 요르단, 이라크, 시리아,
레바논이 결성한 연합군의 침공을 받았다.

'인간을 야수로' 바꿔놓으며 이어지던 절멸 전쟁이 끝난
것은 이스라엘이 사망자 6,000명이라는 대가를 치르고 승자
가 된 1949년 7월이었다. 이스라엘은 팔레스타인 땅의 무려
78퍼센트를 장악했는데 이는 기존 유엔 분할안에서 약속한
면적의 1.5배에 이르렀다. 팔레스타인 아랍인에게 남은 것이
라고는 파괴된 사회와 자신들의 고향 땅에 세워진 유대인 국
가, 70만 명이 집에서 쫓겨난 현실뿐이었다.

이스라엘의 승리 후 팔레스타인인의 전시 탈출은 인종 청

소의 기회가 됐다. 이스라엘의 목표는 유대인의 절대다수 지위를 확립해 아랍인이 포기한 땅에 유대인 난민을 정착시키고 국가의 치안을 보장하는 것이었다. 다비드 벤구리온David Ben-Gurion 총리는 자의로든 강제로든 소지품과 밭과 과수원과 우물과 모스크와 묘지를 두고 집을 떠난 팔레스타인인의 귀환을 허용하지 않겠다는 뜻을 확고히 했다.

군대에는 살던 곳으로 돌아오는 아랍인들의 침입을 막고 필요하다면 그들을 죽여서라도 농장과 마을을 되찾지 못하게 하라는 단호한 명령이 내려졌다. 즉결 처형, 강간, 크고 작은 약탈 같은 잔혹 행위가 자행되었고 아직 사람이 살고 있는 집을 폭파하기까지 했다.

팔레스타인에 있던 아랍인 마을 수천 곳 중 무려 3분의 2가 파괴되었고, 80곳은 완전히 갈아엎어져 흔적조차 남지 않았다. 1,000제곱킬로미터에 이르던 과수원과 올리브나무 숲은 소에게 먹일 꼴을 재배할 밭을 만드느라 뿌리째 뽑혀 나갔다. 1949년 이스라엘에서 곡물 재배에 투입된 토지 면적 3분의 2는 1947년까지만 해도 아랍인이 소유하던 땅이었다. 전쟁 전 팔레스타인 아랍인 3분의 1은 대도시와 소도시 열여섯 곳에 거주했고 중산층은 활기가 넘쳤다. 전쟁이 끝날 무렵 아랍인의 도시 생활은 사라졌다. 아랍인 70만 명이 집을 잃었을 때 비슷한 수의 유대인이 이스라엘로 이주해 들어왔다.

이스라엘은 망각을 국가 정책으로 받아들였다. 팔레스타인의 과거를 잊고 동시에 홀로코스트의 참상도 뒤로한 채 새로운 국가는 찬란한 미래로 힘차게 나아갔다. 오직 앞에 놓인 것만이 중요했다. 잿더미 위에서 불사조로 솟아오르는 나라에 괴로워하거나 후회하거나 의심하거나 감상에 젖을 여유는 없었다.

1950년대의 이스라엘은 스테로이드를 맞은 국가였다. 국내 총생산이 9년 동안 165퍼센트 올랐다. 산업 생산은 5년 동안 180퍼센트 증가했다. 새 도시 스무 곳이 생겨났고 더불어 유대인 마을 400곳이 한때 아랍인 공동체였던 곳의 폐허 위에 세워졌다. 성서에 쓰인 의례용 언어였던 히브리어가 공식 언어가 되었다. 인구 전체가 새로운 국가의 일원이 될 수 있게 새 언어를 배워야 했다. 1956년 이스라엘은 인구가 180만 명밖에 안 되는 나라임에도 핵폭탄 제조에 착수했고 1965년에 성공해 세계에서 손꼽히는 군사 강국이 되었다.

건국 10년 만에 이스라엘은 나라의 기억과 영혼에서 팔레스타인을 지워버렸다. 지도 제작자들은 팔레스타인식 이름을 지도에서 깨끗이 없앴다. 목표는 유대인이 자리를 비웠던 1,900년 동안 벌어진 모든 일의 기록을 말소하는 것이었다. 이는 아랍의 문화유산에 경멸을 표출한 것이 아니라, 그 자체를 없애버리겠노라는 선전포고였다.

영국이 19세기 후반에 처음으로 팔레스타인 지도를 만들었을 때는 지도에 아랍어 지명 약 9,000개가 실렸다. 그 중 10분의 1은 히브리·아람어에서 유래한 이름이었고 나머지는 서기 638년 아랍이 이곳을 정복한 이래 1,400년째 내려온 이름이었다. 땅을 대하는 섬세한 감수성과 장소, 자연, 기후에 대한 깊이 있는 지식이 이 이름들의 시적인 성격으로 반영되어 있었다. 어떤 이름은 지형지물의 물리적 특성을 묘사했다. 또 어떤 이름은 장소에 속성을 부여했다. 사자, 늑대, 갈까마귀, 비둘기, 자칼, 도마뱀 같은 동물에서 따온 이름이 수백 개였다. 역사에 등장하는 전설적인 남녀 인물, 선지자와 성인, 영웅과 전사 이름을 딴 것도 많았다.

풍부한 의미가 깃들었던, 수세기의 기억에 뿌리를 둔 그 많은 이름들은 모조리 쓸려나갔다. 마을과 도시, 올리브 과수원과 사이프러스 숲과 함께, 새로운 시온을 건설하는 이들의 길에 전부 깔려버렸다.

중동이라는 도가니 밖에 사는 사람들, 평화를 열성적으로 추구하지만 갈등의 기원을 그만큼 확실히 알지는 못하는 사람들 사이에서는 왜 팔레스타인인이 적대적 태도를 고수하냐는 질문이 종종 나온다. 이스라엘이 존재하며 이스라엘인이 갈 다른 곳이 없다는 분명한 사실을 왜 받아들이지 않고, 화해로 가는 길을 막고 섰냐는 것이다. 틀린 말은 아니지만, 이런 현실주의는 겨우 어제, 부모와 조부모 생전에 펼쳐진 사건들을 겪어낸 사람들의 기억을 누그러뜨리는 데 별 효과가 없다. 팔레스타인인이 이스라엘의 존재를 받아들이는 것은 작가 푸아드 아자미Fouad Ajami가 인용한 한 아랍 학자의 말처럼 "남의 나라에 정착하고 그곳 주민을 추방하고 무슨 수를 써서라도 그 주민이 절대 돌아오지 못하게 하는 행위가 용납되며 여기에 불만을 제기하거나 하다못해 역사적 사실을 세계에 다시 알리는 행위에 극단주의 딱지가 붙어도 된다"고 인정하는 것이다. "실제로 벌어졌음을 모두가 아는 사건을 언급하는 것이 무례이자 받아들일 수 없는 일이라도 된다는 듯."

이렇게 해서 오늘날의 팔레스타인인은 과거의 시온주의자와 다르지 않은 처지가 된다. 현대 이스라엘이 소비주의의 바다에 잠기고 그 땅은 민영화로 세속의 상업적 이해관계에 넘어간 지금(종교 지도자들에게 둘러싸인 캘리포니아라고도 할 수 있겠다) 팔레스타인인이 약탈당해 잃어버린 자신들의 땅에 느끼는 결속감은 나라 전체의 상징이 되었다. 이들에게 역사란 최근의 역사까지도 신화의 영역으로 흘러 들어갔다.

땅은 팔레스타인인에게 민족 정체성을 내려주었다. 팔레스타인인은 유대인 이주자가 그랬듯 땅을 덮는 정체성을 주조한 것이 아니라 땅을 근원 삼아 오래도록 정체성을 빚어왔다. 수십만 개인이 품은 상실의 기억이 버무려진 도둑맞은 땅에 대한 집단 기억은 영원히 이어질 저항의 자극제 역할을 한다. 이 투쟁의 일생에서 싸움은 그 자체로 웅대하고 초월적인 의미를 띤다. 역사의 비극적 아이러니로, 잃어버린 땅을 열망하고 갈구하는 팔레스타인 아랍인은 과거 시온주의자와 같은 신세다. 나라가 없고 권리를 빼앗겼으나 투지를 다지며 인내하는 사람들, 역사에 희생되었어도 고난과 믿음으로 단결해 정의가 구현되기까지 기꺼이 1,900년을 기다릴 민족이 된 것이다.

허물어지는
미국

    지금까지 이토록 전 지구적인 현상을 겪어본 적이 있었던 가. 디지털 기술의 유례없는 도달력이 선사하는 정보로 하나 가 된 온 인류는 세계 역사상 최초로 똑같이 실존적 위협에 초점을 맞추고 똑같이 공포와 불확실성에 잡아먹힌 채 아직 실현되지 않은 의학의 가능성을 똑같이 학수고대하고 있다.

    소금 결정보다 1만 배는 작아 현미경으로만 보이는 기생체 에 당해 우리 문명은 단 한 계절 만에 위신이 땅에 떨어졌다. 코로나19는 우리의 물리적 육체뿐 아니라 우리 삶의 문화적 기반까지 공격한다. 인간에게 공동체와 연결성은 호랑이의 발톱, 이빨과 같은 연장이다.

    지금까지 우리가 한 개입은 대체로 전파율을 완화하고 사 망 곡선을 평평하게 하는 데 집중되었다. 당장 쓸 수 있는 치 료제는 없고, 가까운 시일 안에 백신이 나올지도 확실치 않다. 역대 최단기로 개발된 백신은 볼거리 백신이었는데 걸린 시간은 4년이었다. 코로나19는 넉 달 만에 미국인 10만 명을 죽였다. 자연 감염이 곧 면역 형성을 의미하지는 않을 수도 있다는 증거가 있어, 설사 백신이 발견된다 해도 얼마나 효과가 있을지 의심하는 사람들도 있다. 게다가 안전성도 필수다. 세계 인구가 접종을 받을 경우, 치명적인 합병증이 1,000명 중 한 명꼴로만 나타나도 수백만 명이 사망하게 된다.

팬데믹과 전염병은 역사의 진로를 바꿔놓는 법이지만 그 양상이 생존자에게 곧바로 분명히 드러난다는 법은 없다. 14세기 흑사병은 유럽 인구를 절반 가까이 죽였다. 노동력이 부족해지자 임금이 올라갔다. 임금 기대치는 점점 높아져 1381년 농민반란으로 극에 달했고, 이는 중세 유럽을 1,000년 동안 지배한 봉건 질서가 종막에 이르렀음을 보여준 변곡점이었다.

코로나19 팬데믹은 역사적인 순간으로 기억될 것이고 이 중대사의 의의는 위기가 지나간 뒤에야 서서히 밝혀질 것이다. 1914년 페르디난트 대공Franz Ferdinand 암살(오스트리아 황태자 페르디난트 대공이 피살된 사건이 계기가 되어 1차 세계대전이 일어났다—옮긴이), 1929년 증권 시장의 주가 대폭락, 1933년 아돌프 히틀러Adolf Hitler의 집권이 지난 세기의 몇 가지 기준점으로서 하나같이 더 거대하고 엄중한 결과의 전조가 되었듯이 팬데믹은 이번 시대를 특징지을 것이다.

코로나19의 역사적 의의는 그것이 우리 일상에 시사하는 바에 있지 않다. 어차피 변화는 문화의 유일한 상수 아닌가. 시간과 장소를 불문하고 모든 사람은 언제나 삶의 새로운 가능성을 붙들고 춤추고 있다. 기업이 거점 사무소를 없애거나 축소하고, 직원은 재택근무를 하고, 식당은 문을 닫고, 쇼핑몰에는 셔터가 내려오고, 스트리밍 서비스로 오락거리와 스포츠 행사가 집으로 대령되고, 비행기 여행이 어느 때보다 까다롭고 궁상스러워져도 사람들은 언제나 그랬듯 적응할 것이다. 기억의 유동성과 망각 능력은 우리 종에게서 가장 떼어내기 어려운 특성이리라. 역사에서 확인되다시피 그 덕에 우리는 사회와 도덕과 환경이 얼마나 악화하든 타협할 수 있다.

금융 불확실성이 긴 그림자를 드리울 것은 틀림없다. 지구상 모든 나라의 수중에 있는 돈을 다 모아도 모든 곳의 노동자와 업체가 경제적 생존과 생물적 생존 사이의 선택을 마주해 세계가 작동을 멈췄을 때 생기는 손실을 상쇄하기에는 역부족이라는 냉엄한 깨달음은 한동안 세계 경제를 맴돌 것이다.

이런 전환과 상황이 불안하기는 해도, 경제가 완전히 붕괴하지 않는 한 그 무엇도 역사의 전환점으로 두드러지지는 않는다. 분명하게 두드러지는 것은 팬데믹이 미합중국의 평판과 국제적 지위에 가한 이루 말할 수 없이 파괴적인 충격이다.

역병의 암흑기 동안 코로나19는 미국 예외주의라는 환상을 누더기로 만들었다. 위기가 최고조에 달해 날마다 2,000명 이

상씩 죽어나갈 때 미국인은 어느새 실패한 국가의 성원이 되어 있었다. 코로나 사망률은 세계 패권이 제 손에 있다는 미국의 주장에 처참하게 마침표를 찍었는데, 사망률이 이렇게 치솟게 된 것은 이 나라를 지배하는 고장 나고 무능한 정부에 주된 책임이 있었다.

국제 사회는 워싱턴에 재난 구호물자를 보내지 않으면 안 되겠다는 느낌을 처음으로 받았다. 《아이리시타임스》가 보도하기로, 두 세기도 넘게 "미국은 세계 나머지 지역에 사랑과 증오, 공포와 희망, 시기와 경멸, 경외감과 분노 등 참으로 다양한 감정을 유발했다. 그러나 미국이 지금까지 결코 받아본 적 없는 한 가지 감정이 있다. 바로 동정이다." 미국 의료진들이 중국에서 긴급 항공 수송으로 기초 물자가 들어오기를 애타게 기다리던 그때, 역사의 경첩은 아시아의 세기를 향해 열렸다.

어떤 제국도 영원토록 지속되지는 않는다. 멸망을 예상하는 사람이 거의 없다 해도 그렇다. 모든 왕국은 탄생해 소멸한다. 15세기의 주인은 포르투갈, 16세기의 주인은 스페인, 17세기의 주인은 네덜란드였다. 18세기는 프랑스가, 19세기는 영국이 지배했다. 영국은 1차 세계대전으로 인한 출혈이 막심해 파산에 이르고도, 제국이 지리적으로 최대 규모를 달성했던 1935년까지 계속 지배자의 가면을 유지했다. 물론 이 무렵 횃불은 미국의 손으로 넘어간 지 오래였다.

유럽이 이미 화염에 휩싸여 있었던 1940년, 미국 군대의 규모는 포르투갈이나 불가리아보다도 작았다. 그러나 4년 만에 남녀 1,800만 명이 군복을 입고 복무하게 되었고, 다른 수백만 명은 루스벨트Franklin Roosevelt 대통령이 약속한 대로 미국을 민주주의의 병기창으로 만든 광산과 공장에서 2교대로 일하게 되었다.

일본이 진주만 공습 후 6주 만에 전세계 고무 공급의 90퍼센트를 통제하자 미국은 타이어를 사수할 요량으로 자동차 속도 제한을 시속 56킬로미터로 낮췄다가, 연합군이 나치군을 뒤엎을 저력이 되었던 합성고무 산업을 맨땅에서 3년 만에 일궜다. 헨리 포드Henry Ford의 윌로런 공장은 한창때 B-24 리버레이터 폭격기를 한 시간에 한 대씩 24시간 내내 생산했다. 롱비치와 소살리토의 조선소에서는 4년 동안 하루에 두 척씩 리버티선을 뱉어냈다. 4일 15시간 29분 만에 한 척을 건조한 것이 최고 기록이던 시절이었다. 미국 공장 한 곳, 바로 크라이슬러의 디트로이트 무기 공장이 제3제국 전체보다 전차를 더 많이 만들었다.

전쟁 후 유럽과 일본이 잿더미에 파묻혀 있을 때 미국은 인구로는 세계에서 6퍼센트밖에 안 되었으나, 자동차 총생산량의 93퍼센트를 비롯해 지구촌 경제의 절반 비율을 차지했다. 이런 경제적 우위에서 활력 넘치는 중산층이 탄생했고, 교육 수준이 아주 높지는 않은 외벌이 노동자도 집과 자동차를 자가로 소유하고 가족을 먹여 살리고 자녀를 좋은 학교에 보낼 수 있게 만들어준 노동조합운동이 태동했다. 결코 완벽한 세상은 아니었지만, 성장이 급격하게 이뤄지고 소득 불평등이 감소한 시기에 기회는 호혜적이었다. 부자에게 적용된 높은 세율이 이 시기의 특징이라는 것에서 알 수 있듯 미국 자본주의 황금기의 혜택을 부자만 받은 것은 절대 아니었고, 생활이 윤택해지자 자본과 노동은 휴전을 했다.

그러나 자유와 풍요에는 대가가 따랐다. 2차 세계대전 전만 해도 사실상 비군사 국가였던 미국은 승리를 맛본 후로는 한시도 군을 놀리지 않았다. 지금도 150개국에 미국 군대가 파견되어 있다. 1970년대 이후로 중국은 전쟁에 나간 적이 한 번도 없고, 미국은 평화롭게 지낸 날이 하루도 없다. 지미 카터 Jimmy Carter 대통령이 최근에 언급했듯 242년 미국 역사에서 미국이 평화를 누린 기간은 단 16년뿐이다. 그리하여 미국은 대통령이 썼다시피 "세계 역사상 가장 전쟁을 좋아하는 나라"가 되었다. 2001년부터 미국은 자국의 기반 시설에 투자할 수도 있었던 6조 달러가 넘는 돈을 군사 작전과 전쟁에 썼다. 그 동안 중국은 미국이 20세기를 통틀어 들이부은 것보다 많은 시멘트를 3년마다 들이부으며 나라를 지어 올렸다.

미국이 세계의 경찰 노릇을 하는 동안 폭력은 집 안으로 들이닥쳤다. 디데이였던 1944년 6월 6일, 연합군 사망자는 4,414명이었다. 2019년에는 4월 말까지 그만한 수의 미국인 남녀가 국내 총기 폭력으로 사망했다. 그해 6월에는 평범한 미국인 손에 들린 총으로 생긴 사상자가 다섯 국가의 전력을 소모한 작전의 첫 달 노르망디에서 연합군에 발생한 사상자보다 많아졌다.

전후시대 미국은 공동체와 가족을 희생해가며 그 어느 나라보다도 개인을 떠받들었다. 이는 사회학에서 원자를 쪼갠 것과 다름없었다. 사회적 유동성과 개인의 자유를 얻은 것은 공동 목표를 희생한 결과였다. 미국의 여러 지역에서 가족이라는 제도는 설 자리를 잃었다. 1960년대에는 결혼 40퍼센트가 이혼으로 끝났다. 조부모가 손자녀와 한 지붕 아래에 사는 미국 가정은 겨우 6퍼센트밖에 되지 않았고, 고령층은 은퇴 주택에 버려졌다.

직장에 아예 뼈를 묻겠다는 자세를 예찬하는 "하루 24시간 일주일 내내" 같은 표어와 더불어 오늘날 미국인 남녀는 가족 내 고립을 강화하기만 할 뿐인 직업에 매달려 스스로를 소진한다. 청소년이 텔레비전이나 노트북 화면을 들여다보며 보내는 시간은 18세가 될 때까지 2년이나 되고, 이는 합동참모본부에서 국가적 안보 위기로 명명한 비만을 증가시키는 요인이다.

미국인 중 다른 사람과 매일 얼굴을 맞대고 유의미한 사회적 교류를 한다고 답한 비중은 겨우 절반뿐이다. 세계에서 생산된 항우울제 3분의 2를 이 나라가 소비한다. 노동계급 가정의 붕괴는 자동차 사고를 밀어내고 50세 미만 미국인의 주요 사망 원인 자리를 꿰찬 마약성 진통제 과다 사용이라는 위기에 어느 정도 영향을 미쳤다.

이런 변화와 쇠퇴의 기저에는 가진 미국인과 못 가진 미국인 사이에서 한없이 커져만 가는 격차가 있다. 경제적 격차는 어느 국가에나 존재하고, 불평등이 부당할수록 분열을 조장하는 긴장이 형성된다. 그러나 많은 환경에서 사회를 와해하는 부정적인 힘은 종교 신앙, 굳건하고 편안한 가족, 자랑스러운 전통, 나라를 향한 충성, 장소의 혼 등 사회적 연대를 강화하는 다른 요소가 있다면 완화되거나 심지어 억제된다.

하지만 옛날에 확실했던 것이 죄다 거짓으로 드러날 때, 공장이 문을 닫고 나날이 부유해지는 기업 총수들이 일자리를 나라 밖으로 내보내 노동계급 가족이 좋은 삶을 살 수 있다는 약속이 산산이 깨질 때, 사회적 계약은 처참하게 파기된다. 미국은 두 세대를 지나는 동안 특유의 극성을 떨며 세계화를 예찬해왔지만, 노동계급 남녀라면 누구나 알고 있는 대로 세계화란 자본이 노동력 값을 계속 깎을 수 있는 공급원을 찾아 배회하는 것에 불과하다.

미국의 보수 우파는 여러 해 동안 1950년대에 대한 향수를 불러일으키려 애썼다. 또한 자신들이 품은 상실과 유기의 감각, 변화에 느끼는 두려움, 1960년대의 사회운동을 향한 쓰라린 원한과 몸에 밴 경멸을 합리화하려면 결코 존재한 적 없어도 존재했다고 상정되어야만 하는 미국을 소환했다. 그러나 적어도 경제적 측면에서 1950년대의 이 나라는 사실 오늘날의 미국보다는 덴마크를 닮아 있었다. 부유층에게 부과되는 한계세율이 90퍼센트나 됐고, CEO가 받는 급여는 평균적으로 중간관리직이 받는 임금의 20배 정도에 그쳤다.

현재 최상층이 받는 기본급은 보통 그들 밑의 정규직 직원이 받는 돈의 400배고, 스톡옵션과 특전으로 자릿수를 더 불리는 이들도 많다. 1퍼센트 엘리트 미국인은 자산 30조 달러를 쥐고 있지만 하위에 있는 절반의 사람들은 자산보다 빚이 더 많다. 가장 부유한 미국인 세 명이 가진 돈이 같은 나라 최하위층 1억 6,000만 명이 가진 돈보다 많다. 미국 가구 무려 5분의 1은 순자산이 없거나 마이너스고 흑인 가정에서는 이 수치가 37퍼센트까지 올라간다. 흑인 가구의 재산 중앙값은 백인 가구의 10분의 1이다. 미국인 다수는 급여를 두 번만 못 받으면 바로 파산할 처지다. 역사상 가장 부유한 나라로 자찬하는 곳에 사는데도 대다수 미국인의 삶은 떨어지면 받아줄 안전망 하나 없는 아슬아슬한 줄타기다.

코로나19 위기를 겪는 동안 미국인 4,000만 명이 일자리를 잃었고 업체 330만 곳이 문을 닫았다. 흑인이 소유한 사업체 중에서는 41퍼센트가 그렇게 되었다. 인구에서는 13퍼센트를 차지할 뿐이지만 연방 교도소에서는 백인을 수적으로 크게 앞지르는 흑인 미국인은 충격적으로 높은 질병률과 사망률에 신음하고 있으며 백인 미국인의 세 배 가까운 비율로 사망하고 있다. 미국 사회 정책의 기본 규칙, 흑인보다 밑에 있는 인종 집단은 없어야 한다거나 그들이 경험한 것보다 더한 굴욕은 누구에게도 안기지 않겠다는 규칙은 팬데믹 상황에서도 실제인 듯했다. 바이러스가 미국 역사를 본보기 삼기라도 한 것 같았다.

미국을 바닥으로 떨어뜨린 것은 코로나19가 아니었다. 코로나19는 그저 오래도록 방치돼온 것을 드러냈을 뿐이다. 위기가 전개되면서 매일 분 단위로 미국인이 죽어나가는 동안 한때 한 시간마다 전투기를 뽑아내던 나라는 일회용 마스크도, 질병 추적에 필수인 면봉도 생산하지 못했다. 천연두와 소아마비를 무찌르고 몇 세대 동안 의학적 혁신과 발견에서 세계를 이끌어온 국가가, 웬 광대 같은 대통령이 스스로 이해할 엄두도 못 내는 질병의 치료제로 가정용 소독제를 쓰는 요법을 옹호하고 나서면서 웃음거리로 전락하고 말았다.

많은 나라가 바이러스를 억제하고자 신속하게 움직이던 그때 미국은 눈 가리고 아웅 하듯 현실을 부정하며 휘청거렸다. 이 나라는 세계의 4퍼센트도 안 되는 인구로 코로나19 사망자 비중에서 금세 5분의 1 이상을 차지했다. 코로나로 미국인이 사망한 비율은 세계 평균의 여섯 배였다. 세계에서 가장 높은 질병률과 사망률을 달성하고도 이 나라는 창피해 하기는커녕, 거짓말을 더 쏟아내고 희생양을 만들고 축제 현장의 호객꾼이나 돈 노리는 사기꾼의 선전 못지않게 수상쩍은 기적의 약 이야기를 떠벌릴 뿐이었다.

미국이 이 위기에 하찮은 독재 정부처럼 대응하는 동안 세계에서 실제로 집권하고 있는 하찮은 독재자들은 우위에 설 기회를 잡아, 쉽게 맛볼 수 없었던 도덕적 우월감을 만끽했다. 미니애폴리스에서 조지 플로이드가 살해된 다음에는 더더욱 그랬다. 체첸공화국의 독재자 람잔 카디로프Ramzan Kadyrov

는 "평범한 시민의 권리를 악의적으로 침해했다"며 미국을 질책했다. 북한 신문이 미국의 "경찰 폭력"에 반대했다. 이란 언론이 인용한 바에 따르면 아야톨라(이슬람 종교 지도자의 칭호로, 신정국가인 이란에서는 국가 최고 지도자이기도 하다―옮긴이) 하메네이Ali Khamenei는 "미국이 자멸의 길에 들어섰다"고 비웃었다.

트럼프의 국정 수행과 미국의 위기 탓에 애초에 우한에서 발발한 사태를 제대로 관리하지 못한 중국의 잘못은 관심을 비켜 갔다. 홍콩의 민주주의를 짓밟은 행보도 마찬가지였다. 한 미국 공무원이 트위터에서 인권 문제를 제기하자 중국 외교부 대변인은 조지 플로이드 살해를 들먹이며 짤막하게 대꾸했다. "숨이 안 쉬어지는군요."

이런 정략적 발언은 가볍게 무시할 수도 있을 것이다. 그러나 미국인은 스스로를 위하지 않았다. 이 나라의 정치 과정은 국가적 수치가, 도덕적으로나 윤리적으로나 이보다 더 하자가 있을 수 없는 선동가가 나라의 최고위직에 오르는 것을 가능하게 했다. 네이트 화이트Nate White(〈더 롱 웨이〉를 만든 영화감독―옮긴이)가 영국인들은 왜 도널드 트럼프를 멸시하냐는 질문을 받고 재치있게 내놓은 답을 빌리겠다. "세상에 어리석은 인간은 언제나 있었고 심보 고약한 인간 역시 많았다. 하지만 어리석음이 이렇게 고약하거나 그 고약함이 이렇게 어리석은 경우는 흔치 않았다."

이 미국 대통령은 계속 살아남아 원한을 키우고 반대편을 악마화하고 증오를 정당화하고 있다. 주된 통치 도구는 거짓말이다. 2020년 7월 9일 기준 그의 왜곡과 허위 진술을 기록한 통계는 총 20,055건으로 집계되었다. 미국의 초대 대통령 조지 워싱턴이 거짓말을 못 하기로 유명했다면 현 대통령은 진실을 알아볼 줄 모른다. 이 어둠의 트롤 같은 인간은 에이브러햄 링컨의 말과 감성을 거꾸로 뒤집어 모두에게 악의를 보이고 누구에게도 선의를 보이지 않으며 흥청대고 있다.

아무리 혐오스러울지언정 트럼프는 미국이 쇠락한 원인이라기보다는 오히려 그 내리막의 산물이다. 거울을 응시하고도 자국 예외주의라는 신화만 지각하는 미국인은 자신들의 나라가 실제로 어떻게 되었는지는 희한하리만치 보지 못하고 있다. 정보의 자유로운 유통이 민주주의에 도는 혈액이라 규정했던 공화국은 오늘날 국가별 언론 자유 순위에서 45위를 기록한다. 한때는 세계에서 오는 대규모 이민자 집단을 환영했던 나라건만, 지금 이곳에는 절박한 마음으로 문 앞까지 찾아온 미등록자 엄마와 아이에게 의료와 보호를 지원하기보다는 남쪽 국경에 장벽을 세우는 쪽을 선호하는 사람이 더 많다. 공동선을 완전히 포기한 미국 법은 자유가 사적 무기고를 소유할 개인의 양도할 수 없는 권리라고 규정한다. 이 타고난 권리는 아동의 안전보다 우선한다. 지난 10년간만 봐도 미국인 학생과 교사 346명이 학교 안에서 총에 맞았다.

개인을 숭상하는 미국의 광신은 공동체뿐 아니라 사회라는 개념 자체를 부정한다. 누구도 다른 누구에게 의무를 지지 않는다. 교육이든 주거든 음식이든 의료든 다들 모든 것을 싸워서 쟁취할 준비가 되어 있어야 한다. 번영과 성공을 이룬 민주주의 정부라면 모두 기본권으로 간주하는 보편적 의료 서비스와 양질의 공교육을 누릴 평등한 접근 기회, 노약자를 위한 사회적 안전망 등을 미국은 사회주의적 사치라고 묵살하며 그것들이 나약함을 드러내는 징후라도 되는 양 대한다.

당장 자국 공동체 내부에도 우호적인 목적의식이나 공동의 안녕감이 존재하지 않는 마당에 미국이 기후 변화, 멸종 위기, 팬데믹 같은 전 지구적 위협에 맞서 선도적인 모습을 보이리라고 세계의 다른 국가들이 어떻게 기대할 수 있겠는가? 국기를 두른 애국심은 공감을 대체할 수 없으며, 분노와 적의는 사랑의 상대가 못 된다. 해변으로, 술집으로, 정치 집회로 몰려가 동료 시민을 위험에 빠뜨리는 이들은 자유를 행사하는 것이 아니다. 이들이 보여주는 것은 한 논평가가 짚었듯 팬데믹을 견딜 절제력도 팬데믹을 이겨낼 의연함도 없는 국민의 나약함일 뿐이다. 이들 무리의 수장은 도널드 트럼프다. 이상 증식한 뼈 돌기(트럼프는 베트남전쟁 당시 징집 영장을 받았으나 발뒤꿈치 뼈가 덧자랐다는 진단을 이유로 복무를 피했다—옮긴이)로 싸우는 전사, 거짓말쟁이에 사기꾼, 강한 남성을 기괴하게 풍자한 캐릭터에 딱 어울리는 깡패 근성의 소유자 말이다.

지난 몇 개월 동안 인터넷에는 오늘날 캐나다에 사는 것이 마약 제조 시설 위의 집을 소유한 것과 같다는 우스갯소리가 돌아다녔다. 캐나다도 완벽한 곳은 아니지만, 코로나19 위기에는 잘 대처했고 내가 사는 브리티시컬럼비아는 특히 그랬다. 밴쿠버는 미국에서 감염이 처음 발생한 시애틀에서 북쪽으로 고작 세 시간만 운전하면 되는 거리에 있다. 밴쿠버 주민 절반은 아시아계고 이곳에는 중국과 동아시아에서 출발한 항공기가 날마다 수십 편씩 들어온다. 논리적으로 따지면 피해가 심했어야 할 곳이지만 이곳 의료 시스템은 탁월하게 작동했다.

위기 내내 캐나다 전역의 검사율은 미국의 다섯 배 수준을 꾸준히 유지했다. 인구 대비 기준으로 본 질병률과 사망률은 절반이었다. 브리티시컬럼비아에서 한 명이 사망할 때 매사추세츠에서는 마흔네 명이 죽었다. 전자와 인구는 비슷한데도 후자에서는 코로나19 확진자가 캐나다 전체보다도 많이 보고되었다. 7월 30일 기준 미국 대부분 지역에서 코로나19 감염률과 사망률이 치솟고 그날 하루에만 신규 확진자가 59,629명 보고되는 와중에도 브리티시컬럼비아의 병원에서 등록된 코로나19 환자는 총 다섯 명에 그쳤다.

미국인 친구들이 이유를 물으면 나는 동네 마트에서 마지막으로 장을 봤을 때를 곱씹어보라고 한다. 미국에서는 인종, 경제, 문화, 교육 면에서 좁히기 어려운, 어쩌면 좁힐 수 없는 격차가 소비자와 계산원 사이에 십중팔구 존재한다. 캐나다의 사정은 상당히 다르다. 사람들은 동류가 아니더라도 분명 하나의 더 큰 공동체에 속한 성원으로 교류한다.

그 이유는 간단하다. 계산원이 경제적으로 당신만큼 풍족하지 않을 수는 있어도, 자신이 노동조합 덕에 생활임금(노동자가 필수비용을 충당하고 지역 사회 활동에 참여하며 나아가 사회적 이동성의 기회를 누릴 수 있는 수준의 임금—옮긴이)을 받고 있다는 사실을 당신이 안다는 것을 그도 안다. 자신의 자녀와 당신의 자녀가 같은 동네의 공립학교에 다닐 확률이 아주 높다는 사실을 당신이 안다는 것을 그도 안다. 가장 중요한 세 번째로, 자신의 자녀가 아프면 당신은 물론이고 총리의 자녀와도 완전히 같은 수준의 의료 서비스를 받으리란 사실을 당신이 안다는 것을 그도 안다. 이 세 가닥이 한데 엮여 캐나다의 사회민주주의를 직조한다.

서구 문명을 어떻게 생각하느냐는 질문에 마하트마 간디 Mahatma Gandhi는 유명한 답을 남겼다. "거 그럴싸한 구상이군요." 가차 없는 듯해도 이 말은 현대 사회민주주의의 관점에서 바라본 오늘날 미국의 풍경을 정확하게 반영한다. 캐나다가 코로나19 위기를 겪는 동안에도 좋은 모습을 보여준 것은 우리가 맺은 사회적 계약과 공동체의 유대, 서로와 제도에 대한 신뢰, 특히 우리 의료 시스템에 대한 믿음 때문이었다. 병원은 개인이 아닌 집단의 의료 수요를 만족시킨다. 병상을 죄다 임대할 부동산으로 보는 개인 투자자의 수요를 만족시키는 것이 아님은 물론이다. 문명국가의 부를 가늠할 수 있는 기준은 운 좋은 소수가 축적한 돈이 아니라, 사회적 관계의 강도와 반향 그리고 모든 사람을 공동의 목표로 이어주는 호혜성의 유대다.

이는 정치적 이념과는 아무 관계가 없고 삶의 질과는 전적으로 관계가 있는 이야기다. 핀란드인은 미국인보다 수명이 길며, 태어나는 도중이나 유아일 때 사망할 확률이 낮다. 덴마크인은 미국인과 세후 수입은 얼추 비슷하지만 일은 미국인보다 20퍼센트 적게 한다. 1달러를 벌 때 19센트를 세금으로 더 내지만 그 대가로 무상의료 서비스와 유치원부터 대학까지 이어지는 무상교육 그리고 빈곤과 주거 상실, 범죄, 불평등의 정도가 현저히 덜하면서도 번영하는 자유 시장 경제에서 활약할 기회를 얻는다. 일반적인 노동자는 더 나은 임금과 존중을 받으며 생명보험과 연금 제도, 육아 휴직, 연간 6주의 유급 휴가를 보상으로 누린다. 이 모든 복지는 덴마크인이 더 열심히 일하도록 장려할 따름이라 16세부터 64세 사이 성인의 무려 80퍼센트가 경제 활동에 참여한다. 미국보다 한참 높은 수치다.

미국 정치인들은 스칸디나비아 모델이 은밀히 기어드는 사회주의이자 다 죽은 공산주의라며 미국에서 통할 리가 없다고 잘라 말한다. 실상 사회민주주의가 성공적으로 작동하는 것은 이 체제가 어째서인지 사회 전 계층에 이득이 되는 역동적인 자본주의 경제를 조성한다는 바로 그 이유에서다. 행여 미국에 사회민주주의가 절대 자리 잡을 수 없다는 말이 사실일 수도 있지만, 정말 그렇다면 이는 깜짝 놀랄 폐단을 드러내는 것이다. 오스카 와일드Oscar Wilde가 문명을 거치지 않

고 미개에서 퇴폐로 넘어간 나라는 미국뿐이라며 재치 있게
독설을 날렸을 때 생각한 그대로다.

말기에 이른 이 퇴폐의 증거는 개인적 분개를 무엇보다 우
선시하고 나라와 세계의 운명에 대한 어떤 우려보다 자신의
원한을 중요하게 생각하는 2016년 수많은 미국인의 선택이
다. 이들은 자신의 증오에 목소리를 부여하고 분노를 정당화
하고 현실 또는 상상 속의 적을 겨냥하는 일을 기꺼이 하려
한다는 점만이 그 자리에 앉을 유일한 자격인 남자를 성급하
게 뽑았다. 11월에 미국인들이 스스로 무슨 일을 하는지 똑똑
히 알면서도 그런 남자를 정치권력의 자리에 계속 두겠다고
표를 던지는 것이 세계에 어떤 의미일지 생각하면 몸서리가
쳐진다. 그러나 설령 트럼프가 압도적으로 패배한다 해도, 이
토록 골이 깊게 양극화된 국가가 나아갈 길을 찾을 수 있을지
는 완전히 불투명하다. 좋든 나쁘든 미국의 시간은 지나갔다.

미국의 시대가 끝나고 횃불이 아시아로 넘어가는 것은 축
하할 일도 비웃을 일도 아니다. 국제적인 위험이 닥친 순간,
인류가 상상할 수 있는 모든 참상을 넘어선 암흑기에 들어설
수도 있었던 시기에, 미국의 산업력은 평범한 러시아 군인들
의 피와 더불어 말 그대로 세계를 구했다. 미국의 이상은 매
디슨과 먼로, 링컨, 루스벨트, 케네디가 예찬했듯 한때는 수
백만 명에게 영감과 희망을 줬다.

위구르 수용소를 운영하고, 군대가 무자비한 권한을 갖고
있으며, 국민의 일거수일투족을 지켜보는 감시 카메라를 2억

대씩 둔 중국이 패권을 쥐면 분명 우리는 미국의 세기, 그 호시절을 절절히 그리워할 것이다. 그러나 당장 우리에게 있는 것은 도널드 트럼프의 도둑 정치뿐이다. 위구르족에 대한 중국의 처우를 칭찬하고 그 나라가 행하는 억류와 고문이 "꼭 해야 하는 일"이라 말하고 화학 소독제를 치료 목적으로 사용하라는 의료 조언을 건네는 사이 트럼프는 "그건 언젠가 기적처럼 사라질 것"이라는 태평한 발언을 내놓았다. 물론 그가 가리킨 대상은 코로나 바이러스였겠지만, 다른 이들도 지적했다시피 아메리칸드림을 말한 것과 다름없다.

전쟁과
추모

당신이 아는 모든 삶, 현대성의 모든 감각, 모든 실존적 의문, 분출되는 모든 혼란, 모든 신경증적 확언 또는 고통은 플랑드르의 진창과 피에서 생겨났다.

1차 세계대전은 현대성의 지렛목이었다. 재즈, 조이스, 달리, 콕토, 히틀러, 마오, 스탈린은 모두 이 대학살의 자식이었다. 다윈, 프로이트, 아인슈타인은 19세기에 태어났으나 정통에서 심히 어긋났던 그들의 생각(종에 돌연변이가 생길 수 있다, 자기 사고의 정상성은 스스로 통제할 수 없다, 사과는 뉴턴이 기술한 것만큼 단순하게 나무에서 떨어지지 않는다)은 이 전쟁 후에야 꽃을 피우고 널리 받아들여졌다. 마치 망자로 거름 낸 땅에 뿌린 씨앗처럼.

유럽은 산업과 기술의 힘으로 듣도 보도 못한 부와 군사력을 창출하면서도 한 세기 동안 평화를 유지했다. 유럽 국가들은 식민주의적 야심의 경계가 맞부딪칠 때까지 세계를 갉아먹으며 서서히 문명의 숨통을 조였다. 그러다 1914년 여름 사라예보에서 발사되어 한 대공의 가슴팍에 박힌 총알 한 발이 확실성과 낙관과 희망과 믿음의 영역이었던 한 세계를 산산이 조각냈고 그로써 인류 역사상 가장 큰 재앙에 불씨를 댕겼다.

위태로웠던 한 달간 만국 사람들은 고작 100명밖에 안 되는 권력자들이 자신들의 운명을 결정하는 동안 숨을 죽이고 있었다. 평화를 바라는 마음은 통렬하게 배반당했다. 다른 세기에 태어났기에 한 세대 만에 과학으로 완전히 탈바꿈한 세계를 이해할 수 없었던 유럽 지도자들은 역사에 허를 찔렸다. 과시적인 허영과 노기 서린 오만, 엉뚱한 곳을 향한 충절과 신실한 확신을 품은 채 치명적이고 고루한 명예심에 얽매인 이들은 최후를 향해 비척비척 걸어가 자신들의 문명을 영영 빠져나오지 못할 심연으로 거꾸러뜨렸다. 2차 세계대전은 1차 세계대전의 자식일 뿐이었다. 윈스턴 처칠Winston Churchill은 이 전쟁을 또 다른 30년 전쟁이라 일컬었다. 처칠이 쓰기로, 1차 세계대전만큼 싸움이 불필요했던 전쟁이나 2차 세계대전만큼 승리가 절실했던 전쟁은 없었다. 그러나 그가 인정했듯 이 모두는 파멸의 단발성 경련이었다.

전쟁이 시작된 1914년 8월에는 키가 최소 173센티미터는 되어야 영국 육군에 입대할 수 있었다. 두 달 만에, 160센티미터짜리 남자아이도 있는 대로 징집되었다. 8주가 지나자 대영제국 본토 육군 전체를 대표하는 네 개 사단인 영국 원정군이 사실상 궤멸했다. 프랑스는 전쟁 1개월 차에 7만 명의 군인을 잃었다. 8월의 처참했던 이틀 사이에 잃은 인원만 4만 명이었다. 영국 육군에는 지겹게 이어지는 망자의 행렬을 대체할 위관급 장교만 매달 1만 명씩 필요했다. 명문 사립학교를 졸업한 학생들은 옥스퍼드 대학이나 케임브리지 대학이 아니라 참호로 직행했다. 13세에서 24세 사이 영국인 남자가 1914년 전쟁을 살아서 넘길 확률은 3분의 1이었다.

참호에 있던 남자들에게 세상은 진창과 하늘만 있는 곳이 되었고, 땅에 파묻혀 죽도록 방치된 것이 아니라고 생존자를 일깨워주는 것은 오직 정점에 오른 태양뿐이었다. 대영제국 정규군에는 한 해에 삽 2,500자루가 필요했는데, 플랑드르의 진흙밭에서는 1,000만 자루가 필요했다. 영국 광부 2만 5,000명은 독일군 전선 아래를 파고 폭발력이 런던 햄프스테드히스에서도 들릴 수준인 폭약을 깔며 지하에서 전쟁을 치렀다.

전쟁의 기억을 전하는 세피아색 사진들, 필름에 철저히 기록된 첫 산업 전쟁에서 찍힌 사진 수만 장은 여전히 사람들의 뇌리에 박혀 감정을 강렬하게 자극한다. 그러나 시각 매체는 전선 생활의 가장 두드러진 두 가지 특징인 소리와 냄새는 포착하지 못한다. 영혼을 문드러지게 하는 장기 폭격의 소음과 땀, 공포, 피, 코르다이트 화약, 배설물, 토사물, 부패물이 추잡하게 합쳐져 참호에서 시종일관 풍기는 악취 말이다.

남자들이 소총과 총검을 들고 진군하는 연출 사진은 실제로 공격할 때 체험된 무력감의 공포를 가렸다. 총검으로 인한 사상자는 약 0.3퍼센트밖에 되지 않았다. 소총과 기관총에 쓰러진 사상자는 35퍼센트였다. 사망자 대다수는 하늘에서 철과 화염이 비처럼 쏟아지는 동안 겁에 질린 채 참호의 진흙 벽을 붙들고 죽었다.

피해가 그렇게 집중된 것은 유례없는 일이었는데 군사 작전 영역이 워낙 좁았다는 점이 한 가지 이유였다. 전쟁 기간 대부분 동안 영국군 전선은 137킬로미터 길이에 그쳤고 200킬로미터를 넘은 적이 없었다. 수백만 명이 생활하고 훈련하고 죽은 영국군 구역을 통틀어도 영국 링컨셔주 정도 되는 가로 80킬로미터, 세로 97킬로미터 면적이 고작이었다. 영국군은 물자를 보급하며 전선 약 160킬로미터를 방어하려고 9,656킬로미터 이상 참호를 팠고 9,656킬로미터 길이로 철도도 놓았다. 독일군에 3면이 포위되었던 전장인 벨기에의 이프르 돌출부는 가로 6.5킬로미터, 세로 19킬로미터 크기였다. 그 죽음의 도가니에서 소년과 성인 남성 170만 명이 쓰러졌다.

그 중에는 1914년 10월 첫 주에 배를 타고 영국에 간 캐나다 군인도 많았다. 영국의 선전포고는 곧 영연방자치령의 참전을 뜻했기에 캐나다와 오스트레일리아, 뉴질랜드, 남아프리카공화국이 모두 모였다. 당시 별도 식민지였던 뉴펀들랜드의 남자들은 10월 4일 영국 함선 플로리젤호를 타고 세인

트존스에서 출항했다. 내로 해협을 통과해 남쪽으로 간 이들은 서른한 척이 모인 소함대에 어둠 속에서 합류했다. 이들을 호위한 2만 6,000톤급 순양전함 프린세스로열호는 캐나다 제1사단을 말 약 7,000필과 함께 영국으로 수송하고 있었다. 대서양 횡단에는 11일이 걸렸다. 플리머스에 상륙한 부대는 솔즈베리 평원에 있는 훈련소로 이동했다. 이들은 긴 가을과 축축한 겨울이 지나도록 그곳에 머물며 4개월 동안 일반적인 강수량의 두 배인 60센티미터 비에 푹 젖어 있었다. 그러면서 훈련하고 행군하고 군대 훈련 교범에서 필수로 여기는 기술을 전부 연습했으나, 그 기술들은 프랑스에서는 거의 아무 도움도 되지 않았다.

뉴펀들랜드연대는 갈리폴리로 파견되었고, 프랑스로 간 캐나다군은 때맞춰 도착해 2차 이프르 전투에서 영국군 전선을 메웠다. 이들은 1915년 4월 22일 독일군이 전쟁사 최초로 독가스 공격을 실시한 현장에 있었다. 기지 병원에 있던 자원자 제프리 윈스럽 영Geoffrey Winthrop Young은 이날을 이렇게 회고했다.

폭격은 더 잦아지고 사나워지는 듯 보였다. …… 나는 초조해 하며 우리 병동과 사무실 안을 서성였다. 한 부상병은 훗날 셸 쇼크로 알려진 반혼수상태로 치료를 받으며 "얼굴이 허옜어……. 달빛이……. 허연 얼굴에"라고 쉼 없이 중얼거렸다. …… 나는 밖으로 나갔다. 사람 형체들이 뛰어오는 게 보였다. 짙은 누런 구름이 더 높이 솟았고 점으로 보이는 국방색 형체

들이 다시 전장을 가로질러 우리 북동쪽으로 황급히 달려나갔
다. …… 부상자가 쏟아져 들어오기 시작했다. …… 최초로 독
가스에 당한 사람들이었다. 처음 봐서는 믿기 어려울 만큼 무
도한 공포였다. …… 몇 달 전만 해도 우리 것이었던 문명 세
계에서 멀리 떠나왔다고는 하지만 막상 공포가 닥치자 그 야
만성 앞에, 인간이 누런 거품을 물고 바닥에서 또 전장에서 질
식해 죽어가는 광경의 야만성 앞에 내 안에서는 이후 인간이
보여준 어떤 잔인성에도, 심지어 훗날의 흉악한 독일 수용소에
서 자행된 인간 격하 행위에도 다시 발화되지 않았던 분노가
끓었다. 그때만 해도 우리는 아직 모든 사람에게 인간성이 있
다고 생각했다.

독일군이 저열함을 경신했다면, 캐나다군은 높아진 평판
의 정점을 경신했다. 사방의 연합군이 공황에 빠져 전장에서
도망치는 와중에도 이프르에서 공격을 막아내고 영국군 전
선을 유지한 것은 오직 캐나다군의 영웅적인 방어 덕이었다.
한 국가가 군인들의 무공으로 쇄신했다고밖에 볼 수 없는 과
정은 이렇게 시작되었다. 캐나다 원정군은 네 개 사단을 두
고 40만 명 이상이 해외에서 복무하는 군단으로 몸집을 키웠
다. 그 과정에서 가공할 전력을 넘어 연합군에서 가장 혁신적
이고 창의적이라 해도 과언이 아닌 사령부의 면모를 보여줬
다. 이 군의 전투 명부는 서부 전선의 완전한 기록으로 읽힌
다. 1915년 캐나다군은 3월에 뇌브샤펠에서, 4월에 이프르에

서 싸웠고 5월에는 오베르 능선 함락을 견뎌냈으며 9월에는 독일에 '루스의 시체밭'으로 알려진 루스 전투의 참사를 버텨냈다.

그리고 1916년 여름, 솜 전투에 맞닥뜨렸다. 영국군은 140일 동안 고작 10킬로미터 진군했을 뿐이었고, 연합군은 참모진이 작전 개시 당일에 점령하리라 기대했던 바폼까지 6킬로미터나 남겨두고 있었다. 영국군은 하루에 총알을 1,000발씩 발사할 수 있는 포대를 1,537개 배치했다.

영국군이 공세의 전주곡으로 7일 동안 퍼부은 폭격은 귀청을 찢는 비명의 소용돌이로 지속되며 온 전선 위를 밤낮으로 맴돌았다. 이 전투에서 생존한 제22맨체스터연대 부사관은 훗날 이렇게 회고했다.

그 소리는 내가 알던 모든 것과 크기뿐 아니라 성질도 달랐다. …… 그건 우리 위에 고여 있었다. 막대하고도 고통에 찬 격정이 공기를 가득 채운 듯했고 그 격정은 신음과 탄식으로 폭발해 날카로운 비명과 애처로운 흐느낌이 되어, 끔찍한 충격 아래에서 몸서리치고 이 세상 것이 아닌 채찍에 찢기고 거대한 진지의 장엄한 고동과 더불어 진동했다. 이 초자연적 난리는 이쪽으로도 저쪽으로도 지나가지 않았다. 시작도 심화도 쇠진도 종료도 없었다. 그건 공기 중에 뜬 채로 가만히 있는 소리의 전경이자 대기의 상태였지 인간이 만든 것이 아니었다.

전선에 있던 연합군 부대는 군화를 뚫고 전해지는 땅의 흔들림에 덩달아 휘청거렸다. 한 캐나다군 이병은 "몸 전체가 죽음의 춤으로 미쳐 날뛰는 듯했다. …… 손가락을 들면 소리로 된 견고한 천장이 만져질 것만 같았다. 이제 그 소리에는 고체 같은 성질이 있었다"고 썼다. 포탄 3,000만 발이 발사되었고 독일군 60만 명이 사망하거나 부상당했으며 4개월이 지나자 수십 제곱킬로미터쯤 되었던 전장은 서너 겹씩 층층이 쌓인 시체로 뒤덮였다. 몸뚱이는 부풀었고 뼈가 땅에 아무렇게나 불거져 있었으며 얼굴은 검정파리로 뒤덮여 시커멨다.

그런 공세가 펼쳐지는 와중에 참호에 무력하게 있는 느낌이란 한 군인의 기억대로 대형 망치를 휘두르는 적의 공격을 말뚝에 묶인 채 받아내는 것과 같았다. 일격을 위해 휘둘러진 망치는 포물선을 그리며 날아와 "두개골을 아슬아슬하게 빗맞혀 또 한 번 말뚝 조각을 날려 보낸다. 중포격에 노출되는 느낌은 정확히 이렇다." 피가 머리로 쏠리고 몸이 작열한다. 한계까지 팽팽해진 신경은 끊어진다. 사람은 통제력을 잃고 흐느끼고 신음하며 이들의 눈은 다시는 빛을 알지 못할 눈두덩 속으로 깊숙이 꺼진다.

살 썩는 냄새는 늘 진동했다. 철조망에 걸리고 진창에 빠지고 기름진 점액 같은 가스에 질식해 한 줌 분노의 안개로 전락한 사람들이 남긴 살이었다. 동강 난 사지가 불탄 나무의 부러진 가지에 널려 있고 부푼 몸과 검어진 두개골은 쥐에게 갉아먹혔다. 앞이든 뒤든 시신이 처박혀 있는 참호는 나날이

망자의 색으로 익어갔다. 사망자가 4,000명 나온 오후 공격에
이어 델빌우드로 통신 참호를 파는 임무를 받은 영국군 분견
대 지휘관은 자신이 파내는 것이 피카르디의 백악질 흙이 아
니라 앞선 공격에서 쓰러진 사람들의 주검임을 알고 미쳐버
렸다. 시체는 2미터 깊이로 쌓여 있었고 건드리면 하나같이
조각조각 흩어졌다.

　캐나다군은 솜에서 4개월간 싸웠지만 뉴펀들랜드에서 온
소년들은 한 시간 만에 죽었다. 이들의 연대는 전투 전날 갈
리폴리에서 복귀했다. 영국군 제29사단 소속으로 철옹성 같
은 보몽아멜 요새를 공격하라는 임무를 맡은 뉴펀들랜드연
대는 전투 개시일인 7월 1일 오전 9시 15분 참호 밖으로 나가
공세로 전환하라는 명령을 받았다. 연대 우익은 준비가 덜 되
어 있었다. 전선에서 옆에 서야 했던 에식스연대 제1대대가
사망자의 부피에 막혀 개시 지점에 제때 도달하지 못한 탓이
었다. 대원들은 거의 다 참호 밖으로 나가지도 못했고, 설사
나갔다 해도 허둥대다가 자기 참호의 흉벽 근처에서 목숨을
잃었다. 사병들은 독일군의 기관총 포화에 쓸려나갔다. 그나
마 전진한 소수는 짊어지고 있는 군장 때문에 걸음이 더디고
불안했다. 이들은 총알에 덜 노출되려 애쓰는 것처럼 앞뒤 양
옆으로 휘청거리며 폭풍 속으로 들어갔다. 시간을 초 단위로
엄수한 영국 포병의 엄호 사격은 진군 속도를 진작 앞질러
당장 눈앞에 있는 전장과 멀어져 있었다. 발 디디는 곳마다
사람이 죽어 있었지만 연대는 계속 밀고 나갔다. 일부는 기적

적으로 독일군 전선에 도달했지만 끝내 총에 맞아 진창으로 고꾸라지거나 절단되지 않은 철조망에 꿰뚫렸을 뿐이다. 기진맥진해 숨을 헐떡이며 피 칠갑을 한 채 공포로 실성해버린 이 용사들에게 마지막으로 떠오른 생각은 독일군 전선이 너무나 멀쩡하다는 무시무시한 깨달음이었다. 전선에는 타격을 입은 곳이 전혀 없었다. 예비 포격은 헛방이었다. 연대는 광란 속에 철조망에 감겨들었고 수류탄을 던져댔으나 이들의 비명은 사람이 머리를 맞을 때 나오는 목 부글대는 소리에 잠겨 알아들을 수 없었다.

뉴펀들랜드연대에서 그날 오전 참호 밖으로 나가 공세로 전환한 인원은 모두 810명이었다. 성한 몸으로 전투에서 빠져나온 사람은 고작 35명이었다. 사관은 모두 죽었고 그 중 셋은 애초에 공격에 참여하지 않았어야 하는 사람들이었다. 지휘관과 부관만 살아남아 참모진의 치하를 받았다. 선임 사관 참모 한 사람은 뉴펀들랜드 수상에게 말했다. "잘 훈련되고 규율 잡힌 용맹을 훌륭하게 선보였습니다. 공세가 실패한 것은 오직 죽은 이들이 더 진격할 수 없었기 때문입니다."

솜 전투 후 캐나다군대는 연합군 전선의 증원 부대 노릇을 하는 대신 단일한 사령부 아래에 결집하게 되었고, 전쟁 나머지 기간에 이 군단은 캐나다인 아서 커리Arthur Currie 사령관의 지휘를 받으며 싸웠다. 영국군을 이끈 이들이 철로를 질주하듯 사고하며 인구를 줄이라는 임무라도 받은 것처럼 자국 군인들을 희생시켰던 데 반해, 커리 사령관은 전장에 통찰과 창의력을 가져왔다. 이런 자질은 이 전쟁에서 손꼽히는 연합군의 대승인 1917년 봄 아라스 전투 승리라는 결과로 이어졌다.

플랑드르의 저지대는 평평했고 물기로 축축했으며 해발고도 60미터를 넘기는 지형이 거의 없었다. 약간만 솟은 언덕도 전략적 요충지가 되었다. 영국군 전선 너머로는 유독 두드러진 급경사면 하나가 흐릿하게 보였다. 길이는 8킬로미터였고 높이는 전장 위로 거의 150미터 가까이 솟아 있는 곳이었다. 독일군은 비미 능선 고지를 1914년에 점령하고, 그후 들어오는 영국과 프랑스의 공격을 모조리 격퇴했다. 수천 명이 죽었고, 다달이 시간이 흐를수록 독일군이 사령부를 증원하고 방어 시설을 강화해 진지는 더 강력해졌다.

부활절 월요일이었던 4월 9일, 단일 군대로 처음 싸운 17만 명 규모의 캐나다군단이 참호 밖으로 나가 공격에 돌입했다. 이 군단은 기습과 결단을 중시한 신규 전술로 지속적인 예비 포격의 도움 없이도 독일군의 방어 시설을 제압했으며 하루 만에 고지 대부분을 차지했다. 사흘 후 비미 능선은 이들 손에 떨어졌다. 아라스 전투의 빼어난 승리였다. 3,598명이 사망했고 7,004명이 부상당했는데, 안타까운 손실이지만 전쟁에서는 보통 수준이었다. 승리의 규모와 의의를 생각하면 더더욱 그랬다.

앞서 누구도 못 한 비미 능선 점령을 해내며 캐나다군단은 명성이 공고해졌지만, 한편으로 이는 전쟁을 마저 치르는 동안 이들이 연합군의 대의를 위한 돌격대 역할을 하게 되리란 의미이기도 했다. 4개월도 지나지 않아 군단은 이프르로 이동해 파스샹달 전투에 참여했다. 훗날 역사학자 A. J. P. 테일러A. J. P. Taylor는 이 전투를 "맹목적인 전쟁에서도 가장 맹목적이었던 학살"로 기억했다.

전투 목표는 이번에도 영국군 고위 사령부의 공상, 이프르 돌출부를 벗어나 안트베르펜과 벨기에의 여러 해협 항구를 점령한다는 계획이었다. 영국군과 캐나다군 병사에게 이 전투는 전쟁 중에서도 최악이었다. 평평하고 축축한 땅은 포화를 맞아 쑥대밭이 되어 있었다. 공격 첫째 날인 7월 말일 밤부터 비가 내리기 시작했고, 9월의 짧은 휴지기를 빼면 11월까지 비가 그치지 않았다. 연합군은 화포 3,000문으로 포탄을 400만 발 넘게 발포해 5톤 가까이 되는 고폭탄을 독일군 참호 구석구석으로 날렸다. 결과물은 진흙투성이 수렁이었다. 시커먼 오물과 포탄 구멍으로 이뤄진 바다에 죽은 말과 사람이 널브러져 있고 누렇고 거무튀튀한 연기가 구름처럼 끼어 있었으며 부패와 괴저로 참기 어려운 악취가 났다. 달콤한 제비꽃 냄새도 풍겼는데 이는 가스 냄새였으니 곧 죽음의 악취이기도 했다. 부상당한 채로 건널판에서 미끄러지면 깊이를 헤아릴 수 없는 늪에 빠져 죽는 수밖에 없었다. 포병들은 허벅지까지 잠기는 물에서 일했다. 개활지에서 진격하는 병사들은 죽은 사람의 몸을 디딤돌로 썼다. 마지막 공격을 실시한 다음 날 영국군 선임 사관 참모 론슬롯 키겔Sir Launcelot Kiggell 중장이 처음으로 전선을 찾았다. 차량으로 전진할 수 있는 데까지 간 그는 전선의 환경을 보고 깜짝 놀라 비통해 했다. "맙소사, 진정 이런 여건에서 싸우라고 사람을 보냈단 말인가?" 공격 현장에 있었던 이가 옆에서 무감각하게 답했다. "더 가면 훨씬 심합니다."

영국군은 40만 사상자가 발생한 3개월이 지나고도 첫째 날 오전의 목표였던 파스샹달 마을을 함락하지 못한 상태였다. 솜에서 그랬듯 이번에도 영국 육군에 사망자 명단을 정리할 사무 인력이 부족했다는 내용이 공식 문서에 언급되었다. 독일군 고위 사령부는 파스샹달 전투를 프랑스와 독일 병사 100만 명 이상이 죽거나 중상을 입은 베르됭 전투와 견주었다. 독일군 장교 에리히 루덴도르프Erich Ludendorf는 이렇게 썼다. "베르됭의 참상을 넘어섰다. 더 이상은 사는 것이 아니었다. 이루 말할 수 없는 고통뿐이었다. 공격자들은 지천의 진창을 헤치고 느리지만 꾸준히, 빡빡하게 부대끼며 몸을 끌었다. 그들은 우리 포화가 빗발치던 전진 구역에 갇혀 많이들 쓰러졌고, 포탄 구멍에 홀로 선 남자는 다시 숨을 쉬었다."

독일군은 2차, 3차 방어선으로 후퇴하면 그만이었다. 영국군 장교들은 지휘관 헤이그Douglas Haig 장군에게 공격 중지를 간청했으나 장군은 청을 거부했다. 파스샹달 마을은 11월 6일 캐나다군에 함락되었다. 겨울이 시작되며 비로소 포성이 잦아들자 헤이그는 프랑스 본부와 소통하는 선임 연락관 시드니 클라이브Sidney Clive에게 물었다. "우리가 정말 50만 명을 잃었나?" 그랬다. 고작 8킬로미터 전진하려고. 파스샹달에서 나온 9만 구가 넘는 영국군과 캐나다군 시신은 식별이 어려울 정도로 심각하게 훼손된 채 수습되었다. 4만 2,000명은 흔적조차 찾지 못했다.

1918년 봄 연합군 사령부에 주어진 가장 중대한 보안 과제는 캐나다군단의 위치를 은폐하는 것이었다. 전선 어느 구역에 이들이 주둔했다는 것은 독일군에게 공격이 임박했음을 암시했다. 1918년 독일군이 춘계 공세를 벌이는 동안 캐나다군은 전선 곳곳의 프랑스군과 영국군을 보충했다. 그러던 8월, 아미앵에서 진행된 연합군의 역공세에서 캐나다군단이 최전선에 섰다. 서부 전선의 흐름을 바꿔놓은 전투였다. 캐나다군은 적군 참호를 제압했고, 이들이 안긴 패배에 루덴도르프는 8월 8일을 "독일군 암흑의 날"이라 부르게 되었다. 이것이 '캐나다의 100일 공격'으로 통하게 된 전투, 캐나다군단을 선봉에 세운 연합군이 독일군을 동쪽으로 밀어붙여 최종 항복을 받아낸 연속 교전의 시작이었다. 대학살은 끝까지 계속되었다. 전쟁의 마지막 석 달 동안에만 영국군과 캐나다군은 병력을 30만 명이나 잃었다. 화포는 말 그대로 최후의 순간까지 불을 뿜었다. 연합군 병사 중 끝을 코앞에 두고 죽은 캐나다군 조지 로런스 프라이스George Lawrence Price 이병은 휴전이 발효되기 2분 전에 살상되었다. 11월 11일 전선 곳곳으로 휴전 소식이 퍼졌을 때 이를 맞이하는 안도감과 기쁨에는 길고 격렬했던 환각이 서서히 옅어질 때 느낄 법한 멍한 탈진감이 스며 있었다. 연합군은 2년 더 전쟁할 준비를 하고 있었다.

많은 이가 전쟁이 영원히 이어지겠거니 생각했다.

세 치 혀를 휘둘러 빠져나갈 수 없는 전쟁으로 자국을 끌고 들어갔던 늙은이들은 자기네가 무엇을 초래했는지 꿈에도 몰랐다. 당장은 엄청난 승리 같았다. 독일과 그 동맹국들은 납작 엎드렸다. 러시아는 봉기와 혁명을 겪으며 몸부림쳤고, 피가 다 빨린 프랑스는 나라 전체가 영영 회복하지 못할 수도 있는 손실로 휘청거렸다. 전쟁을 헤치고 나온 영국에는 세계 최강의 군대가 있었다. 해군은 우월했고 제국을 강화하는 식민지 획득의 물살은 제국이 마침내 지리적으로 최대치에 도달한 1935년이 될 때까지 끝나지 않을 것이었다. 이 전쟁으로 진보의 한 세기 동안 이룩한 번영이 무너졌다는 사실은 여전히 전통의 박자에 맞춰 걸음을 옮기던 민간인에게는 곧바로 드러나지 않았다. 이 전쟁이 새로운 세기의 허무주의와 소외를 낳았음도 미처 알지 못했다.

진실은 숫자에 있었다. 영국과 영연방자치령에서만 100만 명 가까이 사망했고, 약 250만 명이 부상을 입었고, 4만 명이 사지 절단 환자가 되었고, 6만 명이 시력을 잃었고, 240만 명이 종전 후 10년이 흐르도록 장애를 안고 살았다. 그 중 6만 5,000명은 '어스름한 지옥의 기억', 그러니까 셸 쇼크에서 평생 회복하지 못했다. 프랑스에서는 18세에서 30세 사이의 성인 남성과 소년 중 무려 75퍼센트가 전쟁에서 죽거나 다쳤다. 한 세대 전체가 대학살에 희생되었다.

이 승리는 실상 영국을 파탄 냈다. 전쟁 전 대영제국을 운영하는 총비용은 대략 하루 50만 파운드 정도였다. 전쟁에는 하루 500만 파운드가 들었다. 사망세를 비롯한 세금이 유발한 경제적 고통만으로도 1918년부터 1921년 사이 영국 전체 토지 4분의 1의 주인이 바뀌었다. 노르만족에게 정복당한 후로 영국에서 이런 일이 발생한 적은 없었다.

전쟁의 사회적 여파는 10년 동안 느릿한 물결처럼 제국 멀리까지 퍼져나갔다. 전쟁 전에는 영국과 캐나다, 오스트레일리아에 거의 알려진 바 없었던 화장火葬은 무인지대의 포탄 구멍 속에서 눈과 코로 죽음을 견뎠던 수만 명이 선호하는 시신 처리법이 되었다. 그런 참상에 매일같이 노출되고 나니 화장이 매장을 대체할 정결하고 바람직한 방안으로 보였다.

성형수술이 탄생한 것도 이 전쟁 때문이었다. 나무 마스크를 쓰고 살다가 특별 휴가 캠프에나 가서야 창피함이나 굴욕감 없이 괴물 같은 이목구비에 바람을 쏘일 수 있었던 청년들의 포탄으로 흉 진 얼굴을 재건할 필요가 있었던 것이다.

남성 한 세대가 세상에서 사라졌다면, 여성 한 세대는 결혼해 가정을 꾸릴 미래가 거의 보이지 않는 세상에 남겨졌다. 여성 동행과 함께 여행하는 미혼 여성이 영국 열차에서 낯설지 않게 보이는 존재가 되었고 여행 문학과 대중문화의 단골 소재로 자리매김했다.

많은 이가 춤에 빗대어 전쟁을 이야기했다. 다이애나 쿠퍼 Lady Diana Cooper는 "1916년이 끝날 무렵 이때껏 나와 함께 춤춘 남자는 모두 망자가 되어 있었다"라는 유명한 말을 남겼다. 남자 형제와 약혼자 그리고 가장 가까웠던 친구 둘까지 잃은 베라 브리튼Vera Brittain은 전쟁 막바지에는 같이 춤출 사람이 아무도 남아 있지 않았다고 말했다. 시인 스티븐 스펜더Stephen Spender는 영국 중산층이 발아래 무도장이 무너진 줄도 모르고 계속 춤을 추고 있다는 평을 했다.

1919년 초 영국 정부는 승리를 적절히 기념할 방식을 정하고자 평화위원회를 만들었다. 커즌Lord George Curzon 외무장관이 주재한 첫 회의에서는 1919년 8월에 나흘간의 기념 행사를 개최하자는 제안이 나왔다. 이는 제대군인들에게 돈 낭비로 보일 게 뻔했던 데다 아직 동원 해제를 기다리는 군인도 수천 명이었기에 행사 규모는 7월 19일에 행진을 한 번 하는 것으로 축소되었다. 정부 청사 화이트홀에 나무와 석고로 세워진 임시 기념비, '영광스러운 죽음'에 헌정된 그 현충탑을 지나 행진하는 군인 1만 5,000명을 보러 수만 명의 시민이 런던으로 왔다. 실제 사망자들이 정부 청사를 나란히 걸어 내려갔다면 행진은 나흘이 넘게 이어졌을 것이다. 전쟁에서 죽은 한 명 한 명에게 그들의 삶을 써넣을 지면이 한 장씩 주어졌다면 각각 600쪽 분량인 책이 2만 권쯤 있는 도서관이 생겼을 것이다.

참호에서 싸웠던 사람들은 사뭇 다른 입장에서 평화를 마주했다. 폴 퍼셀Paul Fussell이 『1차 세계대전과 현대의 기억The

Great War and Modern Memory 』에 썼듯 여행은 많은 이에게 환락의 원천이 되었다. 살아있다는 순수한 기쁨을 이동하며 기념하는 것이었다. 이들에게 영국이 주는 것이라고는 잃어버린 젊음과 배반과 거짓말의 기억, "4년간의 억압과 사상자 명단과 주교가 승인한 대량 학살"의 찌꺼기뿐이었다.

시인이자 작곡가였던 아이버 거니Ivor Gurney는 독가스를 마셨고 부상을 당했다. 그후로도 전투가 계속되고 있고 자신도 참전 중이라고 믿으며 살다 1937년에 사망했다. 광기에 빠지기 전 정신이 또렷해진 순간도 있었다. 전선에서 돌아와 아직 시설로 보내지지 않았을 때, 그는 걸어서 글로스터를 떠나 어떤 배든 좋으니 자신을 멀리 데려갈 배를 찾으려 했다. 이프르에서 얼어죽을 뻔했으며 대리석 같은 겨울 땅을 산산이 바스러뜨린 포화의 기억을 떨치지 못한 H. M. 톰린슨H. M. Tomlinson은 자신이 할 수 있는 한 빨리 탈출해 카리브해에서 볕을 쬐며 열대에 대한 아름다운 애가를 썼다. 파스샹달 전투로 무공십자훈장을 받았고 나중에 기관총 포화로 팔과 가슴이 찢겨 영영 치유되지 않은 부상을 입은 모리스 윌슨Maurice Wilson은 10년 동안 남태평양을 배회하다가 금식과 신비로운 공중부양법으로 에베레스트산을 등정하겠다는 터무니없는 계획을 떠올렸다. 그는 집시모스 비행기를 구입하고 비행을 배워 다르질링까지 가는 데 성공했고, 그곳에서 복엽 비행기를 팔고 셰르파족 안내인 두 명을 대동해 산행에 나섰다가 끝내 산의 얼음 위에서 홀로 죽음을 맞았다.

고향으로 온 사람들, 인생에서 수년을 잃어버리고 형용할 수 없는 고난을 견뎌낸 제대군인들이 귀환한 나라는 전쟁에 관한 모든 것을 잊고자 했다. 잊고 싶은 것은 제대군인들도 마찬가지였다. 시인 로버트 그레이브스Robert Graves와 그의 친구 T. E. 로런스T. E. Lawrence(훗날 〈아라비아의 로렌스〉로 세상에 알려졌다)는 전쟁을 절대 입에 올리지 말자는 유명한 약속을 했다. 두 사람이 원한 것은 고요였다.

　그러나 많은 이가 그랬듯 그레이브스 역시 그 기억에서 도무지 벗어날 수 없었다. 땀에 흠뻑 젖은 채 총검과 피를 보며 잠에서 깨는 밤이 다반사였다. 전쟁이 터져 왕립웨일스퓨질리어연대에 입대했을 때 그레이브스는 열아홉 살이었다. 1916년 7월 20일 솜 전투 중 하이우드 공격을 대기하며 예비 참호에 있던 그레이브스의 대대는 독일군 포병의 사격에 대원 3분의 1이 사망했고 그레이브스도 중상을 입었다. 금속 파편은 그의 손가락을 뼈가 드러나도록 베어냈다. 또 다른 쇳조각 하나는 사타구니 근처 허벅지를 관통했다. 세 번째로 유산탄 파편이 가슴팍을 꿰뚫고 몸통에 구멍을 내면서 오른쪽 폐를 망가뜨렸다.

　의식을 잃은 그레이브스는 전방 치료소로 옮겨져 사망자들 사이에 남겨졌다. 나흘 뒤 그레이브스의 스물한 번째 생일에 그의 부고가 어머니에게 전해졌다. 《더타임스》의 「유공자 명단」에도 이름이 실렸다. 그러나 그레이브스는 사실 첫날 밤을 살아서 견뎌냈고, 매장 세부 사항이 나온 7월 21일 오전에는 숨을 쉬고 있는 것이 확인되었다. 그는 고통 속에 사상자 구호소로 옮겨졌고, 부상자가 너무 많은 탓에 그 뜨거운 여름날 닷새 동안 들것에 눕혀져 있다가 비로소 루앙의 병원으로 후송된 뒤 배와 기차에 실려 런던으로 갔다. 이틀 후 그레이브스는 빅토리아역에 도착했다. (사진작가 프랜시스 제임스 모티머Francis James Mortimer의 〈작별의 게이트〉로 영원히 남은 장소이자) 산 자와 죽어가는 자의 길이 교차하고, 전선에서 고향으로 돌아온 부상자를 맞이하고자 전쟁 내내 사람들이 몰려든 곳이었다.

　이런 일을 겪은 그레이브스는 정신적으로 평화를 받아들일 준비가 되어 있지 않았다.『모든 것에 안녕을*Goodbye to All That*』에서 회고하듯 그는 줄곧 안절부절못하는 전투 준비 태세였다. 자고 있으면 침대 위에서 포탄이 터졌다. 길에서 마주치는 낯선 이들은 전선에서 잃은 벗들의 얼굴을 하고 있었다. 전화를 쓸 수가 없었다. 기차로 이동하면 몸이 안 좋아졌다. 하루에 사람을 둘 이상 만나면 잠을 이루지 못했다. 습격에 나선 양지형을 파악하지 않고는 들판을 거닐 수 없었다. 천둥소리에 몸을 떨었다. 자동차 역화(엔진 실린더 내부가 아닌 배기 시스템에서 공기가 연소되면서 펑 소리가 나는 것—옮긴이)든 문을 세게 닫는 소리든 날카로운 소음만 나면 냅다 바닥에 엎드렸다. 목재 자른 냄새를 맡으면 폭파된 소나무와 부러진 나무에 널린 시체가 떠올랐다. 결혼 생활은 파국을 맞았다. 영국을 떠나 마요르카섬으로 간 그레이브스는 영영 모국 땅으로 돌아오지 않았다.

　전쟁에 관해서라면 로버트 그레이브스는 자기 세대의 많은 이와 마찬가지로 침묵을 지켰다. 언어 자체가 소용없었다. 이들이 견뎌낸 것을 기술할 단어는 존재하지 않았다. 존 메이스필드John Masefield가 썼듯, 전쟁을 치르고 난 이에게는 진창을 부를 새로운 용어, 죽음을 부를 새로운 단어가 필요했다. 화가 폴 내시Paul Nash는 일몰과 일출이 "인간에 대한 조롱"이요, 모욕적인 순간이자 죽음의 전주곡이 되었다고 썼다. 버지니아 울프Virginia Woolf는 오직 말 없는 자만이 "행복한 자"라고 했다. 오직 싸워본 이들만이 이해했다. 시그프리드 서순Siegfried Sassoon은 이렇게 썼다. "최악으로 치달은 전쟁을 진정으로 견뎌낸 사람은 전우 아닌 모든 이와 영구히 구분된다."

　상류 지주 계급으로 태어나 말버러 칼리지와 케임브리지 대학을 졸업한 서순은 책도 출간한 시인으로 1967년까지 살았으나, 1920년 이후에 일어난 일은 일절 글로 쓰지 않았다. 그의 여섯 권짜리 자서전은 전쟁과 함께 끝나버린 삶의 이야기다. 서순은 자신이 느낀 괴로움을 시로 표현했다. 그의 세대는 아직 시를 진실하고 의미 있는 문학 형식으로 예찬하던 세대였다. 전쟁이 발발할 때만 해도 의기양양했으나 끝내 절망으로 내려앉은 대영제국의 모습은 이 전쟁을 다룬 가장 유명한 시 세 편으로 지체 없이 기록되었다. 루퍼트 브룩Rupert Brooke의 「병사The Soldier」와 존 매크레이John McCrae의 「플랑드르 들판에서In Flanders Fields」, 윌프레드 오언Wilfred Owen의 걸작 「복되고 마땅한 일Dulce et Decorum Est」이 그 세 편이다.

W. B. 예이츠W. B. Yeats가 금발의 아폴론이라고 묘사한 영국 제일의 미남자 루퍼트 브룩은 또래 다수와 마찬가지로 1914년 가을 나라의 기치 아래에 모였다. 그는 한 친구에게 "우리는 유산을 물려받은 거야"라고 말했다. 브룩은 해군에 입대했고 안트베르펜 공성전을 목도했다. 전쟁에 발을 들이고 3개월이 지나자 영광은 온데간데없었다. 11월 5일에 그는 이렇게 썼다. "최신식 전투의 끊임없이 계속되는 기계적 학살 속에 유럽 청년 절반이 고통을 겪고 공허하게 날아가버렸다. 인간의 끈기가 감탄스러울 뿐이다." 브룩은 영국으로 귀환하자마자 「병사」를 썼다.

내가 죽으면 이렇게만 기억해주오
외국 전장의 어느 구석에
영원히 잉글랜드인 곳이 있고
그 풍요로운 땅에 더 풍요로운 유해가 숨겨져 있음을
잉글랜드가 품고 빚고 일깨우고
사랑할 꽃과 거닐 길을 준 유해
잉글랜드의 공기를 마시는 잉글랜드의 몸
고향의 강물에 씻기고 그 햇살에 축복받네

이 시는 브룩이 쓴 다른 소네트 네 편과 함께 『1914년과 다른 시편1914 and Other Poems』으로 출간되었고, 이 얇은 책은 5년 만에 28쇄를 찍었다. 브룩은 책이 거둔 성공을 살아서 보지 못했다. 1915년 4월 17일, 브룩이 탄 배는 이집트에서 갈리폴리로 가던 중 스키로스섬에 기항했는데 브룩은 이곳에서 열이 끓는 몸으로 타임과 세이지 향이 묻은 올리브나무 사이를 몇 시간 동안 헤매고 다녔다. 4월 22일 목요일 오전에는 혼수상태에 빠졌고 오후가 되자 체온이 41도까지 올라갔다. 다음 날 브룩은 모기 물린 자리가 감염되어 생긴 패혈증으로 사망했다. 그는 스키로스섬 "외국 전장의 어느 구석"에 묻혔다.

존 매크레이는 그보다는 나이가 많았다. 전쟁이 시작될 때 마흔세 살이었던 이 캐나다인 외과의는 끔찍했던 1915년 봄 이프르 인근에서 복무했다. 브룩과 달리 매크레이는 전투의 밑바닥을 직접 보았다. 그와 같은 군의관이 받는 압박은 강도가 높았고 가차 없었다. 사회적 관습과 체면, 군령에 따라 군의관은 무슨 수를 써서라도 활력을 유지할 것이 장려되었다. 동시에 외과의로서 끝없이 이어지는 대학살에도 대응해야 했다. 이들이 밤새도록 일하는 동안 화포는 포효했고 섬광과 조명탄이 하늘을 밝히며 피범벅이 된 담요를 두른 유령 같은 국방색 형체의 윤곽을 비췄다. 늘어진 몸뚱이가 인식표를 달랑이며 실려 들어오는 천막에서 깜박이는 아세틸렌 가스등이 드리우는 불빛은 의사가 부상의 성격만 겨우 판단할 수 있을 정도였다.

5월, 젊은 캐나다인 장교이자 친구였던 알렉시스 헬머Alexis Helmer가 죽은 뒤 매크레이는 그 어떤 시보다도 1915년의 고통을 잘 정제해낸 15행짜리 시를 썼다. 그때까지만 해도 이 전쟁이 궁극적으로는 어떤 구원의 의미를 띠게 되리라는 희망이 남아 있었다. 매크레이는 추모의 상징으로 연약한 꽃을 택했다. 양귀비가 플랑드르 들판에 흐드러진 것은 오직 쉼 없는 포격과 강처럼 흐른 피가 토양의 화학 성분을 바꿔놓았기 때문이라는 잔인한 아이러니는 알지 못했다. 「플랑드르 들판에서」는 전쟁 후에도 생을 이어갔지만 매크레이는 그러지 못했다. 매크레이는 1918년 1월 28일 프랑스 비므뢰에서 폐렴과 수막염으로 사망했다.

의무와 명예, 희생과 구원을 호소하는 브룩과 매크레이의 시는 점점 커지고 있는 국내 전선의 소요와 불만을 우려하던 영국 정부의 가려운 곳을 긁어줬다. 재무장관 데이비드 로이드 조지David Lloyd George와 외무장관 에드워드 그레이Edward Grey는 1914년 8월 말에 진작 비밀 전쟁선전국을 창설했다. 전쟁선전국의 목표는 영국이 전쟁에 임하는 목적을 국내와 해외 양쪽에 홍보하는 것이었다. 이 부서는 1917년 정보부로 흡수되었다. 총리가 된 로이드 조지가 시인했듯 그 무렵에는 "뚜렷한 결과 없이 심각한 손실만 입은 탓에 환멸과 전쟁에 대한 피로가 온 나라에 일반적인 감성으로 퍼져 있었다." 1917년 12월 《맨체스터가디언》의 C. P. 스콧C. P. Scott에게 한 논평에서 총리는 이런 말도 덧붙였다. "사람들이 실상을 제대로 알면 전쟁은 내일이라도 멎을 겁니다."

정보부의 과제는 사람들이 실상을 절대 모르게 하는 것이었다. 이 과제를 수행함에 있어 정부의 최측근 협력자는 신문이었다. 적군을 헐뜯고 아군의 사기를 북돋는 내용이면 무엇이든 좋았다. 정보부장이었던 존 버캔John Buchan의 기억이다. "자국신문이 없었다면 영국으로서는 한 달도 치르지 못했을 전쟁이다." 진실부터가 다치고 죽어버렸다. A. R. 뷰캐넌A. R. Buchanan은 이렇게 썼다. "애국자들이 전선으로 가 조국을 위해 죽는 동안 다른 이들은 집에 남아 조국을 위해 거짓말을 했다."

1917년 여름 시그프리드 서순이 전쟁에 공공연히 반대하고 나선 것이 바로 이 이중성 때문이었다. 저격수가 쏜 총알에 가슴을 관통당하는 부상을 입었고 나중에는 잘못해서 아군의 총알에 머리를 맞은 서순은 무공십자훈장과 영국 공로훈장을 받았으나 그 증표는 언젠가 머지강에 던져버렸다. 사람들의 눈에 영웅이었던 서순이 쓴 강렬한 성명문이 《더타임스》에 발표된 것은 정부로서는 굉장히 난감한 일이었다.

나는 군 당국에 대한 결연한 저항 행위로 이 성명을 내놓는다. 종전할 힘이 있는 이들에 의해 전쟁이 고의로 연장되고 있다고 생각하기 때문이다. 나는 군인이고, 나 자신이 군인을 위해 행동하고 있다고 믿는다. 내가 발을 들일 때만 해도 수호와 해방의 전쟁이었던 이 전쟁은 이제 공격과 정복의 전쟁이 되었다. …… 이 순간 고통받는 이들을 대표해 나는 이들에게 가해지는 기만에 항의한다. 자신들은 함께하지도 않고 미흡한 상상력으로는 깨닫지도 못하는 고통이 계속되는 현실에 대해 고

국의 다수가 취하는 태도인 냉담한 안일함을 깨부수는 데도
보탬이 되리라 생각한다.

복무 중인 장교가 이런 글을 발표하는 것은 반역에 준하는
행위였다. 군사법원에 사안을 회부하는 곤란한 상황을 피하
고자 정부는 로버트 그레이브스가 내놓은 타협안을 받아들였
다. 서순은 정신적 부적격자 판정을 받아 크레이그록하트 병
원으로 급송되었다. 에든버러에 있는 이 군 병원은 셸 쇼크라
고도 불리는 신경쇠약에 시달리는 장교들을 치료하는 병원으
로 특화된 곳이었다. 서순은 이곳에서 윌프레드 오언을 만났
다. 오언은 1916년 12월 제2맨체스터연대에 들어갔고 일주일
만에 전선에 나가 "얼어붙은 사막에 고립"된 채 동사한 벗들
의 뻣뻣한 몸과 나란히 쓰러져 있었다. 12일 동안 잠을 자지
도, 몸을 씻지도, 군화를 벗지도 못했다. 그칠 줄 모르는 가스
와 대포 공격 속 몇 걸음 거리에서 포탄이 여럿 터져 전우들
이 생매장되자 오언의 정신은 갈가리 찢어졌다. 3개월을 더
견딘 오언은 몸이 벌벌 떨리고 기억이 텅 비어버린 상태로
결국 전선에서 후송되었다.

크레이그록하트 병원으로 온 오언은 발표한 적 없는 시 몇
편을 서순에게 보여줬고, 서순은 군인이 실제로 체험한 전쟁
을 글로 써보라고 오언을 독려했다. 고무된 오언은 일주일 만
에 시를 여섯 편 지었다. 많은 이가 지금껏 쓰인 가장 위대한
반전 시라고 여기는 「복되고 마땅한 일」이 그 중 하나다. 제

목은 여러 세대에 걸쳐 명문 사립학교의 정신에 새겨져 있던
호라티우스Horatius의 시구, "나라를 위해 죽는 것은 복되고 마
땅한 일이다"에서 따온 것이다.

　　자루 짊어진 늙은 걸인처럼 굽은 등
　　꺾인 무릎으로 노파처럼 기침하는 우리, 욕 뱉으며 진창을
헤쳤다
　　잊지 못할 섬광에 등 돌릴 때까지
　　요원한 쉼 향해 무거운 발을 뗐다
　　잠결에 행군하는 이들, 군화 없는 발이 부지기수건만
　　피를 신발 삼아 비틀대니 모두가 발을 절었고 모두가 눈이
멀었다
　　피로에 취하자 고성에도 귀가 닫혔다
　　지치고 느직한 5.9인치 포탄이 뒤에 떨어진다 해도

　　가스! 가스! 얼른! 무아경에 더듬거리며
　　어설픈 철모 늦지 않게 꿰었지만
　　여전히 누군가는 소리 지르며 비틀대고
　　불이나 석회에 휩싸인 사람처럼 허우적거렸다…….
　　부연 창과 짙은 초록 빛 사이로 희미하게
　　초록 바다에 빠지듯 잠겨드는 그가 보였다

　　꿈이면 꿈마다 무력한 내 눈앞에서

그는 타닥대고 캑캑대고 꼬륵대며 나를 향해 고꾸라진다

숨통 막는 꿈에서 함께 걸으며
우리가 그를 던져넣은 수레 뒤편에서
그 얼굴에 박혀 뒤틀리는 흰자위를 볼 수 있다면
늘어진 얼굴이 죄악에 질린 악마 같구나
덜컥일 때마다 피 소리를 들을 수 있다면
거품으로 더럽혀진 폐에서 끓어나오는데
암처럼 난잡하고 씹는 담배처럼 씁쓸한
추악한 불치의 상처 무구한 혀에 파였으니
친구여, 그렇게 열띠게 말하지 못하리라
무모한 영광에 몸이 단 아이들에게
그 오랜 거짓, **나라를 위해 죽는 것은**
복되고 마땅한 일이라는 말을

월프레드 오언은 참호로 복귀했고, 그후 홀로 독일군의 기관총을 탈취해 그 총으로 기억하기도 싫을 만큼 많은 적군을 살상한 공으로 무공십자훈장을 받았다. 그는 전쟁이 끝나기를 7일 앞두고 상브르우아즈 운하의 도하 공격에서 대원들을 통솔하다가 죽었다. 오언의 비보가 슈루즈베리에 있던 부모에게 전해진 것은 1918년 11월 11일 마을 교회의 종이 울리며 승전과 휴전 소식을 알릴 때였다.

평화와 함께 잠에서 깬 영국과 영연방자치령의 200만 부모는 아들들이 죽었음을 알게 되었다. 약 300만 제대군인의 선발대가 귀환한 고국 땅은 사회적으로나 정치적으로나 군에서 복무하지 않은 이들이 지배하고 있었다. 전쟁의 마지막 달에 형제를 잃고 자신은 전공을 세워 무공십자훈장과 영국 공로훈장을 받은 허버트 리드Herbert Read 대위는 이렇게 회고했다. "그런 인간들과는 손발 맞춰 일하는 건 고사하고 대화조차 할 수 없었다. 그들이 경멸스러웠다는 것이 아니다. 차라리 부러웠다. 그러나 우리 사이에는 참상과 유린의 어두운 장막이 있었다. 전쟁의 실상을 안다는 것 말이다. 나는 그 장막을 넘어서 소통할 수 없었다. 같은 경험을 한 벗들도 마찬가지였다. 우리는 옆길로 빠져 있을 수밖에 없었다. 낯선 나라에 망명한 이들처럼."

살아남은 이들에게 삶이란 귀하지만 덧없는 것이었다. 이들이 무신경해서가 아니라 죽음이 더는 낯설지 않았기 때문이다. 너무 많은 것을 목격한 이들은 죽음에 무덤덤했다. 한 세대의 희망과 꿈을 배반한 전쟁의 여파 속에서 삶은 살아있는 당장의 순간보다 중요하지 않았다.

오늘날 우리가 이들의 목소리에 귀 기울일 때, 시가 되었든 일기나 편지가 되었든 휴전 협정 후 10년 동안 정화의 홍수처럼 배출된 문학의 일부인 그 모든 목소리에서 들리는 것은 우리가 지금 알거나 마주칠 법한 남성과는 너무도 다른 유형의 남성이 드러내는 가락과 과묵이다. 이들이 견뎌낸 광기에서 우리가 아는 현대가 탄생했다고는 하나 이들은 여전히 다른 시대의 자제들이었다. 그 전쟁 전의 시대는 지금 우리가 사는 시대와는 너무도 동떨어져 있어 도저히 닿을 수 없다. 정서적으로도, 심리적으로도, 영적으로도.

1차 세계대전은 끝난 지 한 세기가 넘었음에도 불구하고 우리의 상상에 한결같이 강력한 영향력을 행사하고 있다. 이 전쟁이 무고한 수백만 생명에게 안긴 고통 때문만은 아니다. 윈스턴 처칠이 "피로 물든 폭력의 세기"라 부른 시기에는 한층 거대한 참상도 벌어졌다. 우리를 끌어당기는 것은 이 전쟁에서 싸운 남성들의 성격과 이들이 체현한 가치다. 자기 자신에게 골몰하는 문화에서는 너무나 보기 드물어서인지 우리가 오늘날까지도 우러르는 자질 말이다. 이들은 신중과 범절을 아는 사람들이었고 자기 일로 세계를 어지럽히기를 꺼리는 세대였다. 감정을 분석에 맡길 생각은 없었어도 남성성에 자신이 있었기에 남자 간의 사랑을 부끄러움 없이 이야기하고 동틀 무렵에 나비를 채집하고 오전 느지막이 수채화를 그리고 점심을 먹으며 키츠와 셸리를 논하고도 땅거미 질 때는 독일군 전선을 공격할 태세를 갖출 수 있는 개인이었다. 우리가 다시는 볼 수 없을 부류의 남성이었다. 이들의 말과 행적은 하나의 증표로 오래도록 남을 것이다. 우리에게 무엇보다 놀라운 점은 이 남성들이 우리의 조부 세대였다는 사실이리라.

에베레스트

등정

　1953년 5월 29일 에베레스트산 정상에 도달한 에드먼드 힐러리Edmund Hillary와 텐징 노르가이Tenzing Norgay는 거인의 어깨를 딛고 산에 올라선 것이었다. 최종 공격 지점에 팀을 올려놓기 위해 혼신의 힘을 다한 전우들의 어깨 말이다. 앞선 여러 원정에도 빚을 지고 있었다. 1952년 스위스 원정대, 네 번 시도했으나 실패로 끝난 1930년대의 영국 원정대가 있었고 심지어 1차 세계대전으로 기력을 잃은 상황에서 신비로운 공중부양법만으로 세상의 꼭대기에 오를 수 있으리라 굳게 믿으며 1934년 에베레스트 산허리에서 죽음을 맞은 군인 모리스 윌슨의 공상적이고 허무맹랑한 시도도 있었다. 그러나 힐러리가 자주 시인했듯 그들은 무엇보다도 전설적인 1920년대 영국 탐험대의 그림자 안에서 등반했다. 조지 맬러리George Mallory와 박물학자, 등반가, 군인, 측량사로 팀을 구성했던 이 훌륭한 탐험대는 티베트에서 지도 밖으로 563킬로미터를 행군해 그 어떤 유럽인도 근접하지 못했던 산허리까지 갔다.

에베레스트가 세계에서 가장 높은 산이라는 사실은 1856년부터 알려져 있었다. 히말라야에서 시작해 다르질링 너머 지평선을 수놓은 하얀 파편 같은 봉우리가 인도측량국 수학자들의 눈에 띄었을 때다. 수학자들은 연필과 종이와 마법 같은 미분학을 이용해 이 '독보적으로 수줍음 많고 내성적인 산'의 높이를 8,840미터로 측정했다. 160킬로미터 이상 떨어진 거리에서 계산했는데 오차는 15미터도 안 되었다. 산 이름은 측량국장 조지 에버리스트George Everest의 이름을 따서 지어졌다. 실제 발음은 **이브레스트**였지만, 성품이 나빠 인도에서 두루 반감을 샀던 그의 자취는 산에 자신을 기리는 이름이 붙었으나 그 이름이 영영 잘못 발음되는 것으로 남았다.

에베레스트 등정이라는 꿈은 1893년으로 거슬러 올라간다. 제5구르카여단에서 소위로 복무한 찰스 브루스Charles Bruce와 고비사막을 횡단해 이미 명성을 얻은 탐험가이자 정무관이었던 프랜시스 영허즈번드Francis Younghusband는 아프가니스탄과 가까운 국경 지대 치트랄의 폴로 경기장에서 만나 이 산을 등정하기로 처음 결의했다. 물론 영국령 인도에는 다른 우선 과제들이 있었다. 수십 년간 영국이 바다에서 세력을 확장하는 사이 러시아는 육지에서 그렇게 하며 19세기 내내 하루에 142제곱킬로미터씩 영토를 넓혔고, 차르의 야심은 인도의 관문까지 다가와 제국 간의 충돌을 유발했다. 이 충돌은 키플링Rudyard Kipling의 소설 『킴Kim』에서 다뤄져 잘 알려졌으며 영국인에게는 '그레이트 게임'으로, 러시아인에게는 '그림자 토너먼트'로 통한다.

1904년, 러시아가 라싸(히말라야산맥의 고원 도시—옮긴이)에서 분란을 일으키고 있다고 확신한 영국은 선제 침공을 개시했다. 목적은 티베트가 영국령 인도와 이해관계를 같이하도록 강제하는 것이었다. 영허즈번드가 이끄는 군대는 라싸의 고립 상태를 깨뜨렸으나 실망만 마주했다. 러시아인이 단한 명도 보이지 않았던 것이다. 에베레스트를 향한 관심을 놓은 적이 없었던 영허즈번드는 인도로 후퇴하면서도 세실 롤링Cecil Rawling이 지휘하는 소규모 기마대를 파견해 브라마푸트라강 상류의 지도를 제작하고 산으로 가는 접근로를 정찰하게 했다. 알려졌다시피 당시 영국은 북극점과 남극점에 도달하려는 경주로 바빴다. 그 경쟁에서 끝내 패배했지만 말이다. 영국령 인도의 변경에서 에베레스트는 세 번째 극점으로 모습을 드러냈고 영허즈번드는 이곳의 정복에 제국의 자존심과 야심이 걸렸다고 보았다.

작은 문제가 하나 있었다. 네팔 국경이 모든 외국인에게 닫혀 있어서 네팔을 통한 진입이 아예 불가능했다. 대신 티베트로 접근하려면 13대 달라이 라마에게 허가를 받아야 했는데, 이 달라이 라마의 군대는 방금 영국군에 격파당한 참이었다. 그리하여 이 과제는 독자적으로 산을 탐사하는 용감무쌍한 모험가들에게 주어졌다. 외국인 등반가 중 처음으로 셰르파족 특유의 재능을 알아본 생리학자 알렉산더 켈라스^{Alexander} Kellas, 1913년 호두즙으로 피부를 물들여 변장한 채 며칠 만에 산에 이르렀다가 티베트 국경 순찰대에 발각되어 되돌아온 사진작가 존 노엘^{John Noel}이 그런 이들이었다. 노엘이 런던에 귀환하자마자 불법 공격 계획에 시동이 걸렸다. 세실 롤링이 이끌 비밀 원정이었다.

그때 1차 세계대전이 일어났다. 아직은 평화로웠던 마지막 몇 년간, 맬러리의 스승이었던 제프리 윈스럽 영은 웨일스 산지에 있는 별장으로 영국 최고의 등반가들을 정기적으로 불러 모임을 열고 '펜이파스 다이어리'라는 사진첩으로 회합의 기록을 남겼다. 기량을 갈고닦은 이 꽃다운 이들 가운데 자그마치 스물세 명이 훗날 전쟁에서 사망했고, 이탈리아 전선에서 한쪽 다리를 잃은 제프리 윈스럽 영을 비롯한 열한 명은 중상을 입어 걷기 위해서만도 어마어마한 신체적 곤란을 극복해야 했다. 마침내 평화가 찾아와 다시 에베레스트로 관심이 돌아갔을 때 히말라야 경험이 많은 톰 롱스태프^{Tom Longstaff}는 영허즈번드에게 짤막한 전갈을 보냈다. 내용은 간단했다. "젊은 등반가들이 쓰는 물자가 전쟁 전과는 다릅니다."

결코 거론되지 않았지만 결코 잊히지도 않은 전쟁은 1921년 비로소 착수된 에베레스트 원정 위를 계속 맴돌았다. 세 번의 원정(1921~1924년)으로 산을 공격한 영국인 등반가 스물여섯 명 중 스무 명이 전투의 밑바닥을 눈으로 본 이들이었다. 여섯 명은 중상을 입었던 몸이었고, 그 중 한 사람인

잭 해저드Jack Hazard는 솜 전투에서 얻은 상처가 벌어져 피가 등산복을 적시는 와중에 1924년 노스콜 꼭대기까지 올라갔다. 다른 두 명은 전선에서 얻은 질병으로 죽음의 문턱을 밟았더랬다. 존 노엘은 셸 쇼크 때문에 두 차례 입원했었다. 외과의로 복무했던 네 명은 전쟁 내내 죽어가는 이들의 고통을 상대했다. 둘은 전투 중 사망으로 형제를 잃었다. 하나같이 학살을, 쿨럭이는 화포를, 뼈와 가시 돋친 철조망을, 망자의 창백한 얼굴을 견뎌낸 이들이었다. 산에서 맬러리와 가장 가깝게 지냈던 하워드 서머벨Howard Somervell은 솜 전투 첫날 정신을 차려보니, 유해를 실은 채 2만 4,280제곱미터를 가득 메운 들것들에 둘러싸여 있었다. 그는 에베레스트에 다녀간 뒤로 다시는 영국에 살지 않았다. 대신 의료 선교사로 인도에 남기를 택해 망자의 기억이 모두 지워지기를 바라며 생자를 구하는 데 일생을 바쳤다.

나이가 많아 대학살을 직접 겪지는 않아도 되었던 여러 사람이 그랬듯, 영허즈번드는 평화가 왔으니 세계가 다시 전쟁 전처럼 돌아가리라 생각했다. 휴전한 지 한 달 만에 그는 에베레스트산을 공략할 새 계획을 추진했다. 티베트 출입 문제는 영리한 외교 조치로 해결되었다. 정무관이자 외교관인 찰스 벨Charles Bell이 중국의 공격에 맞설 역량을 갖춘 현대식 군대가 필요했던 달라이 라마와 무기 거래를 성사시킨 것이었다. 허가도 받고 달라이 라마가 직접 서명한 여권도 준비한 영국인들은 1921년 4월 인도로 항해해 갔다. 이들의 목적은 산 등반이 아니라 '갑옷의 틈'을 찾는 것, 이듬해 공격을 성공으로 이끌어줄 경로를 발견해 접근로를 탐사하고 그 지도를 만드는 것이었다.

조지 버나드 쇼George Bernard Shaw는 1921년 에베레스트 원정대의 사진을 보고(남자들이 노퍽재킷과 헐렁한 바지를 입고 각반을 차고 있었다. 지질학자 알렉산더 헤론Alexander Heron은 낙타 털로 만든 외투를 걸쳤고 대장 찰스 하워드버리Charles Howard-Bury는 도니골산 트위드 옷에 어두운 색 넥타이와 조끼를 맞춰 입었으며 맬러리는 양모 목도리를 두르고 있었다) 전체적으로 "코네마라로 야유회를 갔다가 느닷없는 눈보라에 놀란" 꼴이라는 유명한 재담을 남겼다. 티베트를 향해 육로로 출발하기 전날 다르질링에서 촬영한 단체 사진 속 남자들은 확실히 영웅적인 풍모와는 거리가 멀어 보인다.

그러나 겉만 봐서는 모르는 법이다. 원정대의 박물학자이자 의사였던 샌디 울러스턴Sandy Wollaston은 1905년 당일 연락을 받고 3개월을 이동해 우간다 루웬조리산맥에서 수행된 식물학 조사에 참여했다. 그러고는 콩고 전체 길이를 걸어 집으로 돌아왔다. 4년 후에는 뉴기니에서 세실 롤링에게 합류해 박물학자와 군인, 기결수, 다약족 인간 사냥꾼으로 이뤄진 소규모 부대를 숲으로 데리고 들어갔다. 이 중 대다수가 숲에서 사망했다. 일기에 써놓은 광기 서린 장면에서 그는 불어난 물이 무릎 높이까지 차오르는 와중에 자신과 다른 생존자 단둘이 야영지 탁자에 앉아 먹은 최후의 만찬을 묘사한다. 의자

아래로 접시를 담가 설거지를 해가며 두 사람은 대화를 이어갔다.

원정대장 찰스 하워드버리는 중앙아시아 대부분 지역을 탐험해본 사람이었다. 늘 신성에 이끌렸던 그는 몸에 향유를 발랐으며 산스크리트 학자들의 가르침을 받아들이고자 갠지스강을 따라가는 순례에 참여한 경험도 있었다. 한 성스러운 도시에서는 고행하는 성자 파키르 스물한 명을 잡아먹은 식인 호랑이를 쏴 죽여 명성을 얻었다. 훌륭한 작가기도 했던 그는 자그마치 27종의 아시아와 유럽 언어에 능통했다. 1913년에는 하늘의 산이라는 뜻의 톈산산맥 탐험에 6개월을 들였다. 현지 장터에서 새끼 곰을 사 '아구'라는 이름을 지어주고는 원정 내내 돌보고 지키면서 자신의 말에 같이 태워 다니다가 끝내 고국 아일랜드로 데려갔다. 213센티미터 길이로 자란 아구는 벨베디어에 있는 하워드버리 가문 영지의 수목원에서 죽을 때까지 살았다. 톈산산맥 출신 성체 곰과 엎치락뒤치락 뒹구는 것이 하워드버리가 가장 좋아하는 운동이었다.

1921년에 활약한 또 한 명의 비범한 인물로는 숨은 캐나다인 영웅 올리버 휠러Oliver Wheeler가 있다. 인도측량국 지시로 원정에 파견된 휠러는 산의 내부 육괴(견고한 암석의 큰 덩어리나 조산대에 들어 있는 암체를 뜻한다—옮긴이)를 지도화하는 임무를 맡았다. 어느 등산가보다도 산에 높이 올라, 산의 분노에 노출된 채 오랜 시간을 보내야 하는 일이었다. 정상으로 가는 입구, 동롱북빙하에서 노스콜 아래에 이르는 길로서 오늘날에도 북쪽에서 오는 등반가들이 따르는 경로를 찾아낸 사람도 조지 맬러리가 아닌 그였다. 캐나다인을 싫어했던 맬러리가 이 용감무쌍한 측량사에게 정을 붙이기까지는 시간이 좀 걸렸지만, 노스콜을 등반할 때가 왔을 때 그가 팀에 추가한 한 명은 올리버 휠러였다.

이 대원들이 노스콜에 올라 앞서 등반한 누구보다도 높은 지점에 도달하려던 때, 그들 중 누구도 겪어보지 못했던 바람이 그들을 거꾸러뜨렸다. 그 소용돌이는 휠러가 프랑스에서 경험한 숱한 전투의 소음과 난장과 포화 못지않게 광포하고 혼란스러웠다. 서기조차 힘들었던 그는 호흡에 집중하면서 손으로 얼굴을 감쌌다. 그러고는 오래전 공포 속에서 단련한 대로, 새 박자를 파악해 휘몰아치는 돌풍 사이 소강 상태를 틈타 숨을 들이쉴 수 있을 때까지 세상의 속도를 늦췄다. 그 날 밤 기진맥진한 대원들이 텐트에 옹송그리고 있는 동안 맬러리는 잠도 자지 않고 몇 시간이나 휠러의 발에 고래기름을 발라주어 한때 멸시했던 캐나다인 측량사의 목숨을 구했다.

산의 베일이 벗겨졌으니 1922년 후속 원정을 시작하는 전망은 밝았다. 새 대장은 영허즈번드와 치트랄에서 함께했던 옛 전우 찰스 브루스였다. 광적인 산악 애호가로 알려진 브루스는 군인 중의 군인이었다. 힘은 무지막지했고 행동이 거칠기로는 황소 수준이었다. 해로스쿨 재학 시절에는 학교 역사상 그 어떤 학생보다도 최단기간 최다 빈도로 교장에게 매를 맞는 교내 신기록을 세워 떠받들어졌다. 청년 브루스의 힘은 의자에 앉은 성인 남성을 한쪽 팔로 귀 높이까지 들어올릴 수 있을 정도였다. 그는 체력을 유지하고자 규칙적으로 당번병을 업고 카이베르 고개를 달려 오르내렸다. 그랬던 브루스가 갈리폴리에서 튀르크군의 기관총 포격에 다리가 잘릴 뻔했다. 요양차 고국으로 보내진 그에게는 오르막을 걷거나 계단을 타는 것은 금물이라는 엄격한 의료 지시가 떨어졌다. 그러나 에베레스트를 등반하지 말라는 말은 어느 의사도 하지 않았다.

등반가가 산소를 쓰는 것이 정정당당하냐는 문제는 1922년의 중대 질문이었다. 책상보다 높이 올라가본 적이 없는 본국 런던 사람들은 보조 산소를 사용하는 것이 부적절하다고 느꼈다. 1922년 원정대의 일원이었던 하워드 서머벨과 조지 핀치George Finch처럼 과학적으로 접근했던 이들은 산소를 더해 장비를 보강하는 것이 제일 좋은 등산화를 구하는 것과 다르지 않다고 여겼다.

사실 등산을 여전히 신사의 스포츠로 생각하는 부류와 완전히 다른 차원에서 이 일에 임한 새로운 세대 사이의 격차는 점점 더 커지고 있었다. 전자는 산을 향한 노력과 의지를 기술하는 데 전쟁의 언어를 썼다. 후자는 전쟁을 몸소 살아내어 죽음의 언저리를 걸어도 의연함과 의지를 유지하게 된 이들이었다. 1922년 시도의 공식 기록으로 쓴 글에서 핀치는 이렇게 주장했다. "안전역margin of safety을 좁혀야만 했다. 필요하다면 아예 없어질 정도로." 에베레스트에 오르는 등반가는 자신을 소진하는 것 이상으로 계속 밀어붙여야 한다. "부득이하다면 파멸에 이를 때까지."

핀치의 말은 후대 등반가들이 모두 알게 될 사실, 에베레스트에서는 두 번째 기회가 없다는 뜻이었다. 1922년 맬러리와 서머벨, 헨리 모셰드Henry Morshead, 테디 노턴Teddy Norton 넷이서 무산소 등반에 착수하자 핀치에게는 경험 있는 파트너가 남지 않았다. 네 사람은 지독하게 고생했고 한번은 맬러리의 영웅적인 행동이 아니었으면 산에서 쓸려나가 죽음을 맞을 뻔했다. 핀치는 굴하지 않고 장군의 젊은 사촌이자 등반 경험이 전무했던 수송관 조프리 브루스Geoffrey Bruce를 원정대에 발탁했다. 핀치가 에베레스트용으로 특별히 제작한 오리털 파카를 입은 대원들은 산소통을 쓰면서 앞선 누구보다 높은 곳에, 정상과도 훨씬 가까운 곳에 이르렀다. 이런 성취를 이뤘건만 원정의 끝은 실망스럽고 비극적이었다. 마지막 공세를 펼치는 도중 노스콜에서 발생한 산사태에 휩쓸려 티베트인 짐꾼 일곱 명이 사망한 것이다. 훗날 서머벨은 이렇게 썼다. "셰르파족과 보티아족 사람만 죽었다. 대체 왜 우리 영국인은 한 명도 그들과 운명을 같이하지 못했단 말인가? 그 순간 나는 기꺼이 눈 속에서 죽음을 맞아 그곳에 누웠을 것이다. 그렇게라도 했으면 살아남은 훌륭한 친구들이 우리가 실제로 위험을 나눴던 것과 마찬가지로 상실도 나눴다고 느낄 수 있었을 텐데."

1924년 산으로 돌아가는 원정대는 어깨가 무거웠다. 전쟁으로 흠집이 난 만큼 실추를 만회하기를 간절히 바랐던 온 나라의 기대가 온통 원정대에 쏠려 있었다. 서른일곱 살 조지 맬러리는 이미 전설이었다. 테디 노턴은 원정대장으로 승격될 예정이었다. 베테랑 등반가인 노엘 오델Noel Odell과 힘은 무지막지했지만 등반 경험은 부족했던 젊은 옥스퍼드 대학교 학생 샌디 어빈Sandy Irvine이 원정대에 합류했다. 오델이 데려온 어빈은 기계공학도라 산소 장치의 유지 관리와 보수를 맡았다. 이제 산소 장치는 등반 성공을 위한 필수품으로 인정되고 있었다.

무시무시한 계절풍이 일찍 시작될 것을 암시하는 눈 상태 때문에 애를 태운 1924년 일행은 노스콜에 캠프를 세우는 데에만 한 달간을 고생했다. 원정대는 날씨 때문에 거듭 밀려나다가 1924년 6월 6일 오전 운명적인 고비에 이르렀다. 정상을 향해 마지막으로 필사의 시도를 감행하는 맬러리와 어빈에게 테디 노턴이 작별 인사를 했을 때였다.

시간이 절대적으로 중요했다. 날씨는 맑았지만 남쪽 하늘에서 넘실대는 거대한 구름층을 보면 계절풍이 벵골에 도달했으며 얼마 못 가 히말라야를 휩쓸리란 것을, 한 등반가의 표현처럼 이내 "모든 것을 흔적도 없이 지워버리"리란 것을 알 수 있었다. 맬러리는 특유의 낙관을 유지했다. 집으로는 이런 편지를 썼다. "이번에는 신이 우리와 함께하시어 정상까지 순항할 거요. 아니면 무거운 발걸음으로 강풍을 맞으면서라도 정상을 찍을 테고."

노턴은 그 정도로 낙천적이지는 않았다. 원정대 사진작가 존 노엘에게는 낮은 목소리로 이렇게 털어놓았다. "가망 없는 일을 이끌고 있단 걸 맬러리도 분명 알고 있습니다." 노턴은 산의 가혹한 면모를 알았다. 노스콜에서 정상으로 가는 경로는 북동숄더를 따라간다. 이 숄더는 수천 피트를 급격하게 솟아 북릉과 합쳐지고 끝내는 북동릉을 지나 정상에 이른다. 노턴과 하워드 서머벨은 바로 전날 8,170미터 높이 북릉의 전진캠프에서 출발했다. 두 사람은 산과 하늘의 경계도, 북동릉을 휩쓰는 매서운 바람도 피해 횡단 등반을 하며, 북사면을 쪼개고 피라미드꼴 정상의 하단부에서 저만치 3,000미터 아래 롱북빙하까지 떨어지는 대협곡에 이르렀다.

서머벨은 8,534미터에서 탈진했다. 노턴은 추위에 몸을 떨면서도 계속 나아갔다. 떨림이 어찌나 격했는지 자신이 말라리아에 걸린 줄 알았을 정도였다. 그는 검은 바위를 오를 때 어리석게도 고글을 벗었다. 협곡에 도착했을 무렵에는 복시가 발생해 서 있는 것만도 겨우 할 지경이었다. 정상까지 274미터도 남지 않은 8,573미터 지점에서 어쩔 수 없이 발길을 돌려야 했던 노턴을 서머벨이 구조했다. 서머벨은 노턴을 이끌고 얼음으로 덮인 평평한 바위를 건넜다. 그러다 노스콜로 철수하는 길에 서머벨이 갑자기 쓰러져 숨을 쉬지 못했다. 서머벨은 자기 가슴을 두들겨 걸려 있던 것을 빼냈다. 기침과 함께 후두 내막 덩어리가 통째로 나왔다.

아침이 되었을 때 노턴은 태양광에 일시적으로 시력을 잃어

앞을 볼 수 없었다. 극심한 고통을 느끼며 그는 맬러리의 마지막 공격 계획을 곱씹었다. 맬러리와 어빈은 협곡까지 가는 사면을 횡단하는 대신 북동릉으로 향할 것이었다. 피라미드 같은 정상에 이를 길을 막아선 장애물은 딱 두 가지였다. 도드라지게 솟은 검은 바위 퍼스트스텝을 넘고, 더 가서는 세컨드스텝이라는 30미터짜리 절벽을 올라야 했다. 노턴은 어빈의 경험 부족을 우려하기는 했으나 대원 구성을 바꾸려 하지는 않았다. 맬러리는 홀려 있었다. 엄청난 품위와 힘을 지닌 등반가 맬러리는 에베레스트에서 죽기 직전까지 간 경험이 이미 세 번이나 있었다. 영국에서 벌인 세 차례 원정에 모두 참가했던 그는 살아있는 누구보다 에베레스트를 잘 알았다.

이틀 후인 6월 8일 오전, 맬러리와 어빈은 하이캠프를 나서서 정상으로 향했다. 새벽의 밝은 빛은 환한 구름층이 산을 넘어가자 부드러운 그림자에 자리를 내줬다. 지원조로 등반 중이었던 노엘 오델은 오후 12시 50분 험한 바위 절벽에서 살아있는 두 사람을 마지막으로 희미하게 보았다. 자그마한 두 형체가 능선을 오르고 있었다. 안개가 밀려들어 이들의 기억을 신화로 감쌌던 그 순간, 오델은 유일한 목격자였다. 그후 다시는 맬러리와 어빈의 얼굴을 보거나 소식을 들을 수 없었다.

6월 16일 월요일, 원정대는 산을 포기했다. 노턴은 훗날 이렇게 썼다. "우리는 딱한 졸개들이었다. 전우를 잃었다는 사실은 우리 세대 전체가 그 대전쟁에서 배운 합리적 정신으로 처음부터 받아들였고, 돌이킬 수 없는 일을 되뇌는 불건전한 경향도 일절 없었다. 그러나 비극이 우리와 너무 가까운 곳에 있었다. 전쟁에서 부단히 그랬듯 이곳에서 우리가 벌인 이 유사 군사 작전에서도 죽음은 최고의 것을 대가로 받아갔다."

맬러리와 어빈의 실종 소식은 온 나라를 사로잡았고 산악 역사상 최대의 미스터리로 남았다. 어떤 이들은 두 사람이 최후를 맞기 전에 정상에 이르렀다고 주장한다. 다른 이들은 탈수로 쇠약해진 두 사람이 세컨드스텝이라는 고비, 죽음의 노면이 양쪽으로 드러난 수직 암벽을 넘어설 수는 없었으리라고 했다. 또 어떤 이들은 산을 강타해 원정대를 한 번도 아니고 세 번이나 피난처로 강제 후퇴시킨 강설로 북동릉에 눈이 쌓여 있었다면 세컨드스텝 역시 눈에 덮였을 테니 오델이 보고해 알려진 속도로 등반가가 눈 쌓인 경사면을 걸어 오를 수 있었으리라는 의견을 내놓았다. 실제로 그랬다면 무엇도 맬러리를 막지 못했을 것이 분명하다. 맬러리는 그 끝이 자기 죽음일지라도 걸음을 멈추지 않았을 것이다. 그의 세대 모두에게 그랬듯 맬러리에게 죽음은 다만 남자가 "매일 미소 지으며 씩씩하게" 넘는 "허술한 장벽"이었을 뿐이므로. 중요한 것은 죽음이 아니라 어떻게 사느냐였다.

전투를 치르고 영국으로 돌아온 생존자들은 여전히 정상 정복이란 목표에 매진하며 전열을 가다듬었다. 에베레스트위원회Everest Committee는 비극에 대항하듯 앞선 두 차례 원정 이후와 마찬가지로 계속 일을 진행했다. 세인트폴 대성당에서 추모식을 거행한 지 일주일 만에 오델은 퀸스홀에서 연설했다. 아서 힝크스Arthur Hinks와 존 버캔이 차세대 스타로 점찍은 서머벨은 머지않아 처음에는 런던, 다음에는 전국 각지를 돌며 하루에 강연을 세 번씩 하게 되었다. 12월 8일로 런던 뉴스칼라 극장에 첫 상영 일정이 잡힌 존 노엘의 다큐멘터리 〈에베레스트 대서사시: 역사적 원정을 담은 불멸의 필름 기록The Epic of Everest: The Immortal Film Record of This Historic Expedition〉의 상업적 성공에는 큰 기대가 걸려 있었다. 영화는 실제로 대히트를 기록해 영국과 독일에서 순회 상영되었고 북아메리카를 일곱 번이나 종횡으로 건너다녔다. 캐나다와 미국에서 이 영화를 본 사람이 100만 명이 넘었다. 아이러니컬하게도 영화가 성공을 거둔 탓에 에베레스트로 곧장 복귀할 가능성은 꺾이고 말았지만 말이다.

맬러리와 어빈이 사망했기에 노엘은 이 영화를 영웅적 승리담에서 숭고한 비극으로 재구성해야만 했다. 노엘은 원정대가 결국 실패했다는 사실로부터 관객들의 관심을 돌리려는 듯 총체적인 극장 경험을 창조하는 작업에 착수했다. 유명 세트디자이너를 고용한 그는 뉴스칼라 극장 무대를 티베트의 안뜰로 바꿨다. 배경에는 오래도록 맴도는 황혼 빛이 어스름히 비치는 히말라야의 여러 봉우리를 그려 넣었다. 영화가 시작하면 조명은 어두워지고 사원 문이 열리며 막이 올라 명멸하는 별세계의 드라마가 드러났다. 노엘은 진정성을 가미하고자 걍체(티베트의 도시―옮긴이)에서 티베트 승려 일곱 명

을 데려왔다. 심벌즈와 구리 뿔피리, 핸드벨과 검, 넓적다리
뼈 나팔, 사람 두개골 북 같은 의례 물품을 완전히 갖춘 채였
다. 노엘의 계획대로라면 이 승려들은 영화와 같이 순회하며
상영 전마다 종교적인 음악과 춤으로 서곡을 공연해, 그가 표
현한 대로 "지역색을 다량 주입"하며 분위기를 조성할 것이
었다.

인도에서 "일곱 라마"가 도착하면서 터져나온 신문 기사가
티베트 당국의 마음에 들었을 리 만무하다. 《데일리스케치》
에는 〈티베트 교단 고위 인사들이 런던에 오다〉, 〈무대에서
춤추는 주교〉, 〈두개골로 연주하는 음악〉 등의 머리기사가 실
렸다. 라싸 귀족 사회에서는 현지 남녀가 자녀의 머릿니를 잡
아 자기들 입에 넣는 영화 속 장면을 곱게 보지 않았다. 승려
일곱 명이 승원의 허가도 없이 국외로 나갔으며 기껏 한다는
일이 축제에서 공연하듯 무대에서 의식을 상연하는 것이었다
는 사실은 분노를 일으켰고, 당시 티베트 수도에서 입김이 셌
던 보수적인 종파 내에서는 더더욱 그랬다. 노엘은 자신의 영
화를 예스러우면서도 시간의 흐름에서 자유로운 진공에서 등
장한 것처럼 홍보했다. 사실 1924년의 라싸는 혁명 언저리에
서 줄타기를 하고 있어 국운이 어디로 기울지 알 수 없는 상
태였다.

이 외교적 화염 폭풍의 중심에는 1921년 시킴에서 찰스 벨
의 정무관직을 이어받은 군인이자 외교관 겸 첩보원인 F. M.
베일리F. M. Bailey가 있었다. 벨은 에베레스트 원정을 용인했으

나 베일리는 이 원정이 무의미한 도발로 영국이 티베트 내에서 수행하는 핵심 외교 과제를 위태롭게 한다고 일축했다. 그 과제란 중국과 소련 양쪽의 야망을 저지할 방호막이 되도록 티베트를 현대화하는 것이었다. 13대 달라이 라마는 개인적으로는 현대화의 길을 갈 의지가 있었으나 수도회의 적극적인 반대에 부닥쳤다. 수도회는 라싸에 유럽인이 있는 것을 원치 않았고, 자국의 남쪽 국경에서 영국 원정대가 행군하며 신의 심기를 거스르고 국민을 타락시키는 것은 더더욱 바라지 않았다. 수도에 팽팽한 긴장이 감돌았고, 달라이 라마를 폐위해야 한다는 논의까지 나왔다. 이런 결과가 영국에 엄청난 손해가 될 것은 분명했다.

1924년 6월 노턴과 맬러리가 에베레스트를 공략할 마지막 계획을 세우고 있을 때, 베일리가 라싸로 갔다. 공식적으로 밝힌 목적은 무역 촉진이었으나 실제 목적은 전통적인 수도회에 반대하는 봉기를 선동하는 것이었다. 주요 인물은 군 최고사령관 차롱 샤페Tsarong Shapé, 그리고 몇 개월 전에 베일리가 반군의 주축이 될 간부 200명을 모집하라는 임무를 주고 라싸로 파견해둔 다르질링의 경감 라덴 라Laden La였다. 1924년 여름 베일리는 몸소 라싸에 4주간 머물며 차롱 샤페와 달라이 라마 양쪽을 누차 만났다. 무슨 일이 있었는지는 확실치 않지만 결국 반란은 일어나지 않았다. 베일리가 시킴으로 복귀할 때 차롱 샤페는 그와 함께 망명했고 라덴 라도 곧 뒤를 따랐다. 권력은 전통주의자들이 계속 쥐고 있었고, 확연한 냉기가 티베트와 영국령 인도의 외교 관계를 덮쳤다.

달라이 라마와 군 내의 자유주의적 분파가 이미 수세에 몰려 있었으니 노엘의 영화는 시기를 잘못 만나도 한참 잘못 만난 것이었다. 시킴의 토후는 티베트인이 머릿니를 먹는 장면을 굉장히 모욕적으로 생각해 존 노엘의 왕국 출입을 금지했다. 달라이 라마는 그 요란한 오락거리 전체가 불교를 폄훼한다고 보고 국외로 나간 강체 승려 일곱 명을 즉각 체포할 것을 촉구했다. 티베트 총리는 베일리에게 승려들의 즉시 귀국을 요구하는 공문을 보냈다. 총리가 질책을 마무리하며 쓴 말은 에베레스트위원회로서는 결코 읽고 싶지 않은 것이었다. "앞으로는 티베트행을 허가할 수 없다."

1925년에 에베레스트를 다시 찾는 일은 일어나지 않았다. 존 노엘이 차린 회사인 익스플로러필름은 1년 만에 도산했다. 1926년 에베레스트위원회가 다시 원정 허가를 받으려 했을 때, 베일리는 그 요청을 티베트 당국에 전달할 필요조차 없다고 생각했다. '춤추는 라마 사건'으로 알려진 이 일은 깊고도 장기적인 정치적 결과를 낳았다. 전통주의자 세력이 강화되면서 13대 달라이 라마의 개혁이 힘을 잃은 것이다. 그 개혁 정책이 시행되었더라면 티베트가 1949년 중국의 맹공과 10년 뒤 자유국의 죽음으로 이어진 이후의 침입에 정치적으로나 군사적으로나 훨씬 강력하게 대응할 수 있는 위치가 되었을 게 분명하다.

에베레스트에 대해 말하자면, 맬러리와 어빈이 실종되고

9년이 지난 1933년이 되어서야 다른 영국 등반대가 노스콜 기슭에 이르렀다. 옛 경력자 두 명, 1922년에 원정에 참여했던 콜린 크로퍼드Colin Crawford와 1924년 원정의 E. O. 셰비어E. O. Shebbeare가 수송관으로 동행했으나 등반가들은 새로운 세대였다. 에릭 십턴Eric Shipton, 윈 해리스Wyn Harris, 빌 웨이저Bill Wager, 프랭크 스마이드Frank Smythe, 잭 롱랜드Jack Longland는 전쟁을 알기에는 다들 너무 어렸다. 복무할 수도 있었던 사람은 원정대장 휴 러틀리지Hugh Ruttledge뿐이었으나 그는 사냥 중 사고를 당해 전쟁이 벌어지는 동안 인도에 행정직으로 남아 있었다.

그해 산에는 세 남자가 올랐다. 해리스와 웨이저, 그리고 다음 날 혼자 후발 등반에 나선 스마이드였다. 세 사람은 모두 북동릉 산마루를 따라간 맬러리의 경로를 피해 협곡까지 횡단했는데, 1924년 노턴의 기록에 맞먹는 높이까지는 등반할 수 있었으나 그 기록을 넘어서지는 못했다. 그후 영국이 한 시도에서는 이만큼 인상적인 성과가 나지 않았다. 1935년 정찰은 노스콜에 겨우 도달한 수준이었다. 1936년 원정은 때이르게 불어닥친 계절풍에 격퇴당해 수송 계획 담당으로 동행한 존 모리스John Morris에게 통한을 안겼다. 1938년에는 폭설로 모든 이동이 제한되어 아무도 8,320미터 이상 등반하지 못했다. 노엘 오델이 마흔여덟이라는 나이로 정상까지 하루 거리를 남기고 고군분투한 것은 주목할 만한 일이었으나 이 도전 자체에 질려버린 나라를 고무하기에는 역부족이었다.

1938년의 영국은 더 이상 위대한 제국의 면모를 보여주는 나라가 아니었다. 충격으로 말문이 막힌 10년을 보낸 끝에 수많은 소설, 회고록, 시집, 서간문, 일기가 홍수처럼 쏟아지며 전쟁의 서사를 재정립하자 남아 있던 영광의 환상은 몽땅 초토화되었다. 모든 전쟁을 끝내겠다던 전쟁은 확실성과 신뢰와 희망 말고는 그 무엇도 끝내지 못했다. 대공황이 초래한 비참한 현실에서, 어마어마한 비용을 잡아먹는 산악 원정은 그럭저럭 경제적 형편이 괜찮았던 이들이 보기에도 정당성이 의심스러웠다. 원정은 갈수록 오락으로 비쳤고, 결과도 번번이 실패였다. 에베레스트 등정은 한때 제국의 위신 회복을 상징했으나 여섯 번의 시도가 모두 실패했다는 기록은 나라의 무능만 일깨웠다.

에베레스트위원회는 1939년 6월 14일에 마지막으로 회동했다. 히틀러가 폴란드를 침공하기 10주 전이었다. 같은 날 왕립지리학회에서는 위원회 사무장으로 에베레스트 원정에 자기 인생 20년을 바친 아서 힝크스가 사임했다. 회동 자리에서는 산에 다시 가자는 이야기가 나왔고 1940년, 1941년, 1942년에 원정 개시 허가도 정식으로 신청했다. 이 꿈은 히틀러 전쟁에 매장당했고, 전쟁이 끝났을 때는 중국 마오주의자들이 티베트를 점령할 태세를 갖추고 에베레스트의 북쪽 진입로를 모두 차단해버렸다. 1950년 네팔이 영국과 미국의 압력에 못 이겨 국경을 개방했다. 영국과 스위스 원정대는 남쪽에서부터 산을 탐색했다. 이들이 따라간 축은 맬러리와 그의 등반 동지 가이 불럭Guy Bullock이 1921년 높이 솟은 서룽북빙하에서 쿰부빙폭과 웨스턴쿰을 내려다보며 조사했던 것이었다.

1953년, 마침내 승리가 도래했다. 에베레스트 원정을 오직 참된 영국 신사의 몫으로만 두고자 할 수 있는 일은 다 했던 아서 힝크스는 영국인이 아닌 뉴질랜드 출신 양봉업자이자 제국 변경 중의 변경 출신인 농부 에드먼드 힐러리와 대담한 네팔인 셰르파 텐징 노르가이의 원정이 대서특필되는 것을 살아서 보지 못했다. 역사를 쓸 각오만 된 것이 아니라 역사 자체를 뒤집을 운명이었던 노르가이는 신체 능력으로 이룩한 단번의 업적으로 지배와 피지배의 정의를 바꿔놓았다.

힐러리와 노르가이가 승리를 거두고 우선 베이스캠프로 돌아왔을 때 힐러리는 다른 영국인 등반가 윌프리드 노이스 Wilfrid Noyce에게 손짓하고는 짤막하게 말했다. "맬러리가 알았다면 기뻐하지 않았겠습니까?" 두 사람의 성공을 축하하는 전보는 엘리자베스 2세 여왕 Elizabeth II의 대관식 전날 런던에 닿았다. 화려한 왕실 행사가 묻히면 안 되니 성공 소식을 언론에 발표하는 것은 몇 시간 보류되었다. 소수 핵심 인사를 제외하고 이 소식을 곧바로 들은 사람은 왕대비와 1921년 정찰 원정을 통솔해 최종 성공의 장을 마련한 찰스 하워드버리 중령, 두 명뿐이었다.

발굽 또각대는 조랑말이 팅그리로 이어지는 먼지 날리는 길에 엎드린 순례자를 지나칠 때 푸른빛 선명한 하늘 앞으로 위용을 드러낸 에베레스트를 하워드버리가 처음으로 본 것은 이제 100년도 더 지난 일이다. 원정대가 팅그리에 처음으로

베이스캠프를 설치한 것은 1921년 6월 19일, 다르질링을 떠난 지 한 달 만에 583킬로미터를 온 후였다. 에베레스트에 대한 관념은 욕망, 승리, 실망과 죽음의 한 세기를 거치며 변화했다. 족히 5,000명도 넘는 남녀가 에베레스트 정상에 도달했다. 약 300명은 등정에 나섰다가 사망했고 그들의 주검은 이 산에 흩어져 있다. 날씨가 맑아지는 5월이면 등반가들이 고지를 향해 발걸음을 옮기는데 그 수가 워낙 많아 어둠 속에 헤드램프를 밝힌 좁다란 행렬이 계곡 바닥에서도 쉽사리 보일 정도다. 직업적으로 그 일을 하는 등반 가이드는 해마다 산으로 돌아온다. 재력 있는 고객은 3만 5,000달러부터 12만 달러까지 하는 서비스를 선택할 수 있으나 값비싼 서비스가 성공을 보장하는 것은 아니다. 셰르파들은 수요에 맞춰 일주일에 두 번씩 산을 등정한다고 알려져 있다. 네팔인 등반가 카미 리타 셰르파Kami Rita Sherpa는 1994년부터 자그마치 스물네 번이나 정상을 밟았다.

에베레스트 등정이 1921년 실제로 그랬듯 달 착륙만큼이나 상상 불가한 일이었던 시절을 돌이키노라면 도전 앞에 분연히 일어선 이들의 성품을 존경하는 마음으로 반추하게 된다. 모든 것을 걸겠다는 의지가 그들을 저 높이까지 이끌었다. 그 기상은 오늘날에도 세계의 정상에 이르고자 만국에서 찾아오는 등반가들의 심장에 불을 지핀다. 이는 산악인이 바랄 수 있는 무엇보다 훌륭한 유산일 것이다.

탐험의
기술

 진정한 원조 탐험가, 실로 어떤 인간도 가지 않았던 곳에 간 남녀는 최초로 아프리카를 떠난 사람들이었다. 그들은 발견의 물결을 일으켜 사람이 살 수 있는 온 세계에 자자손손 터를 잡았다. 무려 약 1만 4,000년 전에 이룩한 공적이다.

 그후로 지구 탐험은 권력과 정복에서 좀처럼 분리되지 않았다. 흔히 프랑스 탐험가 자크 카르티에Jacques Cartier가 인도제국으로 가는 길을 찾다가 1534년 세인트로렌스강을 발견했다고 하는데, 당시에도 그 계곡에는 분명 사람들이 정착해 살고 있었고 바다로 이어지는 수역은 나무배로 바글바글했으며 어부들은 자신들이 발견한 장소, 그러니까 훗날 3세기 동안 유럽을 먹인 대구 어장을 떠벌리는 데 조금의 관심도 없었다.

 역사는 프랑시스코 데 오레야나Francisco de Orellana가 1541년 여정으로 아마존 전체를 탐방한 최초의 인물이라 선포한다. 그러나 이 탐방을 기록한 동행이자 서기였던 가스파르 데 카르바할Gaspar de Carvajal은 잔뜩 늘어서 있던 카누 선단을, 당시 그 분지를 빽빽하게 채우고 살던 1,000만 명쯤 되는 사람들의 보금자리였던 강둑을 글로 남겼다.

스페인 정복사의 유달리 묘한 사건 한 가지는 곤살로 히메네스 데 케사다Gonzalo Jiménez de Quesada와 세바스티안 데 벨랄카사르Sebastián de Belalcazar와 니콜라스 페데르만Nicolás Federmann이 이끈 원정대가 각기 북쪽과 남쪽과 동쪽에서 들어와 모두 보고타의 대초원에 이른 것이다. 급작스레 펼쳐진 내기판에서 세 탐험가는 곧장 스페인으로 항해해 가기로 합의했다. 면적이 대략 벨기에만 하고 100만 명 넘는 무이스카족의 영역이었던 이 장소의 공식 발견자가 누구인지를 자신들의 국왕 카를 5세Charles V에게 확정받기 위해서였다.

20세기에도 비슷한 일이 일어났다. 하이럼 빙엄Hiram Bingham은 마추픽추를 '발견'해 국제적인 명성과 미국 상원의원 자리를 얻었는데, 이 잉카 유적은 당시에도 현지 농민에게 익히 알려져 있었고 그 위치와 가는 길을 빙엄에게 알려준 것도 농민들이었다.

1921년 조지 맬러리와 그의 등반 동지들은 에베레스트를 찾아 지도 밖으로 걸어나갔다. 그때까지 그 산 근처에 접근했던 사람은 아무도 없었다. 맬러리 일행이 고원을 가로질러 580킬로미터 거리를 걷는 동안 마주친 무수한 티베트인들을 제외한다면. 등반대가 산기슭 롱북빙하에 도달한 것은 그다

지 인상적인 일이 아니었다. 승려 자트룰 린포체Dzatrul Rinpoche
는 그들을 맞이하려 수행을 중단하지는 않겠다고 했다. 승원
의 영성 생활과 교류를 세세하게 기록한 그의 **남타르**(티베트
승려들의 자서전—옮긴이)에서 1922년 후속 원정대의 도착은
그저 몇 줄 분량을 얻는 데 그쳤다. 그 중 한 구절이다. "그토
록 무의미한 일을 위해 그토록 많은 수고를 감당하는 그들에
게 크나큰 연민을 느낀다."

산소 부족으로 의식이 사라지는 고도까지 올라가 죽음을
불러들이며 귀한 육신과 영적 초월의 가능성을 전부 위험에
빠뜨리는 것은 불교인의 관점에서는 순전히 바보스러운 행위
였다.

1870년대에 북극 탐험에는 항해와 관련된 실용적 과제가
개인적이며 근본적으로는 무익한 과제로 변모하는 숙명적인
방향 전환이 일어났다. 몇몇 나라 사람들이 북극점을 목표로
삼은 것이었다. 그곳은 육체적 성취와 국가적 의지의 증표라
는 것 외에 그 자체로는 아무 의미도 없는 얼음 위 한 지점일
뿐이었다. 여러 면에서 이는 21세기 들어 모험을 파는 하나의
산업이 된 무언가의 시작이었다.

북극점 도달은 발견을 위한 여정이라기보다는 개인의 영달
과 명성을 얻는 것이 목표인 원정이었다. 프레더릭 쿡Frederick
Cook과 로버트 피어리Robert Peary 같은 남자들은 대개 잘못되었
음이 명백했던 주장을 필사적으로 고수했고, 이들의 원정에
는 그들 자신의 존재가 지워지지 않는 낙인으로 찍혔다. 물심

양면의 지원과 출판 계약, 순회 강연을 기대했던 로버트 피어리는 없어서는 안 되었던 동지 매슈 헨슨Matthew Henson과 영광을 나누려는 시늉조차 하지 않았다. 두 사람과 극점까지 동행한 네 이누이트도 거의 알려지지 않은 채 이야기의 부차적인 존재로만 남았다.

극점 도달 12년 전인 1897년, 로버트 피어리는 미닉Minik이라는 어린 소년이 속한 이누이트 가족을 납치해 뉴욕으로 끌고갔다. 살아있는 표본이라 여기며. 미닉의 아버지는 얼마 못가 사망했고 소년은 미국자연사박물관의 한 직원이 관리하게 되었다. 미닉은 바로 이 박물관에서 입체 모형처럼 전시된 아버지와 다른 이누이트의 유골들을 맞닥뜨렸다.

미닉은 12년 동안이나 미국에서 비참하게 살아야 했다. 1909년에는 자신을 고향에 보내달라고 피어리에게 간청했으나 피어리는 그의 부탁을 들어주지 않았다. 마침내 북극으로 귀환했을 때의 미닉은 매우 궁핍했고 몸과 정신이 망가져 있었다. 두 세계 사이에서 길을 잃은 그는 제 언어로 말할 수 없었으며 사냥꾼으로 생계를 꾸리기도 불가능했다.

그린란드로 돌아온 미닉은 역사상 가장 위대한 북극 탐험가 크누드 라스무센Knud Rasmussen에게 맡겨졌다. 라스무센은 피어리와는 성품, 심성, 동기, 비전 모두 겹치는 구석이 없었다. 그런 그가 신체적 성취로든 국가적 의지의 상징으로서든 이룬 일생의 업적은 갑작스레 끝나버리고 말았다. 살모넬라균에 오염된 이누이트의 별미를 먹고 쉰네 살이라는 나이로 사망한 것이다. 피어리 같은 부류는 그런 별미(라스무센이 먹은 음식은 키비아크로, 바다표범 가죽 안에 작은 바닷새의 생살을 채워넣고 발효시켜 만드는 이누이트 전통 음식이다—옮긴이)를 고마워하지도 이해하지도 못했다. 자신의 문화가 우월하다는 번드레한 믿음이 굳건했던 피어리는 북쪽 땅에 발을 들여 극점을 향하는 동안에도 시야의 절반이 가려진 상태였다.

반면 덴마크인 선교사와 이누이트 혈통 어머니 사이에서 태어난 라스무센은 사회적·문화적 영역 사이를 매끄럽게 오갔고, 여러 역할을 쉽사리 입고 벗었으며, 무슨 일을 하고 어느 수렵 캠프와 거주지에 얼굴을 비칠 때든 존경과 사랑을 받았다. 코펜하겐과 파리의 문학 살롱과 극장에서는 말할 것도 없다. 작가로 명성이 절정에 달했을 때는 인기가 너무나 찬란했던 나머지 문마다 경비원을 세워 여성 팬을 막아야 했다. 이런 유명세는 오직 평생에 걸친 탐험과 성취의 결과였다. 라스무센은 타인의 관심을 좇지도, 그것에 의미를 두지도 않았다. 그에게 중요했던 것은 북극과 그 땅에서 살아가는 길을 찾은 민족의 이야기였다.

서그린란드인 틈에서 성장해 날 때부터 그들의 언어를 알았고 아홉 살에는 자기 썰매견을 몰고 달렸던 라스무센은 원주민으로 생활할 수 있었고 실제로 그렇게 생활했다. 맨몸으로 카리부(북아메리카 북쪽에 서식하는 순록—옮긴이) 가죽을 덮고 연장자와 체온을 나누는 것도 대수롭지 않은 일이었다. 이누이트와 마찬가지로 추위를 두려워하지 않고 오히려 이용했다. 밤새 내버려둔 촉촉한 가죽은 새벽이면 삽이 되었다.

머나먼 그린란드 북서부 툴레(현재 명칭은 카나크—옮긴이)의 전초 기지에서 라스무센과 그의 탐사 파트너 페테르 프레우센Peter Freuchen은 1912년부터 1933년까지 매번 장대한 규모로 일곱 차례 연구 원정을 떠났다. 가장 야심 찼던 시도인 5차 툴레 원정에서는 4년을 들여 그린란드 북부부터 알래스카 서쪽 경계와 베링해까지 총 3만 2,187킬로미터 거리를 오직 썰매견이 끄는 썰매만 이용해 육로로 이동했다. 루이스와 클라크(미국 건국 초기에 토머스 제퍼슨 대통령의 지시로 태평양까지 가는 대륙 횡단로를 탐사한 메리웨더 루이스와 윌리엄 클라크—옮긴이) 이후로 북아메리카에서 이런 원정이 이뤄진 적은 없었다.

라스무센은 최장기 기록을 염두에 두고 이런 여정에 착수한 것이 아니었다. 그의 관심은 무언가를 최초로 해내는 데 있지 않았고, 그의 야심은 자기 자신과는 아무 관련이 없었다. 그가 얻고자 한 성배는 물건도 장소도 아닌 마음의 상태, 이누이트가 사는 삶의 경이를 세상에 드러내 보일 깊은 이해였다. 광활한 극지방에는 북쪽 얼음 땅의 공통 문화가 펼쳐져 있었다. 사람들은 같은 언어에서 뻗어나온 여러 방언을 쓰고, 믿음과 신화를 공유하고, 동일한 적응 명령에 응답했다. 그린란드의 유소년이 알래스카 북부 비탈에 사는 할아버지가 해주는 이야기를 전에 들어본 것으로 인지하고 그 노인 역시 그린란드 북서부 설화를 알고 있으리란 것을 라스무센처럼 보고할 수 있는 사람은 오직 대륙을 횡단한 이뿐이었다.

북극의 자식이자 이누이트의 수양아들이어도 라스무센은 덴마크를 향한 충성심이나 관찰한 바를 기록으로 남겨야 한다는 작가이자 학자로서의 의무를 저버린 적이 없었다. 1946년 발표된 5차 툴레 원정의 연구 기고는 자그마치 책 10권 분량에 해당하는 총 6,000매짜리 글로, 자연사와 고고학, 언어학, 민속지학을 따로 다루는 개별 논문들과 2만 점쯤 되는 유물 사진으로 이뤄져 있다. 이 보고서는 오늘날까지도 결정판 격의 자료로 남아, 그들을 좀먹으며 지속된 1950년대의 접촉으로 삶이 완전히 달라지기 전 이누이트의 모습을 그대로 담아낸 귀중한 기록이 되어준다.

언어 방면으로 마법 같은 재능을 타고났으며 민속지학적 눈을 갈고닦은 라스무센은 북극의 진정한 영광이 이누이트의 천재성과 비전에 깃들어 있음을 조금도 의심하지 않았다. 일생의 과업은 이누이트의 방식으로 세계를 알고, 그 삶의 양상을 이해하고, 그 주술과 샤먼적 힘의 영역에 들어가는 것이었다. 지식을 목표로 삼고 그들의 문화를 이해하고자 했던 라스무센은 북극뿐 아니라 인간이 거주하는 세계의 머나먼 지역 전역에 걸쳐 탐험의 전망과 가능성을 완전히 재정의했다.

라스무센이 결연한 용기를 지니고 헌신과 진정성으로 이뤄진 일생을 산 학자라는 한 가지 이상을 대표한다면, 스펙트럼 반대쪽 끝에는 지금은 세상을 떠난 나의 옛 친구이자 한때 영국 언론에서 "괴짜 탐험가 …… 마지막 남은 신사 모험가"로 칭송했던 기자 서배스천 스노Sebastian Snow 같은 각양각색의 인물들이 있다. 누군가가 작은 배를 타고 노를 저어 대서양을 건넜다거나 터무니없는 높이에서 뛰어내렸다거나 에베레스트에서 세컨드스텝에 도전하려고 차례를 기다리다가 사망했다는 이야기를 들을 때마다 서배스천이 떠오른다.

내가 서배스천을 만난 것은 1974년 메데인에서였다. 그는 티에라델푸에고에서부터 걸어서 남아메리카를 종단한 끝에 그 도시에 이른 참이었다. 서배스천의 목적지는 알래스카였다. 소년 시절 이튼 칼리지에서 럭비를 하다가 허벅지가 부러졌던 그는 여러 의사에게 다시는 걸을 수 없다는 말을 들었다. 그후 그는 의사들이 틀렸음을 증명하는 것을 일생의 과업으로 삼았다.

스물한 살이 된 서배스천은 수원부터 하구까지 아마존강을 따라갔다. 그 여정이 가능했던 것은 순전히 그에게 고용되어 가는 길 내내 고된 일을 도맡고 그의 명줄을 지켜준 현지 안내인들 덕분이었다. 서배스천의 첫 책 『내 아마존 모험My Amazon Adventure』에는 맬러리의 가까운 동지이자 1924년 에베레스트 원정대 대장이었던 에드워드 '테디' 노턴 중장이 쓴 서문이 있다. 노턴은 자신이 티베트에서 짐꾼들을 만났던 경험을 언급하며 서배스천과 함께한 현지인 동행들의 역할을 구태여 축소한다. 이들을 부인하는 모습에서는 어떤 핵심 구상이 드러난다. "유럽인의 추진력이 없었더라면 이런 공적은 현지 재주꾼들의 시야 밖에 있는 일이다."

확실히 맞는 말이다. 그러나 이는 본성의 문제라고도, 영국인의 기백으로 가능했던 업적이라고도 하기 어렵다. 현지인들은 그저 삶의 우선순위를 다르게 두었고 인생의 나날을 보내기에 더 좋은 길이 있다고 보았을 뿐이다.

나와 만났을 때의 서배스천은 마흔다섯 살이었고, 11개월 동안 1만 4,000킬로미터를 걸어와 지치고 초췌한 상태였다. 내 임무는 다리엔 지협을 통과할 수 있게 그를 안내하는 것이었다. 콜롬비아와 파나마 사이에 있는 다리엔 지협은 악명 높은 우림과 늪지대로 이루어져 있으며, 대륙을 건너는 그의 여정에서 유일하게 길이 없는 구간이었다. 내가 맡은 역할은 동행과 "현지 재주꾼" 사이 어딘가에 있었다. 나는 우리가 가려는 곳을 거의 알지 못했으니 안내인 자격은 미달이나 다름없었지만 서배스천은 조금도 개의치 않았다. 책을 쓸 소재가 필요했던 것인지, 그는 기벽을 키운 데 더해 말썽을 불러들였다.

한 영국 신문사가 그의 긴 도행을 후원하고 있었는데, 그 대가로 서배스천이 해야 할 일은 비정기적으로 실리는 칼럼에 들어갈 특보를 간간이 작성하는 것뿐이었다. 그 보도에서 무슨 할 말이 있었을지는 수수께끼다. 그는 11개월 동안 팬아메리칸 고속도로(남아메리카 아르헨티나의 티에라델푸에고부터 북아메리카 미국 알래스카까지 이어지는 국제 고속도로로, 다리엔 지협 한 구간만 아직 연결되지 않았다—옮긴이)의 타맥 포장길로만 이동했다고 한다. 에콰도르에서는 그의 오랜 친구이자 뛰어난 영국인 등반가인 크리스 보닝턴Chris Bonington이 며칠간 동행했다. 보닝턴은 지루함을 못 이겨 하루 만에 그와 떨어져 임야를 거닐었지만 말이다.

서배스천은 스페인어를 하지 못했고 언어를 습득하려는 노력도 하지 않았다. 영국 표준 영어를 우렁차게 읊기만 하면 못 알아들을 사람이 없다고 그는 주장했다. 그의 생활신조였던 이 경구는 우스꽝스러울 뿐 아니라, 대부분이 혼자였던 길 위의 한 해에서 그가 유의미한 무언가를 배웠을지를 의심하게 한다.

그가 모험 끝에 마침내 세상에 선보인 『배낭 사나이*The Rucksack Man*』에는 유명 여행 작가이자 역시 서배스천의 친구인 에릭 뉴비Eric Newby가 쓴 유쾌한 서문이 있다. 서배스천을 은근히 놀리는 뉴비의 글은 그 책에 실린 어느 꼭지보다 알차다.

헤밍웨이Ernest Hemingway는 세상이 들어야 할 이야기를 찾는 것이 작가의 가장 중요한 자질이라고 했다. 서배스천은 좋은 사람이었지만 이 작가 자질 검증은 통과하지 못했다. 한 대륙을 종단하는 고속도로를 따라갔으면서도 자신이 지나간 지역의 사람들이나 나라에 대해 새로 알게 된 것은 아예 없다시피 했다. 그토록 고생한 끝에 나온 최종 여행기(안타깝게도 그것이 마지막이었다)는 줄줄이 이어지는 자기비하적인 일화들로 채워졌고, 그 일화들은 대체로 장소가 아닌 여행자에게 서사의 초점을 맞추는 기능을 했다.

당시에도 별다른 주목을 받지 못했고 이제는 잊힌 지 오래인 『배낭 사나이』는 엄밀히 말해 문학적 야심의 산물은 아니었다. 서배스천의 장르는 낯선 상황에서 불편해 하는 영국인 이야기였으니, 아무나 흉내 낼 수 없는 방식으로 서술된 그의 불운에 완벽하게 어울리는 틀이었다. 스무 살이었던 나는 그때까지 책의 등장인물이 되어본 적이 없었는데 서배스천은 인심이 참 후했다. 그가 묘사한 충실한 동행에서 내 모습을 알아보기는 어려웠지만, 내가 되고 싶은 사람의 모습은 확실히 보았다.

『배낭 사나이』가 출간되면서 내 글도 처음으로 출판물에 실렸다. 비록 내가 쓴 일지의 한 부분을 서배스천이 슬쩍해 자기가 쓴 척한 것이었지만 당시 나로서는 나쁘지 않은 거래 같았다. 서배스천은 요긴한 내용을 얻었고, 나는 단락째로 그의 글과 나란히 놓인 내 글을 보며 어처구니없지만 미워할 수는 없는 이 영국인이 책을 쓸 수 있다면 나 역시 쓸 수 있겠다는 자신감을 얻었다. 다만 내 책은 무언가의 사본이 아닌 독자적인 연구로 채우고, 자판만 두드리는 것이 아니라 제대로 집필해 들려줄 이야기가 있는 책이 되게 하겠다고 넘치는 긍지와 각오로 다짐했다. 『배낭 사나이』에서 과할 정도로 배운 교훈이었다.

최근에 낸 책 『마그달레나: 꿈의 강Magdalena: River of Dreams』을 준비하며 나는 콜롬비아의 미시시피강이라 할 수 있는 이 강의 면면을 속속들이 알게 되었다. 한 해가 가는 동안 달마다, 그리고 계절이 바뀔 때마다 콜롬비아 대산괴의 상류부터 카리브해 해안의 모래와 돌멩이에 이르기까지 이 강이 어떤 모습이 되는지를 말이다. 그러나 마그달레나강 수원에서부터 하구까지 노를 저어 가겠다거나 바지선이나 강선을 줄줄이 얻어 타는 식으로 강 전체를 한 번에 주파하고 싶다는 마음은 한순간도 들지 않았다. 그런 성취도 감탄은 사겠지만, 내 목표는 나 자신을 연구해 사적인 여행기를 써내는 것이 아니라 이 나라를 있게 한 강을 은유로 활용해 콜롬비아의 일대기를 집필하는 것이었다. 확신이 없을 때 작가는 항상 비켜서는 것이 옳다. 기행문을 쓰면서 자신을 중심으로 서사를 쌓는 것은 탐험을 하면서 그릇된 영웅심을 부리는 것과 같다.

기원전 5세기 그리스 역사가 헤로도토스Herodotos는 그때까지 알려져 있던 세계를 전부 여행했다. 그리스로 돌아온 그는 페르시아 궁정의 일화 하나를 전했다. 어느 아침 다리우스 황제Darius I가 두 속민의 대표를 불러모았는데 한 민족은 사람이 죽으면 화장하는 문화였고 다른 민족은 죽은 사람을 먹는다고 알려져 있었다. 다리우스는 각 대표에게 서로의 죽음 의례를 따라 할 생각이 있냐고 물었다. 양쪽 모두 생각만으로도 경악했다.

헤로도토스는 여기서 명백한 결론을 도출했다. 모든 문화는 각자의 전통을 선호하고 다른 문화의 전통은 멸시한다는 것이다. 예수가 등장하기 5세기 전에도 이 영민한 관찰자는 의식의 여명이 밝아온 이래 다른 무엇보다도 인류에게서 떨어지지 않은 특성인 문화적 근시안을 식별해냈다. 우리 방식이 옳은 방식이고 그 밖의 모두는 스스로 모를지언정 우리가 되는 데 실패한 이들이라는 생각 말이다.

헤로도토스는 관찰하되 판단하지 않았다. 그랬기에 그토록 돋보였고 또 그만큼 비난받았다. 플루타르코스Plutarchos는 그가 미개인에게 공감한다고 힐난했고 아테네에서 그의 기억을 몰아내야 한다고 주장했다. 헤로도토스가 그저 아침식사로 무엇을 먹었는지, 여구를 싣고 다닌 말들의 이름은 무엇이었는지, 그때까지 그리스에는 알려진 적 없던, 따라서 그가 새로 발견한 강을 헤엄쳐 건너는 데 얼마나 걸렸는지를 이야기했다면 플루타르코스의 분노를 사지는 않았을 것이다.

역사에는 다행스럽게도, 헤로도토스는 그렇게 하는 대신 자신이 새로이 알게 된 것을 기록했다. 그것은 개인적 체험과 아무런 관계가 없는 현상, 자기 자신의 그림자 너머에서 본 것, 대지의 아름다움, 신기한 늪 생물, 민족의 시였다. 그는 현자로서, 경이를 향해 눈을 크게 뜨고 여행했다. 탐험은 이국정조를 넘어 앎과 믿음의 새로운 영역으로 그를 데려갔다. 그곳은 알고자 하는 이들의 영적 보금자리, 문화로 실현된 인간 상상력의 한없는 지평이었다.

서구 문명의 여명기에 헤로도토스는 인류 유산이야말로 무엇보다 탐험할 가치가 있음을 알아보았다. 2,000년 뒤 크누드 라스무센은 이누이트를 북극의 화신으로 인식했다. 이미 많은 사람이 다녀간 세계에서, 새로운 세대의 탐험가가 이들의 모범을 따르는 것은 썩 괜찮은 선택이다.

어머니

인도

　흔히들 인도는 국민국가가 아니라 차라리 마음의 상태라고 한다. 경계가 있는 하나의 영토라기보다는 관념의 제국으로 수천 년 세월을 견뎌온 문명이다. 몇 번이고 침략자들의 맹공에 굴복했으나 종내에는 번번이 승리했고, 외래의 자극을 흡수하며 어떤 새로운 영향도 오로지 그 역사의 무게만으로 지울 수 없는 인도색으로 탈바꿈시키고야 마는 변이를 일으켰다.

　이 나라는 지혜와 우둔함, 후덕과 탐욕이 뭉친 모순이다. 수도 생활을 창안했으면서도 관능을 정열적으로 찬미하는 땅이기도 하다. 오래되었기로 손꼽히는 세계 문명 가운데 인도는 특히 젊은 축에 속하는 국가다. 빈곤이 방대하게 넘실대는 한편 미국 전체 인구보다도 큰 규모로 번영하는 중산층을 떠받치고 있으며 어느 나라보다도 박사를 많이 배출했다.

힌두교, 불교, 시크교, 자이나교의 모국인 인도는 라마, 비슈누, 시바, 크리슈나, 가네샤 같은 수만 가지 얼굴의 신을 품는 보금자리다. 또한 비폭력의 보편적 가능성을 세계에 보였으나 여전히 종교 신조 간 폭력이 수그러들 줄 모르는 솥단지다.

인도 덕분에 우리는 0부터 10까지를 세고 우리의 현대가 존재하는 데 없어서는 안 되었던 십진법을 사용한다. 면화로 실을 잣고 천을 짠 것도, 주사위로 노름을 한 것도, 닭과 코끼리를 가축화하고 망고를 작물화한 것도 인도인이 최초였다. 이들은 상충하는 것이 공존할 수 있다고 믿는 법을 우리에게 일러주었고, 금상첨화로 건강을 위해 머리로 물구나무서는 법도 가르쳐주었다.

나라 꼭대기에는 히말라야산맥이 하늘을 찌를 듯 호를 그리며 올라앉아 있다. 동서 길이가 2,400킬로미터나 되는 이 산맥에는 8킬로미터 이상 높이인 봉우리가 50개다. 인더스강, 브라마푸트라강, 갠지스강이라는 대하천이 이 산맥에서 쿨렁이며 흘러나온다. 갠지스강, 이 어머니 강가Mother Ganga는 힌두교도에게 신의 정수로 여겨진다(히말라야 신이 가장 아끼는 막내딸을 인도인에게 보냈다는 신화에 기반한 것으로, 인도인들은 이 딸을 갠지스강을 상징하는 여신인 어머니 강가로 숭상한다—옮긴이). 지리에 의해 운명과 영적 갈망이 나란히 놓인다. 땅은 신들을 모시는 사원이며 태양의 힘에서 문화가 솟는다.

인도의 열기는 영국의 비와 같이 하루의 기분과 습관을 좌

우하며 사람들이 옷 입고 움직이고 춤추고 기도하는 방식을 자아내는 물리적 실체다. 다르질링 고지대에서 본 광대한 갠지스 평원에는 작은 마을 수백 곳이 점점이 박혀 태양 아래에서 아른거린다. 여름 공기가 이 아대륙 위로 피어오르면 남서쪽에서 습한 바닷바람이 땅 위로 불어와 해마다 오는 계절풍을 예고하는 거대한 구름 파도를 형성한다. 억수같이 쏟아지는 정화의 비는 슬픔과 절망을 씻어내고 들판을 비옥하게 하며 히말라야의 언덕배기 마을에 무려 914센티미터에 달하는 강우를 선사한다.

공용어가 15종, 주요 어군이 14가지에 방언이 1,600가지가 넘는 이 아대륙 전체는 여러 가락과 인간의 소리가 뒤섞인 불협화음이다. 평범한 인도 시장이 어느 박물관보다 놀랍고 신묘하다. 더없이 소박한 마을이 어느 축제보다 더한 생기와 색채와 향취로 맥동한다. 인도에서는 셰익스피어에 버금가는 소규모 극을 매일 수백만 편 보게 된다. 이 극은 온 천상의 웃음과 슬픔 아래 무수한 무대에서 모두 무료로 상연된다.

하지만 실상 인도는 무엇인가? 단어의 유래는 그리스어로, 알렉산드로스 대왕Alexandros the Great과 그 부하들이 알던 인더스강의 이름인 신두강 너머의 땅을 가리킨다. 대왕의 군대가 회군한 것은 계속 갈 수 없었기 때문이다. 땅이 앞으로 끝없이 펼쳐져 있었고 군주와 지배자가 신만큼이나 많았다. 무굴은 1526년 이곳을 침략해 1853년까지 갠지스강 유역 대부분

을 장악했으나 그들조차 이 방대한 아대륙을 전부 정복하지
는 못했다.

영국은 2세기 동안 이곳을 지배했고, 적어도 하나 이상의
학설이 영국 식민 지배 전의 인도는 의미가 없는 관념이었으
며 국민국가 인도라는 현대적 개념은 문화로 보나 언어로 보
나 영성으로 보나 다양성이 어마어마하게 강했던 나라에 통
합의 외관을 씌운 영국의 행정, 교통, 언어, 법 체계를 거쳐
탄생했다는 견해를 고수한다. 〈다운튼 애비〉(영국의 시대극
TV 드라마로 6시즌까지 방영했다―옮긴이)의 많디많은 회차처
럼 오늘날까지도 우리 눈앞에 펼쳐져 있는 이 식민주의적 믿
음은 독립을 위한 인도의 국민 투쟁 초기에 영국인들이 편리
하게 써먹을 수 있는 도구였다.

"인도라는 이름이 진정 의미하는 게 뭘까요?" 1888년 케임
브리지 대학교에서 강의하던 존 스트레이치Sir John Strachey가 질
문했다. "그런 나라는 없습니다. 이것이야말로 인도에 관해
알 수 있는 가장 우선적이고 본질적인 사실입니다. 인도라는
이름은 우리가 거대한 지역에 붙인 이름입니다. …… 인도에
서 통용되는 어떤 용어도 여기에 상응하지 않아요. …… 우리
는 인도에서 국민 정부를 파괴한 적이 없습니다. 국민 정서가
상처를 입지도, 국민의 자부심이 모욕당하지도 않았습니다.
우리의 계획이나 능력 때문에 그런 것이 아니라 다만 인도에
국민성이 존재하지 않았기 때문입니다."

인도는 몰라도 영국령 인도는 확실히 영국이 창안한 것이

다. 늘 변화하고 확장하는 정치와 상업적 이해관계의 경계로 규정되는 이 상상된 장소는 인도측량국의 수학자와 기술자 손을 거쳐 현실로 직조되었다. 지도는 영국령 인도라는 관념의 핵심이었다. 그 지도로 아대륙의 지형이 2차원에 명문화되었고 동시에 점령의 근거가 생겼다. 상상된 땅 인도가 구체성과 의미를 지니게 된 것은 한 폭 지도로 쪼그라들었을 때였다. 이 행위는 땅에서 문화적 기억과 의미를 벗겨냈고, 이로써 식민당국은 자신들의 주재라는 얄팍한 막이 실제보다 더 많은 것을 대표한다고 믿을 수 있었으며 심지어 그렇게 믿도록 장려되었다.

영국의 인도 지배는 많은 면에서 눈속임이자 제국주의적 술책이었다. 문관 고위직 1,300명(그 가운데 인도인은 한 명도 없었다)이 무려 인류 5분의 1을 다스렸다. 인도군은 강했고 잘 훈련되어 있었으나 총인원이 20만 명에 그쳐 영국군 연대의 3분의 1밖에 되지 않았고 그마저 시암부터 페르시아까지 분산되어 있었다. 아대륙 대부분 지역에서 영국의 권위는 오롯이 지방관 한 사람에게 있었다. 지방관은 안장에 앉아 이 마을 저 마을을 돌아다니며 하루하루를 보내는 것으로 면적은 수천 제곱킬로미터, 주민은 때로 수만 명씩 되었던 지역을 통치했다.

영국은 인도에 주재하는 내내 상정된 권력에 의지했으며, 이 권력은 수만 가지 지배 행위와 인도인에게 자신들은 태생이 열등하다는 생각을 심으려는 의지로 나날이 강화되었다.

이것이 식민주의의 본질이었다. 보이는 이미지가 전부였다. 화려한 의전 하나하나에 집착했던 커즌 경은 총독으로 있을 때 런던 웨스트엔드의 무대의상 디자이너에게 특별히 제복 제작을 맡긴 것으로 유명하다. 그는 공공연히 말했다. "세계 역사의 그 무엇도 대영제국만큼 위대하지 않았다. 인류를 위해 쓰일 도구로 이토록 위대한 것은 없었다."

인도인 다수는 동의하지 않을 것이다. 1700년 인도 아대륙은 고도로 번영한 땅으로, 한 역사적 추정에 따르면 세계 GDP의 27퍼센트를 생산했다. 200년간 이어진 영국의 지배로 자연자원이 고갈된 땅은 탈산업화되고 수탈당하고 빈곤해진 채로 남았다. 영국 지배 말년의 기근은 3,500만 명의 목숨을 앗아갔다. 수십 년 동안 인도의 독립을 가로막아온 영국은 나중에 제국의 모든 식민지에서 한 것과 마찬가지로 1947년 인도에서도 갑자기 발을 뺐다. 그와 동시에, 오랜 식민 정책으로 악화된 종교 분열은 분리독립을 주장하는 힌두교도와 이슬람교도 사이의 살기 어린 폭력으로 폭발했다.

영국령 인도에서 막 고국으로 돌아온 영국인들의 가장 큰 공포는 고통스러운 분할로 확증되었지만, 독립 이후 인도가 실제로 변해간 모습은 모든 기대를 거슬렀다. 들뜬 기색마저 보이며 이 젊은 국가가 붕괴하기를 고대하는 암울한 예측을 내놓던 이들은 잠잠해졌다. 영국이 두 차례 세계 전쟁을 치른 후 절망적이고 궁핍한 자국 상황에서 벗어나고자 고군분투하는 동안 인도는 오랜 영국 점령기 내내, 실상 한 문명으로 기나긴 역사를 쌓아오는 내내 그 땅의 사람들을 지탱한 힘을 끌어모아 성숙했다.

인도를 자신들이 창조했다고 주장하는 영국인에게서는 다른 여러 문제 외에도 특히 제 것 아닌 다른 렌즈로 세상을 보기 어려워하는 모습이 두드러진다. 도덕적 우월성을 주장하는 사명에 가차 없이 헌신했으며 힌두교를 우상 숭배이자 미신이라 경멸하라고 배운 이들, 하나같이 오직 눈으로 보고 측정할 수 있는 것만이 실재한다고 주장하는 지적 전통의 산물이었던 이들은 인도가 영적 울림으로 결속하고 종교 신념과 관습의 유대로 이어진 하나의 땅으로 존재하고 있으며 또 언제나 존재했음을 쉽게 이해하지 못했다.

이것이 내가 영국인에게는 '버나러스'로 알려진 갠지스강 유역의 고대 도시 바라나시를 처음 방문할 때 찾고자 했던 인도다. 내게 귀감이 된 사람은 탁월한 학자 다이애나 에크Diana Eck로, 나는 자이푸르에서 그녀를 처음 만났다. 그때 에크는 학생 10여 명과 함께 세계 최대의 단체 순례인 쿰브멜라를 마치고 막 돌아온 참이었다. 이 신성한 집회는 12년에 한 번씩 4,000만 사두(힌두교 수행자—옮긴이)와 구도자를 강가Ganga와 야무나강 사이의 범람원으로 불러모은다. 하버드 대학교 비교종교학과 인도학 교수인 에크는 『인도: 신성한 지리India: A Sacred Geography』와 『버나러스: 빛의 도시Banaras: City of Light』의 저자다. 이 책들은 군주들의 권력이 아니라 의식과 엮인 욕망의 힘으로 형성된 나라, 지도가 아니라 순례자들의 발자국으로 경계 지어진 나라를 통찰과 품위와 공감으로 조명한다.

나는 인도 여행을 수년간 망설였다. 그곳의 온갖 신비에 휩쓸려 집으로 돌아갈 길을 못 찾을까 봐 두려웠는지도 모르겠다. 마침내 델리에, 다음에는 다르질링에, 그리고 심라와 데라둔의 산간 피서지와 라자스탄의 사막, 도시 아그라와 암리차르, 남부 케랄라의 열대 해안에까지 이르렀을 때 나는 그 깊이를 헤아릴 수 없는, 주마등처럼 휙휙 변하는 복잡한 영적 세계를 이해하느라 애를 먹었다.

시크교의 평등주의 철학에 매혹된 나는 암리차르의 하르만디르 사히브에서 여러 날을 기쁘게 보냈다. 암리차르에는 각종 종교를 믿는 각계각층의 사람들이 하나되어 예배를 올리고자 모인다. 매일 약 3만 5,000명이 음식을 먹는 대강당 구루 카 랑가르에서는 카스트와 인종, 신조와 상관 없이 모두 흰옷을 입고 다 같이 바닥에 앉는다. 이는 시크교 신앙과 교리의 핵심을 이루는 관념인 만인의 통합을 상징한다. 사회와 영적 질서 내에 운명 지어진 자리와 반대로 개인의 성품에 집중하는 종교 신조는 호소력이 분명했다. 나는 밤마다 사원 내부 성소로 이어지는 다리에 늘어선 자원봉사자들 틈에 꼈고, 그때마다 경전 구루 그란트 사히브가 인간 컨베이어 벨트를 따라 손에서 손으로 전해졌다. 덕분에 순례자도 방문객도 귀한 찰나에나마 신의 글을 만져볼 수 있었다.

그보다 훨씬 어렵고 당혹스럽게까지 느껴졌던 것은 약

500년 전 시크교의 개혁을 촉진한 고대 베다 전통이었다. 이는 시간의 여명까지, 세계사에서 가장 오래된 문명의 출현까지 거슬러 올라가는 영적 헌신이다. 카트만두에 살았던 예수교 신부 로크John K. Locke는 오랜 세월 성실히 노력하고 연구한 끝에, 힌두교를 이해하려 하는 것은 안개를 삽으로 뜨려는 것과 같다는 결론을 내렸다고 알려져 있다. 로크 신부는 유일신의 그림자 안에서 성장한 사람이었다. 인도에는 3억 3,000만 신이 있다고들 한다. 저마다 다른 3억 3,000만 가지 신의 얼굴은 모두 최고신의 무한한 표현이다.

다이애나 에크의 설명에 따르면 힌두교의 핵심은 성지 순례, 성수 목욕, 신상 경배라는 전통이다. 이 전통에서는 모든 감각이 신을 이해하는 데 동원된다. 사원에는 싱싱한 꽃이 높다랗게 쌓여 있고 코를 찌르는 향 냄새가 감돌며 기도를 읊조리고 종을 울리는 소리로 활기가 돈다. 힌두교는 신을 천 갈래로 상상하고 형상화하는, 어디서나 신의 존재를 발견하고 인간 삶의 모든 면면을 기어코 종교의 장으로 가져오는 종교라고 에크는 쓴다.

힌두교도가 신을 가장 잘 지각하는 것은 여러 감각 중에서도 눈을 통해서다. 이들은 "사원에 예배를 드리러 간다"보다는 "**다르샤나**darshana를 얻으러 간다"고 말한다. **꿰뚫어 본다**는 뜻이다. 신에 대한 **다르샤나**를 얻고 봉헌한 음식에 축성을, 신의 축복을 받는 것이 목적이다. 수천 가지 조각과 성상은 그 자체로 실체인 우상이 아니라 그저 신들의 표상일 뿐이다.

근본적인 진리를 명료하게 보여줄 수 있는 현실의 렌즈다. 이 것이 신에게 이르는 통로다.

힌두교 우주론에는 여신들과 더불어 창조의 신 브라흐마, 파괴의 신 시바, 유지의 신 비슈누라는 위풍당당한 세 주신主 神이 있다. 비슈누는 우주를 누비며 천계와 지상계 그리고 그 사이에 있는 모든 공간의 주인임을 보인다. 끝없는 뱀 위에서 잠자는 비슈누 신의 아바타 라마와 크리슈나, 시바의 부인 파 르바티, 코끼리 머리를 한 신으로서 재복을 가져다주며 신실 한 이를 방해하는 장애물을 없애주는 가네샤도 있다.

이 신들의 신화 속 행적은 알려진 경전 중에서도 오래되기 로 손꼽히는 여러 텍스트에 역사로 기록되어 있다. 현인들이 밝힌 영원한 진리는 여러 세대 동안 구전되다, 세계에서 가장 오래된 종교 문헌일 가능성이 다분한 『리그베다』를 비롯한 네 가지 베다에 산스크리트어로 적혔다. 그후의 힌두교 철학 과 영적 사고의 근간을 이루는 『우파니샤드』도 그런 문헌이 며 예수가 탄생하기 한참 전에 지어진 산스크리트 문학의 대 서사시 『라마야나』와 『마하바라타』도 빼놓을 수 없다.

기독교와 이슬람교 같은 일신교에서는 신의 은총을 입은 특정 개인으로 신앙의 기원을 추적할 수 있다. 불교에서는 먼 옛날의 수많은 종교적 선조들을 토대 삼아 깨달음에 이르는 영성의 길을 정제한, 빛을 비추는 한 존재를 배운다. 힌두교 에서는 바로 그 선조들을 이야기한다. 이 종교의 기원은 인간 이 자연 정령의 영역 너머, 애니미즘 너머를 보며 살아있는 신, 존재의 도덕적 심판자로 여러 신을 상상하기 시작한 아득한 시대와 고대성의 안개에 휩싸여 있다.

예를 들어 우리는 기원전 제1천년기 비슈누와 시바의 등장에 앞서 고대 인도의 정령 야크샤를 모시던 이들이 행한 태곳적 의식의 요소를 현대 힌두교에서 어렵지 않게 찾아낼 수 있다. 주황빛 안료가 발린 채 줄줄이 베여 물이 뿌려진 나무줄기. 두 개뿐인 돌덩이에 판판한 돌을 얹은 사원. 붉은 안료를 바르고 꽃으로 장식한 작은 가네샤 조각상. 이 모두는 힌두교와 불교가 존재하기 전의 인도를 보여주는 표지요, 3,000년 넘는 세월을 거슬러 올라가지만 오늘날에도 지켜지는 의식 행위다.

에크에 따르면 베다 전통은 불의 제단이 온 우주의 상징이었던 희생 제의에서 유래했을 것이다. 신이 무대의 중심에 놓인 것은 유신론이 발흥하면서다. 비슈누, 크리슈나, 시바, 데비, 심지어 부처까지도 신종 종교성의 구심점으로 떠올랐다. 이제 신은 특정 장소에 국한된 정령이 아니었고 그에 대한 숭배는 새로운 양상, 헌신과 경애를 뜻하는 바크티라는 형식을 띠게 되었다. 대상은 두려워서든 어떠해서든 달래야 할 지역의 정령이 아니었다. 숭배하고 헌신해 마땅한 신이었다. 이 영성의 변신이 언제 발생했는지는 분명치 않으나 기원전 4세기의 첫 불교 제국부터 서기 4세기부터 6세기까지의 굽타제국으로 구분되는 10세기를 거치며 유신론적 힌두교가 대승불교와 마찬가지로 온전하게 모습을 드러냈다.

온갖 화려한 행적과 신화적 만용을 보여주는 혼란스럽고 말이 안 되는 듯한 신들의 조합은 실상 서기가 시작되기 한참 전부터 이 아대륙 내에서 알려지고 명문화된, 전적으로 일관된 우주론이다. 에크의 말을 또 빌리자면 이 우주론은 초기 유럽인과 힌두교도의 세계 지도를 비교해서 볼 때 드러난다. 유럽인의 초기 지도에서 미지의 지역 변경은 모르는 곳으로 그려졌고 종종 용을 비롯한 신화 속 생물들로 채워졌다. 힌두교도가 그린 우주 지도는 정반대라 할 수 있다. 이들의 지도는 체계를 이룬 전체를 보여준다. 빠진 것이 없다. 따로 떨어진 것도 없다. 온 우주는 하나의 방대한 생태계로, 여기서는 터져나오고 쏟아져나와 성장하고 번성한 뒤 죽고 부패해 씨앗으로 쪼그라들어 다시 태어나는 것이 생의 기본 과정이다. 만물이 살아있고 서로 관계한다. 만물이 인간과 지상계와 우주계의 연속성을 드러내는 상징이다.

이 우주적 설계에서 최종 목표는 단 하나, 윤회에서 해방되는 것이다. 삶이 소중한 것은 탄생과 현세의 삶을 거쳐야만 삼사라(윤회를 이르는 산스크리트어—옮긴이)를 벗어나고 다음으로 넘어가 궁극의 영적 성취인 목샤(해방 또는 해탈을 이르는 산스크리트어—옮긴이)를, 윤회로부터의 해방을 이룰 수 있기 때문이다. 죽음은 삶의 불가결한 요소 그 이상이다. 죽음은 새로운 삶의 시작, 나아가 윤회의 고통에서 영원히 해방됨을 의미한다.

힌두 신화에 따르면 시간의 태동기에 모든 신과 악마가 휴전을 선언했다. 보물이 나오는 천상의 바다 크시라사가르를 휘젓는 것을 다 같이 경외하며 목도하고자 태곳적부터의 전쟁을 중단한 것이다. 우주의 보물 열네 가지 중 하나는 영생을 주는 신들의 음료 암리타였다. 인드라의 아들 자얀타는 이 귀한 음료를 잔에 담아 들고 도망쳤다. 악마들은 12년 동안 이 신왕을 쫓았고 그사이 암리타 열두 방울이 지상에 떨어졌다. 그 중 네 방울은 땅에 닿았는데, 이 자리가 현대에 불리는 이름으로 도시 하리드와르, 프라야그라지, 우자인, 나시크다.

신비한 현자 샹카라차리야Shankaracharya(인도의 3대 성자 중 한 명—옮긴이)가 살았던 시대 이후로 4년마다 쿰브멜라 의식이 진행될 때면 인도 전역에서 온 영적 구도자 수백만 명이 (다이애나 에크와 학생들이 그랬듯) 이 신성한 지리의 여러 지점 중 한 곳에 집결한다. 행성들이 열을 맞추고 하늘에 상서로운 별자리가 나타나면 강가에서 흐르는 물은 모두 형이상학적 차원에서 암리타로 변한다. 죄악을 씻어내리고, 그 성스러운 강에 몸 담그는 모두의 영과 혼을 정화하는 신들의 음료가 된다.

고팔 크리슈나 고칼레Gopal Krishna Gokhale(인도의 정치 개혁가로, 마하트마 간디의 스승으로 알려져 있다—옮긴이)는 이렇게 썼다. "흐르는 강은 흐르는 사원이다. 신성의 상징으로 이만한 것이 없다."

고칼레가 생각한 것은 분명 바라나시에서 흐르는 갠지스강이었다. 바라나시는 넓게 초승달 모양을 그리며 북쪽으로 이어지는 강의 서쪽 둑에 올라와 있다. 힌두교 신비주의자에게는 빛의 도시라는 뜻의 '카시'로 통하는 바라나시는 영국령 인도 시절 뭄바이, 콜카타, 첸나이, 뉴델리에 도로가 놓이기 2,000년 전부터 순례와 헌신의 중심지로 확고하게 자리 잡은 곳이다. 예루살렘이나 로마에 가서 예수가 살던 시대 방식 그대로 거행되는 종교 의식을 직접 볼 수 있다고 생각해보라. 오늘날의 바라나시는 그런 곳이다.

가트라고 하는 긴 돌계단은 강을 향해 뿌리처럼 뻗어 순례자와 예배자를 목욕할 물로 데려오고, 화장터의 연기는 낮의 햇살을 받아 환하게 피어오른다. 새벽은 신성한 시간이다. 현지인과 순례자와 방문객과 사두가 섞인 수천 명이 모여 강 건너 동쪽을 바라보며 점점 커지는 북소리와 종소리, 기도와 경배 소리로 떠오르는 해를 맞이한다. 바라나시 사람들이 짧게 잡아도 2,500년 동안 아침마다 해온 그대로다. 수많은 형식과 이름을 붙여 태양을 신의 상징으로 숭배한 역사는 인도만큼이나 오래되었으면서도 새로 밝아오는 하루하루의 빛과 온기만큼이나 새뜻하다.

강가는 인도를 대표하는 강이다. 머나먼 히말라야에서 발원해 벵골만까지 2,414킬로미터를 흐르는 문화와 상업의 통로다. 그러나 강변에 놓인 의자에 걸터앉은 방랑자 사두는 다른 이야기를 들려준다. 베다에 기록된 내용에 따르면 신화의 영역에서 강의 수원은 지리학자들이 주장하는 높은 산맥이 아니라 천상에, 비슈누의 발치에 있다. 이곳에서 신성한 강은 은하수처럼 뽀얀 천상을 가로질러 흐른다. 어머니 강가가 처음 지상에 온 것은 절박하게 도움을 구하는 고대 군주의 간원이 있어서였다. 밝고 높은 곳에서 거세게 내려오는 어머니 강가의 물은 자애롭게도 시바의 머리카락을 타고 떨어졌다. 덕분에 강가가 히말라야에 격렬하게 내려앉아 광대한 인도 평원으로 흘러갈 때의 충격이 한결 부드러워졌다.

그리하여 시바는 강가의 운반자가 되었고, 오늘날까지도 강의 크고 작은 물결은 하나하나가 모두 시바의 머리카락을 지난다. 강은 시바의 활동하고 창조하는 에너지인 샤크티가 액체 형태를 띤 것으로, 시바의 여성적 본질이자 생 자체의 근원적 힘이다. 그러므로 아침마다 강가에서 목욕하는 순례자는 흐르는 신에 자신을 담그는 것이다. 강가는 액체 형태의 샤크티로, 신의 현신이자 시바가 자애롭게 행하는 모든 구원과 창조의 매개가 된다.

시바의 불이 강가의 시원한 물, 다시 말하지만 액체 형태의 샤크티와 합일한 일은 바라나시 전역의 작은 사원 수십 곳으로 기념된다. '링가'라고 알려진 이 수직형 돌은 여러 시대를 지나며 물에 닿고 숭배받아 하나같이 매끄럽게 닳아 있다. 과거 오랫동안 영국인 선교사들이 주장했던 바와 달리 링가는 남근상이 아니다. 이 단어는 **증표**, **상징** 또는 **표지**를 의미한다. 기둥몸은 시바이며 요니라고 하는 받침은 샤크티인데, 최고신의 두 가지 힘을 상징한다. 파르바티의 남편으로서 지니는 생식과 생성의 힘, 그리고 고행자와 요기로서 지니는 유지의 힘이 그것이다. 시바는 남편이자 고행자요, 창조자이자 파괴자다.

따라서 링가는 보이지 않는 것을 보이게 한 상징, 형태가 없는 것의 형태, 영원하고 초월적인 최고신이라는 시바의 불가해한 존재를 나타내는 기호다. 순례자는 시바의 링가에 물을 부을 때마다 강가가 시바의 머리카락을 타고 지상으로 내려온 그 우주적 순간을 떠올린다. 강가가 아니었다면 시바는 밝게 타오르는 불의 링가로 남았을 것이다. 시바가 아니었다면 천상의 강가가 떨어지는 폭류의 힘에 지상이 산산이 부서졌을 것이다. 엄숙한 의식에 임하는 순례자들은 강에서 뜬 물로 신들의 광휘가 작열하는 불을 식힌다. 이 강물은 영생을 주는 신들의 음료요, 은혜의 수여자다.

강가가 천상에서 지상으로 건너오니 강은 지상에서 천상으로 건너가는 통로로 남는다. 이런 이유에서 인도 전역의 사람들은 생애 마지막을 바라나시에서 보내고자 이 도시로 온다. 힌두교에서 이곳은 창조의 기원지이자 시바가 샤크티로 처음 창조한 장소, 온 우주가 뻗어나간 거점이다. 동시에 카시 자체가 우주, 또는 그 축소판이다. 강력하고 상서로운 지상의 모든 것, 모든 성지와 성수가 이곳에 있다. 모든 신이 빛의 도시가 발하는 찬란함에 이끌려 와 이곳에 기거한다. 바로 이 도시 아래의 암석과 흙에 시바가 깃들어 있다.

최고신은 어디에나 있지만, 카시에서는 언제라도 해방이라는 깨달음의 지혜를 내려줄 태세로 특히 강렬하게 살아있다. 카시는 이 세계와 신의 초월적 실재 사이의 막이 너무나도 얇아 거의 투명한 곳이다.

이 도시는 진실을 밝히고 실재를 드러낸다. 이미 존재하는 것을 볼 수 있게 한다. 이 빛은 영원한 시바로 불리며, 빛이 지상과 교차하는 이곳은 카시로 통한다. 그러나 신비롭게도 카시는 이 지상에 속하지 않는다. 이 세계 안에, 그 중심에 있으면서도 지상에 매여 있지 않다. 저 높은 곳, 주인이자 보호자인 시바의 삼지창 꼭대기에 있다. 시간의 대순환이라는 멈출 줄 모르는 움직임에, 여러 시대의 범우주적 탄생과 소멸에 휘둘리지 않는다. 영원히 돌아가는 삼사라의 세계에 관여하지 않고 시공간의 영구한 움직임을 고정하는 정적인 중심이다.

액체 형태를 한 경전과 신과 힌두교 전통 지혜의 정수가, 최고신의 에너지와 힘인 샤크티의 정수가 현세의 삶에서 흐르는 것이 바로 이 강이다. 갠지스강은 방울방울이 여신이다.

바라나시에서는 강둑을 따라 늘어서 있는 화장용 장작 제단에서 밤마다 불길이 솟는다. 강기슭에서는 늘 신성한 불이 타오르는데 이 불을 계속 피우는 일은 '닿으면 안 되는' 집단인 돔(달리트라고 불리는 불가촉천민 카스트의 한 부류―옮긴이)의 몫이다. 시내 거리를 통과하는 가족 행렬을 마친 시신은 마지막으로 갠지스강에 들어갔다 나온다. 이어서 백단유가 뿌려지고 화환으로 장식되어 신을 대하듯 예우받는다.

대개 장자가 맡는 상주는 불을 붙인 신성한 쿠샤풀 가지를 영원히 타는 불에서 장작 제단으로 가져간다. 상주는 시계 반대 방향으로 걸으며 제단 주위를 돈다. 애도 의식에서는 모든 것이 거꾸로다. 보통 왼쪽 어깨에서 늘어뜨리는 신성한 실도 제단을 돌 때는 오른쪽 어깨에 건다. 상주는 불을 붙여 망자를 불의 신 아그니에게 제물로 바친다. 불길이 제물을 천상으로 실어나른다.

시신이 완전히 타면 상주는 두개골 의식을 거행한다. 기다란 대나무 막대로 두개골을 깨 육신에 갇혀 있던 혼을 풀어주는 것이다. 그러면 재만 남는다. 상주는 질그릇에 강물을 뜬 후, 어깨 너머로 사그라들어가는 잉걸불 위에 물을 뿌린다. 뒤돌아보지 않고 걸어서 자리를 떠난다. 조문객들은 드러내놓고 슬퍼하지 않는다. 눈물이 망자를 고통스럽게 한다고 해서다.

망자를 위한 이후의 의식은 11일간 계속되는데 그 중 하나는 매일 쌀을 바치는 것으로, 이 쌀은 천상으로, 피안에 있는 선조들의 세계로 나아가는 중인 존재에게 주는 상징적인 음식이다. 브라만을 대접하는 잔치가 열리고 브라만은 고인을 대신해 양분을 취한다. 고인은 12일째 되는 날 목적지에 다다른다고 여겨진다.

죽음에 이르렀을 때의 빛은 매우 강렬하며, 현세를 영원의 세계와 가르는 무언가는 거의 투명하다. 죽음은 명료한 이해와 비전, 통찰의 시간이다. 이때의 생각은 신에 관한 것이어야 한다. 운명의 순간이 다가오면 가족과 사랑하는 사람들이 다가와 죽어가는 이의 귀에 신들의 이름을 속삭여준다.

죽음은 이생의 마지막 사건이지만 어떤 의미에서는 저승의 첫 사건이다. 다이애나 에크가 썼듯 힌두교도에게 죽음은 삶의 반대말이 아니라 탄생의 반대말이다. 삶의 연쇄에는 죽음의 연쇄가 들어 있다.

영적 자유와 해방의 열쇠는 지혜다. 깊은 자기이해라는 이 깨달음의 지혜는 카시에서 마지막 숨을 쉬는 모든 이에게 닥친다. 이 성스러운 도시에서 죽음의 신 야마는 아무런 권능이 없다. 바라나시에서 죽음은 알고 끌어안고 바꾸고 초월할 수 있다.

이 도시의 거리를 걷기만 해도 순례자가 된다. 이 공기로 숨 쉬는 것이 곧 영적 여정에 발을 내딛는 것이다. 매 순간이 요가 수행의 표현이다. 이 도시 자체가 모든 행위를 신성하게 하기 때문이다. 카시에서는 시바가 스스로 구루가 되어 죽어가는 이에게 깨달음의 지혜를 준다. 이는 신이 인간의 귀를 통해 인간의 심장으로 곧장 전해주는 지혜의 빛, 신들의 음료와 같은 영생의 말이다. 넘실대는 지혜의 빛 속에서 혼은 마지막 건널목을 지날 수 있다. 목샤의 나룻배를 타고 강을 건너 삶과 죽음 너머의 세계로 가는 것이다.

바라나시에서 생을 마치는 것은 영적 해방을 뜻한다. 모든 사원의 모든 돌이 수세기에 걸친 순례자들의 발로 하나같이 매끄럽게 닳아 있는 이유다. 순례자들은 신앙의 빛이 광휘를 내뿜고 떠오르는 태양과 영생의 피안을 향해 열려 있는 도시에 죽으러 온다. 바라나시에서 맞는 죽음은 두려움의 대상이 아니라 고대하던 손님의 방문과 같은 진득한 기다림의 대상이다. 그 죽음이 닥치면 당당한 망자는 육신도, 강가에 마지막으로 들어갔다 나와 아직 축축한 수의와 화환도, 마지막 축복도 기꺼이 장작 제단에 두고 떠난다. 그 순간 불길이 육체의 잔해를 집어삼킨다.

다이애나 에크가 그린 바라나시를 생각하며 인도의 정체성이 무엇이냐는 질문으로 돌아가보자. 진정 영국과 그 전의 무굴제국이 발휘한 행정력만으로 국민국가가 탄생했는가? 철도와 해항, 격자형 도시 구획과 우편, 전신과 전화, 신식 무기와 대리석 궁의 덕인가? 답은 당연히 '아니오'다.

인도는 영적 염원에서 탄생해 신화로 채워져 신념으로 결속되고 윤리로 단련되고 도덕으로 고취되었다. 인도에서는 어디로 가든 산과 강과 숲과 마을이 신과 영웅의 이야기와 정교하게 결합한 살아있는 땅을 보게 된다. 대지는 신의 자취와 영웅의 발자국을 품고 있다. 에크가 썼듯이 모든 장소에는 저마다 이야기가 있고, 신화와 전설의 광대한 보고 속 모든 이야기에는 저마다 장소가 있다.

이 땅에서는 장소가 신들의 설화와 연결될 뿐 아니라 여러 장소끼리도 크고 작은 지역 내에서, 또 지역을 건너 행해지는 순례를 통해 서로 연결된다. 이런 연결의 길은 현세에서 무한의 지평선을 향해 뻗어 이승과 저승을 잇는다. 이러한 신성화의 모든 양상 속에서 수백만 인도인은 고국의 상상된 땅에 지속적으로 결합된다.

알고 보면 카시는 **유일한** 성도가 아니다. 중심이 하나가 아닌 땅, 만물이 순례자의 길로 결합된 아대륙 전체만큼이나 방대한 신성한 지리의 여러 성도 중 하나일 뿐이다. 강가도 하나가 아니라 일곱이며 각각이 천상에서 발원했다. 바라나시에서 유명한 여신들도 수백 여신의 관계망에 결합되어 있다. 카시는 시바의 빛나는 증표, 신성한 빛의 링가가 지상에 현현한 곳이지만, 인도에는 이런 장소가 적어도 열한 곳은 더 있다.

수천만 순례자는 언제나 길을 가고 있다. 순례는 이 나라에서 이동과 관광의 본질이다. 현대의 인도인은 갖가지 이유로 순례에 나선다. 맹세를 이행하려는 것일 수도 있고, 가족의 안녕이나 경제적 성공 또는 회복을 위해서일 수도 있다. 사랑하는 이의 유골을 신성한 강에 데려가려는 것일지도 모른다. 영의 정화를 위해, 현자의 지혜를 구하고 싶어서, 아니면 어떤 장소의 광휘를 눈으로 보고 싶어서, 그 **다르샤나**를 얻고 싶어서일 수도 있다.

동기가 무엇이든 수백만 순례자는 집을 떠나 경계공간(liminal space, 시간적·공간적 변화에 맞물려 있는 경계 지점—옮긴이)에 들어선다. 더 높은 목표를 추구하는 트인 길에서 역경을 받아들인다. 이들이 궁극적으로 찾고자 하는 것은 불이 켜지는 깨달음의 지점, 인도에서는 **티르타**^{tirtha}로 통하는 신성한 도착지다. 힘과 순수가 충만한 이 강이나 길의 건널목에서는 천상과 지상이 하나로 가까워지며, 이따금 맞닿을 때면 순례자가 삼사라의 강을 건너 해방의 피안에 이를 수 있다.

인도는 **티르타**가 수만 곳 있는 땅이다. 순례자들이 이동하면 그들의 여로를 따라 의미와 연결의 순환로가 생긴다. 이 신성한 그물망이 인도라는 마음의 상태를 궁극적으로 규정한다.

카시는 마치 수정처럼 모든 순례지의 빛을 모으고 굴절시킨다. 모든 **티르타**가 카시에 존재하지만 카시 역시 온 대지에 존재한다. 여러 베다의 정수를 단일한 만트라에 채워넣을 수 있듯 여러 신의 무한한 복잡성도 단일한 신으로 지각될 수 있으며 우주라는 전체도 하나의 우주 지도로 그려질 수 있다. 카시는 온 인도를 신성한 대원大圓 하나에, 지리가 만든 만다라(우주의 진리를 표상한 원형 그림—옮긴이)에 응축한다. 도시 전체는 육화한 시바고, 신성한 구역은 거대한 빛의 링가이며, 빛은 곧 지혜다.

다이애나 에크가 결론짓듯 인도의 땅은 2,000년 동안 신화와 서사와 순례의 힘으로 삼차원이 되었다. 살아있는 우주라는 주제가 끊임없이 말해지고 끊임없이 들려진다. 현자들의 서사로 그려지고 분출하는 신으로 살아나 수백만 순례자의 발걸음으로 흙에 새겨진 인도의 정신적 지도는 오늘날까지도 인도의 가장 흥미롭고 강력한 힘으로 남아 있다. 인도는 전체가 신성의 광대한 만다라다.

원주민을 대신할
새로운 단어

어떤 단어들은 지나치게 많이 쓰인 나머지 힘도 권위도 잃어 듣는 사람의 눈에서 생기를 앗아간다. **지속가능성**도 그런 단어 중 한 예임이 틀림없다. **원주민**indigenous 역시 마찬가지일 것이다.

구성물인 동시에 범주인 **원주민**이라는 용어는 그때까지 사용되던 학계 언어가 거북해진 인류학자들에 의해 1970년대에 처음으로 널리 수용되었다. 살아있는 민족과 문화를 **원주민**과 **원주민 문화**라 지칭하는 것은 초기 민속지학 문헌에 스스럼없이 등장했던 **원시**와 **야만**이란 단어에 비하면 분명 한 단계 발전한 것이었다.

이 개념이 고안되는 이유가 되었던 사람들은 그것을 자기 정체성의 본질적인 부분으로 받아들였다. 이제 이 명칭은 보편적으로 수용되며, 국가기구와 국제기구도 이를 명문화했다. 특히 주목할 예는 2007년 「유엔 원주민 권리 선언」으로, 여기서 인식하는 원주민은 "자신의 영역에서 발전한 식민지 이전 사회와 역사적 연속성을 지니"며 스스로 "그 영역에서 현재 우세한 사회"와 구별된다고 여기는 사람들이다.

이 정의에 따르면 **원주민**이라는 말은 정복과 종속의 역사를 공유하는 무수한 문화, 19세기 식민주의의 잔해로 대부분이 구축된 국민국가의 임의적 한계선을 표시하는 거미줄 같은 경계로 예로부터 살았던 고향 땅이 에워싸여 있는 무수한 문화를 포괄한다.

많은 신생국의 권력이 하나같이 정치 엘리트의 손에서 공고해지고 국가의 명령에 복무하는 군대로 지탱되는 상황에서, 위기에 처한 민족이 공유된 정체성을 중심으로 결집할 이유는 차고 넘친다. 법적 명칭인 동시에 정치적 선언인 **원주민**이라는 용어는 연대의 필수 표현이자 응당 지지하고 존중해마땅한 것으로 부상했다.

그럼에도 이 단어에는 문제가 있다. 우선 이 단어는 우리중 일부는 이 지구의 원주민이고 또 일부는 아니라는 의미를내포하는데 이는 사실이 아닐뿐더러 우리 자녀에게 전하기에는 잘못된 메시지다. 장소의 혼을 기르고 땅과 물에 충실하고청지기로서의 의무를 신념으로 끌어안는 것은 분명 모든 민족과 모든 인간 사회가 지향해야 할 일이며, 실상 피할 수 없는 명령이다. 시인 게리 스나이더가 썼듯 "우리가 공유하는거북섬이 생태적·문화적 생명력을 갖길 바란다면 우리는 민

족적 바탕이 어떠하든 모두 아메리카 원주민이 되어야" 한
다. 스나이더가 말한 것은 문화 전유(다른 문화나 정체성의 구
성원이 어떤 문화나 정체성의 요소를 채택하는 것—옮긴이)가 아
니다. 그가 논한 것은 우리가 인간으로서 이 지구에 거주하는
방식을 바꿔야 한다는 시급한 필요성이었다.

다른 문제도 있다. 세계의 언어 7,000종 대다수(약 6,500종
이상)는 학계 추정에 따르자면 원주민으로 간주되는 이들이
사용한다. 그런데 세계 문화적 다양성의 가장 큰 덩어리를 단
일 범주로 싸잡아 단어 하나를 편리한 딱지처럼 갖다 붙이는
것은 민속지학에서 격렬하게 부정하는 문화에 대한 획일적
태도를 보여준다.

모든 문화는 저마다의 역사에서 나온 산물이다. 시베리아
에서 순록을 치는 네네츠족, 콜롬비아 아마존 숲에서 생활하
는 바라사나족, 말리의 반디아가라 절벽에 사는 도곤족은 문
화적으로 프랑스인, 러시아인, 중국인만큼이나 공통점이 없
다. 전자를 **원주민**으로 묶는 것은 후자를 **산업민**이라는 억지
스러운 범주로 포괄하는 것만큼이나 자의적이며 근본적으로
무의미하다.

이렇게 문화를 뭉뚱그리는 접근이 낡은 식민주의적 고정관
념도 강화한다는 사실은 사고의 탈식민화에 열과 성을 다하
는 이들 사이에서도 대개 이상하리만치 주목을 받지 못한다.
일부 문화만이 원주민 문화라고 하는 것은 앞서 짚었듯 그렇
지 않은 다른 무언가인 인류 집단이 또 있음을 내포한다. 수

천 가지 문화로 현현되고 인류의 7,000가지 목소리로 표현된 인간 영혼의 놀라운 범위는 그리하여 원주민과 비원주민이라는 단일한 이분법으로 환원된다. 이 이원론적 대조의 문화적·역사적 기반은 19세기에 **원시**와 **문명** 사이에서 도출한 불쾌하고도 지극히 불완전한 구별보다 나을 것이 없다.

세계의 여러 문화는 원주민성이라는 안개에 묻힌 것처럼 무명으로 존재하지 않는다. 모든 문화는 한데 모여 독자적인 삶의 비전을 자아내는 생각과 직관과 신화와 기억과 통찰과 혁신으로 그려진 고유하고 변화무쌍한 별자리다. 각각의 문화는 인간으로 존재하고 살아있다는 것이 무슨 의미냐는 근원적인 질문에 대한 저마다의 답이다. 이 방대한 문화 레퍼토리를 하나의 항목으로 압축하는 것은 궁극적으로 모두를 축소하고 각 문화의 특색, 즉 그 문화가 인간의 상상으로부터 독자적으로 정제해낸 것을 부정하는 일이다. 우리가 하나의 종으로서 공유하는 천재성을 부정하는 것이다.

그렇다면 **원주민** 대신 우리가 사용해야 할 언어 또는 용어는 무엇인가? 국가라는 개념을 확장하면 왜 안 되는가? 보여 마땅한 존중을 담아 여러 민족 또는 종족을 그 이름으로 부르면? 페난족, 투아레그족, 삼부루족은 각기 언어, 신화, 전통법과 토지 점유의 깊은 역사에 근거해 정당하게 주권을 주장할 수 있는 현존하는 수백 문화 가운데 다만 세 집단일 뿐이다. 이들의 목소리는 겨우 잔존하는 것이 아니다. 정반대로, 이들은 역동적으로 살아가는 민족으로서 스스로의 문화적 생존을 위해 싸울 뿐 아니라 지구 위 생명의 운명을 결정할 한창 진행 중인 전 지구적 대화에 참여하는 데도 힘쓰고 있다.

언어가 군단을 갖춘 방언에 지나지 않는다면 분명 국가는 외교 논쟁과 권력 행사로 고정된 지명에 지나지 않는다. 지리적 범위는 인구 규모만큼이나 상관이 없다. 국가는 우리가 그렇다고 선언하는 것이다. 존중과 다원성, 환경 정의와 청지기의 의무, 호혜와 책임의 새로운 시대에 걸맞게 국가 개념을 다시 상상해보면 어떤가?

브리티시컬럼비아의 주 영토에 통합되어 있기는 하지만 양도된 것은 아닌 탈탄 선주민의 영토(9만 3,500제곱킬로미터)는 유엔 총회에 상주 대표를 두는 나라들 중 이스라엘, 오스트리아, 파나마, 스위스, 쿠웨이트 등을 비롯한 85개국보다 지구 표면을 더 많이 포함한다.

캐나다에 있는 이누이트만 해도(그린란드부터 알래스카와 그 너머까지 펼쳐지는 북극 문화권의 일부일 뿐이다) 유엔 회원국 중 9개국보다 인구가 많다.

하이다족의 정치적·영적 고향인 하이다과이의 지리적 완전성은 짧게 잡아도 6,000년 동안 규정되고 획정되어 있었다. 유엔 회원국 중에는 1960년까지는 존재하지도 않았던 나라가 97곳이나 된다. 나는 나이가 칠십이니 이 세계 공동체가 국가로 인정하는 나라들 100곳보다 오래 살았다.

브리티시컬럼비아 안에서 한 가족이 밴쿠버부터 프린스조지까지 북쪽으로 800킬로미터 거리를 운전해 갈 때 지나칠 개별 언어는 모스크바부터 마드리드까지 육로로 이동하는 여행자가 접할 언어보다 많다.

이토록 눈부신 문화적 다양성 앞에서, 너무 포괄적이라 무용할 정도인 **원주민**이라는 단어는 모든 의미와 목적을 잃는다. 의도는 좋았던 이 편리한 수사는 정체성을 지우려 한 역사 속 여러 시도를 연장하고 강화할 뿐이다. 영어의 탈식민화를 열망하는 사람으로서 말하건대 이 단어는 사라져야 한다.

신이 주신
영생의 잎

어둠이 내려앉고 송진 뚝뚝 떨어지는 횃불에 샤먼이 불을 붙이니 둥글게 둘러놓은 낮은 걸상들이 붉은 광채 속에 밝아졌다. 매일 밤마다 하는 대로 바라사나족 남자들이 모이는 자리였다. 공동체의 전통 가옥인 **말로카**maloca 반대쪽 끄트머리에서는 여자와 아이들이 잘 준비를 하느라 부스럭거렸다. 젊은 남자 한 명이 사슴 머리로 만든 악기를 연주했다. 다른 남자는 커다란 조가비 위로 부드럽게 바람을 불어 정령들을 불러내는 소리를 냈다. 한쪽에서는 소년 한 명이 커다란 점토판 아래에 불을 피우고 낮에 미리 채집해둔 잎사귀들을 올렸다. 소년은 말을 외고 노래를 부르며 코카잎을 일정한 박자로 던졌다. 소년의 형제는 바닥에서 흙먼지를 깨끗이 쓸어낸 다음 말려서 두둑하게 쌓아뒀던 야루모나무 잎사귀에 불을 붙였다. 불길은 남자아이의 키를 훌쩍 넘겨 치솟았다가 금세 사그라들고 하얀 잿더미만 남겼다. 내게 건네진 담배를 받아 코로 세게 들이쉬니 머리가 핑 돌고 구슬 같은 땀방울이 손끝을 적셨다.

코카가 살짝 구워져 파삭파삭해진 잎으로 준비되자 형제가 커다란 나무 절구 주둥이에 잎을 몇 움큼 넣고 기다란 공이로 번갈아 빻기 시작했다. 일정한 간격으로 몸을 놀려야 하는 고된 일이라 이내 형제의 눈썹에서 땀방울이 떨어졌다.

코카가 잘게 바스라져 밝은 녹색 가루가 되면 절구의 내용물을 큼직한 호리병에 넣고 재와 섞는다. 코카를 두 움큼 넣을 때 재를 한 움큼쯤 넣으면 된다. 이제 짙은 회녹색이 난다. 다음 단계는 이 가루를 야자섬유로 싸고 꾸러미를 막대기에 고정한 다음 덮개를 덮은 용기 안에서 내용물을 힘차게 흔드는 것이다. 초록빛 분진이 공기 중으로 작게 피어오르자 남자 한 명이 내게 맘베mambe를 해본 적 있냐고 물었다. 당시 내게 익숙했던 것은 고산지대의 코카뿐이었는데, 그곳에서는 잎담배에 알칼리 성분을 더해 잎을 통째로 섭취한다. 새로 사귄 친구는 그 방식을 상상해보더니 진저리를 쳤다. **"케 바르바로."** 너무 야만적이라는 말이었다.

그가 내게 호리병을 건넸다. 나는 그가 가르쳐주는 대로 가루를 한 숟가락 크게 떠서 혀에 부드럽게 얹었다. 몇 초 만에 기침이 터졌고 입과 콧구멍으로는 초록색 연기가 뭉실뭉실 뿜어져나왔다. 바라사나족은 우렁차게 웃음을 터뜨렸다. 그들은 내게 말하는 것은 금물이라고 주의를 줬다. 맘베가 합쳐질 때까지 가만히 기다리라는 것이었다. 다시 시도해보니 얼마 안 가 목을 타고 내려가는 코카를 느낄 수 있었다.

훈연한 듯 맛 좋은 향이었다. 몇 분 만에 볼 안쪽 감각이 없어졌고 가벼운 안녕감이 전신에 퍼졌다. 그 은근한 느낌은 밤이 깊도록 오래 지속되었다. 그 동안 남자들은 천둥 아야와 Ayawa, 세계에 질서와 조화를 가져온 그 네 문화영웅의 태곳적 여정을 이야기했다. 그 영웅들이 가져온 것이 아나콘다의 선물인 신성한 식물, 담배와 야헤yagé 그리고 코카였다.

우리는 이튿날 아침 일찍 숲으로 떠났다. 맘베를 양껏 집어 넣어 기세가 오른 나는 힘들이지 않고 험지를 누볐고, 처음으로 열대의 열기를 전혀 의식하지 않았다. 하버드 대학교에서 나를 가르친 교수이자 저명한 식물학 탐험가인 리처드 에번스 슐츠Richard Evans Schultes는 1941년부터 12년간 아마존에서 지내며 코카를 매일 사용하셨다. 놀라울 것 없는 일이었다. 아끼는 빈티지 와인을 추천하는 소믈리에처럼 타니무카족의 맘베를 찾으라고 내게 강력하게 권하셨던 그분이 떠올라 나는 미소 지었다. 그분 말씀으로는 타니무카족 것이 희귀한 숲의 나무에서 얻은 향기로운 송진을 넣어 제조해 맛이 좋았다. 슐츠는 보고타에서 열린 학회 뒤풀이에서 양철통에 담은 맘베를 꺼내신 적도 있다. 그러고는 들을 사람은 들으라는 듯 쫙 편 손바닥처럼 생긴 커다란 세크로피아시아도필라 잎으로 만든 재가 좋고, 세크로피아펠타타 잎으로 만든 것은 질이 확연히 떨어진다고 차분히 설명하셨다. 그분은 물론 질 좋은 것을 갖고 계셨다.

2020년 10월 31일, ABC 방송사의 필라델피아 가맹국 WPVI가 〈액션뉴스〉의 저녁 헤드라인으로 필라델피아 국제 공항에서 흔치 않은 마약 단속이 벌어졌다는 자극적인 보도를 내보냈다. 미국 세관국경보호국 직원들은 "초록 코카인"이라 묘사된 것을 5.5킬로그램 이상 압수했고, 함께 빼앗은 정체 모를 "타르 같은 갈색 물질"은 검사 결과 니코틴에 양성 반응을 보였다. 가루에서는 코카인 양성 반응이 나왔다. 당국에 따르면 녹색은 약을 위장하는 수단이고 휘발유와 암모니아를 비롯한 다른 화학물질로 화학 처리를 거치면 약이 백색으로 변할 수 있었다. 다른 색으로 물만 들였지 전량이 고스란히 통상적인 코카인이란 의미였다. 세관국경보호국 볼티모어 현장 작전소 소장 케이시 더스트Casey Durst는 이렇게 보고했다. "이번 압수는 세관국경보호국 직원들이 예리한 직감과 전문적인 과학 분석으로 우리 사회에 밀반입되는 위험한 약물을 차단하는 방식을 완벽하게 보여준 사례입니다." 신시내티에서는 항만 감독관 리처드 길레스피Richard Gillespie가 "이 위험한 녹색 가루가 우리 동네에 들어오는 것을 막았다"며 책임자들을 치하했다.

그러나 짐짓 정의로워 보이는 태도에 묻힌 것은 몰리에르Moliere의 희극에 나올 법한 코미디였다. 단속에 적발된 니코틴의 원천에 대해서는 내가 잘 알았다. 암빌ambil이라고, 담배(식물) 성분의 함량이 매우 높은 고약이었다. 물론 담배는 중독성이 있고 치명적일 수도 있는 약물로, 그 연기를 마시는 것은 해마다 미국인 48만 명이 사망하는 원인이다. 그래도 담배는 합법이니 이 물질은 세관 직원들의 소관이 아니었다. 의문의 녹색 가루는 맘베였다. 이미 1957년에 리처드 에번스 슐츠는 순한 각성제이자 아마존 북서부 민족들의 영양 섭취에서 빼놓을 수 없는 요소로 이 가루의 용도를 보고한 바 있었다. 매일 섭취하면 칼슘, 철분, 인, 비타민A, 리보플래빈의 영양 권장량을 충족하고도 남았다. 알칼로이드 농도가 건조 중량 기준 0.5퍼센트 미만으로 유독 낮은 아마존산 품종 코카로 만든 맘베는 각성제인 동시에 식품이며, 홍차나 커피 한 잔과 비교했을 때 위험성은 비슷하게 낮으면서 건강에는 훨씬 좋다.

WPVI 뉴스 보도는 그 "초록 코카인"이 분석을 위해 서배너와 뉴어크의 연구소로 보내졌다고 했다. 보도되지 않은 분석 결과는 커피콩 하나의 카페인 농도와 같은 미량의 코카인이 검출되었다는 것이었다. 그 가루를 코로 흡입하려 한다 해도 그저 베이비파우더와 밀도가 유사한 물질로 콧구멍을 불쾌하게 틀어막는 꼴이 될 뿐이었다. 맘베는 무조건 입으로 섭취한다. 밀수꾼이 코카인을 추출하려고 맘베를 수입했을 수도 있다는 말은, 제조 과정에서 들어가는 다량의 재를 무시하고 추출이 가능하다 쳐도 화학 처리를 거쳐 순수한 에틸알코올 추출물을 얻으려고 돔 페리뇽 샴페인을 수입한다는 말만큼이나 이치에 맞지 않다.

샴페인과 마찬가지로 전문화된 상품인 맘베는 세심한 관리와 전문 기술로 소량 제조되며, 이 노동 집약적인 과정에서 귀하고 고유한 천연 상품이 나온다. 50년 가까이 미국에 코카인을 톤 단위로 잘만 들여온 마약 카르텔은 이런 과정에 시간을 낭비하지 않는다.

필라델피아 공항에서 이뤄진 마약 단속은 엘리엇 네스^{Eliot} ^{Ness}가 트럭 가득 실린 감자를 보드카로 착각해 일명 볼스테드법으로 불리는 금주법 위반이라며 감자 전량을 압수한 것과 다를 바 없는 일이었다.

'마약과의 전쟁'을 개시한 지 50년이 지났는데도 어느 때보다 많은 지역에서 더 많은 사람이 더 나쁜 약물을 더 나쁜 방식으로 사용하고 있음을 유감스럽게 지적하는 것은 한 가지 문제다. 이 오도된 십자군으로 해마다 수십억 달러씩 총 1조 달러를 들였는데도 최전선의 수호자들이 1859년 마약으로 처음 추출된 순수 알칼로이드와 코카의 차이를 모른다는 사실을 인정하는 것은 상당히 다른 문제다. 무해하고 영양가 높은 식물인 코카는 오늘날에도 수백만 명이 숭상하고 남아메리카의 여러 고대 문명에서 신이 주신 영생의 잎으로 오랫동안 받들어온 대상이다.

새로운 약물은 사회 질서를 흔들게 마련이다. 카페인은 부분적으로나마 프랑스혁명의 원인으로 작용했다. 여러 세대를 거치는 동안 유럽 도시에서는 질병, 특히 콜레라와 이질에 걸릴 것이 무서워 물을 마실 수 없었다. 사람들은 진, 럼, 위스키, 와인, 에일, 꿀술 같은 술로 목을 축였다. 대륙 전체가 얼큰하게 취해 있었지만 주된 경제 활동이 농업과 수공업이었으므로 그래도 문제가 없었다.

그런데 수십 년 세월을 거치며 보물 같은 세 가지 식물이 나타났다. 모두 중추신경 자극제라는 공통점을 갖고 있는 그 식물들은 인도와 중국의 차, 과테말라의 초콜릿, 아비시니아(오늘날의 에티오피아—옮긴이)에서 브라질과 신세계의 열대 지방을 거쳐 온 커피였다. 모두 끓인 물을 써서 액체로 만들어야 했던지라 병원균이 죽어 마시기에 안전했다. 각각이 귀한 상품이었고 무역 초기에는 특히 더 그랬던 만큼 판매가 집중되었던 상점은 시간이 지나면서 지식과 정치의 중심지가 되어, 볼테르Voltaire와 루소Jean-Jacques Rousseau, 뉴턴Isaac Newton과 크리스토퍼 렌Christopher Wren 같은 인물들을 끌어모았다.

동네 선술집에서 눈썹까지 젖도록 맥주를 마시며 어울리는 대신 이 새로운 시설을 애용한 이들은 카페인에 빠져 입을 다물지 못했다. 알렉산더 포프Alexander Pope, 새뮤얼 피프스Samuel Pepys, 조너선 스위프트Jonathan Swift의 글에는 이 약물의 기운이 확실하게 배어 있다. 런던과 옥스퍼드의 커피하우스는 '페니 대학'으로 통하게 되었다. 자릿값 1페니를 내고 들어가는 그 공간에서 당대 최고의 지성들이 열린 대화와 토론에 열을 올린다는 뜻이었다. 파리의 커피하우스에는 런던 사람 못지않게 말 많은 남자들이 모여 루이 14세Louis XIV의 베르사유 궁전이 본인들의 거처보다 다소 크다는 사실에 주목했고, 그곳은 혁명의 샘이 되었다. 바스티유 감옥 습격으로 이어진 무장 요구는 볼테르가 가장 좋아했던 커피하우스인 카페드포이에서 시작되었다. 행진하기 위해 군중이 모인 지점이 바로 이곳이었다.

놀랄 일은 아니겠으나, 권력을 차지하고 있던 유럽 전역과 그 너머의 왕족들은 이 약물의 사용을 줄이려고 최선을 다했다. 1633년 오스만제국 전역에서 커피 음용자를 사형에 처하기로 한 술탄 무라트 4세Murad IV는 이 음료를 마시다 적발된 자들을 모조리 참수할 태세로 이스탄불 거리를 암행했다. 찰스 2세Charles II는 런던의 여러 커피하우스에 첩자를 침투시켰고, 1675년에는 커피하우스를 몽땅 폐쇄하라 명했다. 독일의 프리드리히 대제Frederick the Great는 한참 뒤인 1777년에도 커피를 불법화해 신민이 다시 맥주를 찾게 하려 했다. 그래야 백성들이 한층 고분고분하고 다루기 쉬워질 테니 말이다.

산업 경제가 부상함에 따라 흐리멍덩하고 수동적인 노동 인구는 불필요해졌다. 맥주를 큰 잔으로 몇 번 들이켠 사람이 밭에서 작물을 수확할 수는 있어도 실수를 용납하지 않는 기계 공구를 작동시키기는 무리였다. 노동자를 각성 상태로 유지하면서도 한숨 돌리며 흐뭇함을 느끼는 드문 순간을 제공할 수 있는 두 가지 각성제, 커피와 차는 증기와 석탄과 더불어 산업 혁명의 연료였다. 차 한 잔은 모든 위기에 얹는 연고가 되었고, 잠깐 커피를 마시는 시간은 모든 사무실과 회관, 학교, 병원, 소방서, 수도원에서 하나의 제도로 자리 잡았다.

짧지만 누구도 뭐라 할 수 없는 이 업무 중지 시간이 있어 직원들은 예측 가능한 주기로 이 약물을 또 마실 수 있었다.

초기에는 오로지 약으로만 사용되었으나 나중에는 선동의 불씨를 댕기는 역할을 한 커피는 19세기가 되자 다소 부드러워져 가정에 들어와 있었다. 덕분에 산업 생산량이 급증할 수 있었다는 이유가 컸다. 약리적인 성질, 좋을 수도 나쁠 수도 있는 날것의 가능성은 달라지지 않았다. 카페인을 다량 투여한 쥐는 공격성과 폭력성을 보인다. 카페인에 취해 날뛰는 쥐는 자기 자신을 공격해 제 살을 쥐어뜯기도 한다. 의심할 여지 없이 분명한 이 약물의 잠재적인 유해성은 그럼에도 약물을 금지하는 결과로 이어지지는 않았다. 카페인은 필요했고, 그랬기에 그 화학적 본질은 문화적으로 재정의되었다.

그 결과 오늘날 폭리를 취하는 가격으로 커피 음용자의 주머니를 거덜 내고 개중에서도 특히 절박한 이들을 범죄 인생으로 몰고 가는 동시에 암거래상에게 막대한 수익을 안기는 암시장은 존재하지 않는다. 대신 커피는 건전하고 역동적인 자유 시장을 반영하는 가격에 판매되어 세계 여러 나라와 정부에 합법적인 고용과 상당한 세수를 창출한다. 게다가 커피콩과 찻잎이라는 천연 상품을 수십 가지 향과 블렌딩으로 언제든 구할 수 있으니 화학적으로 추출한 카페인 시장이 유효하게 등장하기란 사실상 불가능하며 그래서 다행이다. 약물이 순수할수록 남용 가능성이 커진다는 것은 약리학의 공리다.

식물에서 순수한 형태로 추출한 최초의 약물은 모르핀이었다. 코카인은 두 번째 타자로, 1859년 독일 화학자 알베르트 니만Albert Niemann이 분리했다. 이 약물이 진가를 발휘한 것은 1884년, 지크문트 프로이트의 가까운 친구였던 카를 콜러 Carl Koller가 코카인의 마취 효능을 알아보고 국소 마취에 처음 사용했을 때였다. 코카인은 오늘날까지도 특히 이비인후과 수술에서 가장 강력한 국소 마취제 자리를 지키고 있다. 좋은 약과 나쁜 약은 없고 오직 좋은 사용법과 나쁜 사용법이 있을 뿐이라는 격언의 완벽한 사례다.

코르시카섬의 화학자 앙젤로 마리아니Angelo Mariani가 1863년 보르도산 레드와인과 코카잎 추출물에 순수 코카인을 소량 혼합한 '뱅 토니크 마리아니'로 특허를 획득한 것은 좋은 사용이었다. 이 음료는 말할 것도 없이 엄청난 인기를 끌었고, 미국 대통령 두 명, 다른 나라의 국왕 네 명, 교황 두 명, 대공 세 명, 러시아 황제와 이란 국왕과 프랑스의 대랍비가 코카와 코카인에 심취하게 만들었다. 교황 레오 13세Leo XIII는 이 와인을 납작한 통에 담아 허리춤에 넣고 다녔다. 미국에서는 병으로 고생하던 율리시스 S. 그랜트가 생애 마지막 다섯 달 동안 매일 이 와인을 한 찻순가락씩 마시고 그 힘으로 회고록을 완성할 수 있었다. 1909년 루이 블레리오Louis Blériot는 뱅 마리아니를 홀짝이며 영국해협 횡단 비행을 최초로 해냈다. 토머스 에디슨Thomas Edison, H. G. 웰스H. G. Wells, 쥘 베른Jules Verne, 오귀스트 로댕Auguste Rodin, 헨리크 입센Henrik Ibsen, 사라 베르나르Sarah Bernhardt(프랑스 배우—옮긴이), 웨일스 공 에드워드Edward, prince of Wales도 마리아니의 효력을 간증했다.

세계에서 가장 인기 있는 처방약이었던 뱅 마리아니의 모방 제품도 수없이 나왔다. 1885년, 애틀랜타에 살던 약사 존 펨버턴John Pemberton은 '프렌치 와인 코카: 가장 완벽한 강장제 겸 신경 자극제'라는 이름의 조제물을 상표로 등록했다. 1년 후 펨버턴은 와인을 빼고 카페인이 풍부한 아프리카산 견과 콜라너트와 향을 내는 감귤류 오일을 넣었다. 또 2년 뒤에는 광천을 연상시켜 건강해지는 느낌을 주기 위해 물 대신 탄산수를 사용해 '머리에 좋은 금주용 음료'로 이 상품을 홍보하기 시작했다. 1891년, 펨버턴은 자신과 마찬가지로 애틀랜타에서 약사로 일하던 에이사 그리그스 캔들러Asa Griggs Candler에게 특허를 팔았고, 그로부터 1년 후 코카콜라컴퍼니가 출범했다. 두통 치료제이자 숙취 '특효약'으로 판매된 코카콜라는 오래지 않아 전국 방방곡곡의 약국에 들어갔다. 주머니 가벼운 사람들의 건강 관리실과 같았던 소다 판매대(19세기 후반 미국에서는 약국 등에서 탄산음료를 즉석 제조해 판매했다—옮긴이)는 중요한 시설로 자리 잡았고, 온 나라의 남녀는 가볍게 약국을 찾아 '활력소 한 방'을 달라며 가장 좋아하는 음료를 주문했다.

코카콜라는 1903년에 제조법에서 코카인을 뺐지만 오늘날까지도 이 원료 식물을 풍미 성분으로 이용한다. 뉴저지 메이우드에 있는 스테판컴퍼니는 이 잎을 매년 수톤씩 수입해 합법적인 의약품 시장에서 판매할 코카인을 제거한 다음 방향유와 플라보노이드를 함유한 잔여물을 애틀랜타로 운송한다. 미국 내 유일한 합법적 코카 수입업체라는 자사의 위치를 회사가 대외적으로 알리지는 않지만, 이 잎은 코카콜라가 오랫동안 광고 슬로건으로 공언했듯 자신들이 '진짜'라고 정당하게 주장할 수 있는 근거다.

1880년대에 코카인은 사탕, 담배, 연고, 분무제, 가글, 비처방 주사, 칵테일 등 각종 제품으로 시장에 소개되어 판매되었다. 주요 의학회지에 실린 논문들은 뱃멀미부터 복통과 알레르기성 비염, 우울감에 이르기까지 다양한 불편감의 치료제로 코카인을 권장했다. 심지어 한 내과의는 19세기의 골칫거리였던 여성 자위를 예방할 목적으로 코카인을 "음핵에 국소 투여할 것"을 권하기도 했다. 물결처럼 퍼져나가던 코카인의 인기는 지크문트 프로이트가 오도된 논문 「코카에 관하여」를 발표한 1884년에 정점을 찍었다. 프로이트는 이 논문에서 코카인을 만병통치약으로 예찬하며 특히 알코올 의존증과 아편 중독 치료용으로 권장했다.

하지만 약이 병보다 나쁠 수도 있다는 사실이 이내 분명해졌다. 1890년 의료 문헌에는 이 약물로 유발된 급성 독성 사례가 400건 이상 실렸고, 피부 아래에서 벌레들이 기어다니는 느낌이 가시지 않는 지독한 촉각환각을 경험한 환자들도 있었다. 흥망은 즉각적이고 급격하게 역전되었다. 인류가 알게 된 최고로 유익한 각성제이자 대통령과 교황이 선택한 강장제로 홍보되던 코카인은 몇 년도 지나지 않아 현대의 저주로 인식되는 처지가 되었다.

법이 사용과 입수 방편을 점차 제한하자 코카인은 실제로는 그렇지 않음에도 마약으로 규탄받았다. 퇴폐의 상징이 되어 문화적 변두리로 몰린 코카인은 예술가나 각양각색의 타락자만 쓰는 것이 되었다. 사용자 대다수는 편리하게도 흑인이었다. 의사와 정치인 양쪽 모두 코카인과 모르핀이 똑같이 위험하다고 보게 되자 코카는 아편을 연상시키게 되었고, 대중은 습관성 아편 사용의 해악이 분명 코카잎을 자주 씹는 사람에게도 닥치리라 믿게 되었다. 유럽인들이 코카인을 발견하기 전에도 최소 5,000년간 쓰였던 이 순한 각성제는 그리하여 중독성 약물로 여겨지게 되었다.

그러나 코카는 코카인이 아니다. 이 잎을 순수 알칼로이드와 동일시하는 것은 맛 좋은 복숭아 과육을 모든 복숭아씨에서 발견되는 청산가리와 동일시하는 것과 다름없는 오판이다. 그럼에도 바로 이것이 전세계 국가와 국제기구가 한 세기 가까이 보인 법적·정치적 태도다.

특히 미국 정부가 이 식물을 오랫동안 악마화했다. 페루에서는 코카인이 암시장에서 거래되기 50년도 전에 코카를 박멸하려는 여러 프로그램이 미국의 지원을 받아 개시되었다. 진짜 문제는 약물이 아니라 이 잎을 전통적으로 숭상해온 사람들의 문화 정체성과 존속이었다. 박멸을 요구하는 목소리는 페루와 미국의 정부와 의료계에서 나왔는데, 안데스산맥에 사는 민족들의 후생을 대하는 이들의 관심은 딱 안데스산맥 생활에 대한 이들의 무지만큼 열렬했다.

1920년대에 안데스산맥을 올려다본 리마(페루의 수도—옮긴이) 의사들에게는 극심한 가난, 문맹, 불량한 건강 및 영양 상태와 높은 영아 사망률밖에 보이지 않았다. 선의의 맹목에 빠진 이들은 대의를 찾았다. 토지 문제, 경제적 불평등, 노골적인 착취 같은 정치적 사안은 남의 일이라고만은 할 수 없어 섣불리 건드렸다간 본인들 세계의 구조까지 검토해야만 했으니, 이들은 코카를 대상으로 삼기로 했다. 존재할 수 있는 모든 부도덕, 부르주아 감수성에는 수치로 여겨지는 모든 행위가 이 식물 탓이었다.

1929년 코카 박멸 계획을 처음 제안한 카를로스 A. 리케트스Carlos A. Ricketts는 코카잎을 사용하는 사람들이 박약하고 정신적으로 결함이 있으며 게으르고 비굴하고 우울하다고 표현했다. 의사이자 대학교수였던 카를로스 엔리케 파스 솔단Carlos Enrique Paz Soldán은 1936년 페루의 "마약 중독자 부대"를 지목하며 싸움을 독려했다. "우리 원주민 인구를 코카의 악영향에서 해방할 신의 기적을 기다리며 팔짱만 끼고 있다간 문명을 사랑하는 인간이라는 우리의 자리를 포기해야 할 겁니다."

1940년대에 코카 박멸 공세를 주도한 인물은 리마 소재 위생국의 약물 최고 책임자 카를로스 구티에레스노리에가Carlos Gutiérrez-Noriega였다. 코카가 "인디오의 건강과 사회적 여건 개

선을 막는 가장 거대한 방해물"이라고 본 구티에레스노리에
가는 교도소와 정신병원에서만 수행되어 개운치 않은 구석이
있는 일련의 과학 연구로 명성을 쌓았다. 연구 결론은 코카
사용자들이 소외되고 반사회적이며 지능과 적극성이 떨어지
는 경향이 있고 "급성 및 만성 정신 변화"를 비롯해 "야망의
부재"와 같이 익히 알려진 행동 장애를 보이기 쉽다는 것이
었다. 그가 내세운 과학의 이념적 추진력은 노골적이었다. 그
는 1947년 페루 교육부가 발간한 보고서에 이렇게 썼다. "코
카 사용과 문맹률, 우월한 문화에 대한 부정적 태도는 모두
밀접하게 관련되어 있다."

유엔이 1949년 가을 코카 문제를 조사할 전문가팀을 파견
한 것은 대체로 구티에레스노리에가 펼친 로비의 결과였
다. 놀라울 것도 없이, 그 전문가들은 1950년 「코카잎 조사
위원회 보고서」에서 이 식물을 비판하며 15년간 단계적으로
재배를 중단할 것을 권장했다. 이런 결론은 의심받은 적이 없
다. 11년 후 페루와 볼리비아 양국은 25년 내에 코카잎 씹기
를 완전히 철폐하고 코카 재배를 종식할 것을 촉구하는 국제
조약인 '마약에 관한 단일협약'에 서명했다.

믿기 어렵지만, 나라에서 코카를 숙청하고자 아득바득 애
를 쓰는 동안에도 그 잎을 분석해 성분을 정확히 파악하는
지극히 당연한 일은 페루의 공중보건 관계자 중 누구도 하지
않았다. 자국민 남녀 수백만 명이 매일 섭취하는 식물이었는
데도 말이다. 성분을 분석했더라면 언사가 누그러졌을지도

모를 일이다.

1973년, 하버드 대학교 식물학박물관은 슐츠 교수의 지휘하에 미국 농무부의 지원을 얻어내 코카의 전체 재배종과 변종의 식물학과 민속식물학적 측면과 영양가를 조사하는 포괄적이고 현대적인 과학 연구를 최초로 수행하게 되었다. 코카인 불법 사용에 대한 우려가 커지고 있었음에도 불구하고 그 원료 식물에 관해서 알려진 내용은 놀라울 정도로 적었다. 작물화된 종의 식물학적 기원, 그 잎의 화학적 성질, 코카 씹기의 약리적인 면, 이 재배종의 지리적 범위, 야생종과 재배종의 관계가 모두 수수께끼로 남아 있었다. 안데스산맥과 아마존에 사는 민족의 종교와 문화에서 코카가 어떤 역할을 하는지 기록하고자 진지하게 노력한 사례는 1901년 출간된 W. 골든 모티머W. Golden Mortimer의 고전 『코카의 역사History of Coca』가 마지막이었다.

연구를 이끈 인물은 식물학 탐험가 티머시 플로먼Timothy Plowman이었다. 슐츠는 일부러 명확히 밝히지 않았지만 플로먼이 미국 정부에서 받은 임무는 안데스산맥을 종주해 다른 여러 가지와 더불어 이 신성한 식물의 원산지를 밝히는 것이었다. 이는 1970년대 학계의 숙원 과제였고, 2년간 플로먼의 현장 조수로 일한 것은 내게 큰 행운이었다. 역시 슐츠의 제자고, 당시 전세계의 변성의식상태(약물 복용 상태, 임사 상태, 명상 상태 등을 포괄하는 비일상적인 의식 상태—옮긴이)를 연구하며 여러 해 동안 다사다난한 여행을 이어가고 있었던 앤드루 와일Andrew Weil 또한 우리와 함께 코카의 자취를 추적했다. 하버드 의학전문대학원을 졸업했으며 약용식물학에 조예가 깊었던 와일은 코카의 치유 효과와 영양 및 후생 기능에 매료되어 있었다.

볼리비아 공공 시장에서 구입한 코카로 플로먼과 와일은 미국 농무부 소속 제임스 듀크James Duke와 협업해 잎에서 발견되는 영양소 열다섯 종을 검사하고 라틴아메리카에서 일반적으로 섭취하는 식품 50종 속 동일 영양소와 농도를 비교했다. 코카는 칼로리, 단백질, 탄수화물과 몇 가지 무기질이 평균보다 높았다. 이 연구에서는 코카잎이 각종 비타민을 함유하고 있으며 칼슘 함량이 어느 재배식물보다 높다는 사실도 드러났다. 전통적으로 유제품이 적은 안데스산맥 공동체에는 특히 유용한 점이다. 코카잎에는 고도가 높은 곳에서 신체의 탄수화물 소화 능력을 향상시키는 효소도 있어 감자가 주식인 식단을 이상적으로 보완한다. 미국 정부의 후원자 일부에게는 실망과 경악을 안겼으나, 원주민 방식대로 섭취한 코카는 건강에 유익하고 영양가가 높으며 독성이나 중독성이 있다는 증거는 없는 순하고 무해한 각성제라는 사실이 이 연구의 결과로 확인되었다.

와일은 의사로서 코카가 안녕감을 촉진하고 소화를 편하게 하며 소로체soroche라고도 하는 고산병 증상을 눈에 띄게 완화한다는 사실까지 보고했다. 와일의 연구에서는 코카가 류머티즘, 이질, 위궤양, 오심 치료에 도움이 되고 잎은 호흡에 긍정적인 영향을 미치며 혈액에서 독성 대사 물질, 특히 요산을 정화하는 능력을 보이는 것으로 나타났다. 이 잎을 매일 사용하면 정신이 맑아지고 기분이 좋아지며 소화관의 탄력과 힘이 강화되고 음식물의 흡수가 증진될 뿐 아니라 장수에까지 도움이 된다. 와일은 안데스산맥에 널리 퍼진 한 전설을 인용해 코카는 실제로 하늘에서 내려준 선물이라 결론지었다. 지구 만방에 터 잡고 사는 만인에게 더 나은 삶을 선사하려는 것일 뿐인 신성한 잎이었다.

남아메리카 역사를 공부한 학생이라면 지금까지 한 이야기가 전혀 놀랍지 않을 것이다. 잉카제국에서는 코카가 종교 의식과 일상의 모든 면면에서 중요하게 여겨졌다. 여행을 떠나기 전이면 사제들이 공중에 코카잎을 던져 신을 기쁘게 했다. 고도가 높아 코카를 재배할 수 없었던 쿠스코(잉카제국의 수도—옮긴이)에서는 이 식물을 금과 은으로 본떠 신전 벽으로 에워싸인 신성한 정원에 놓아두었다. 태양신전 코리칸차에서는 코카에 희생 제물을 바쳤고, 탄원자는 입에 코카잎을 물고 있어야만 제단에 나아갈 수 있었다. 예언자는 잎의 관다발과 초록색 침이 손가락에서 흐르는 모양을 보고 미래를 읽었다. 벼락을 맞고도 죽지 않은 이들만이 얻는 점술 능력이었다. 성년식을 치르는 잉카의 젊은 귀족 남성은 고된 달리기 경주로 실력을 겨뤘고 그 동안 처녀들은 코카와 발효 음료 치차를 내줬다. 힘겨운 시합이 막바지에 이르면 참가자들은 가장 질 좋은 잎을 채운 **추스파**chuspa 주머니를 비로소 성인 남자가 되었음을 상징하는 물건으로 받았다.

코카잎을 담은 커다란 바구니를 무려 3,000개씩 나르는 기다란 카라반 행렬은 저지대의 대농장과 쿠스코로 이어지는 계곡 사이를 주기적으로 오갔다. 코카 없이는 광대한 제국 영토에서 군대를 유지하고 행군시킬 수 없었다. 코카가 있었기에 **차스키**chasqui라는 이름의 제국 전령이 일주일 만에 6,400킬로미터를 이동해 소식을 전할 수 있었다. 야라벡yaravec(궁정 연설가)은 의식에 소집되어 잉카제국의 역사를 낭송할 때면 매듭지은 끈으로 된 문자 체계인 **키푸**quipu와 코카의 힘만으로 기억을 일깨웠다. 밭에서는 사제와 농부가 수확하는 작물을 축복하고자 잎을 뿌렸다. 구혼자는 신부 가족에게 잎을 선물했다. 사절들은 제국 도로를 따라 일정 간격으로 세워 파차마마Pachamama(남아메리카 토착어 중 하나이자 잉카제국의 언어였던 케추아어로 어머니 대지를 이르는 말—옮긴이)에게 봉헌한 돌무덤에, 사용한 잎담배를 놓았다. 병들고 죽어가는 사람은 잎을 가까이 뒀다. 죽기 전 입에 마지막으로 남은 맛이 코카라면 천국행이 보장되었기 때문이다.

잉카제국처럼 이 나무를 숭상한 것은 안데스산맥의 다른 민족들도 마찬가지였다. 고고학적 증거에 따르면 코카는 에콰도르 서부 산타엘레나반도의 발디비아에서 일찌감치 기원전 3000년부터 사용되었으며, 페루 해안에서는 기원전 2500년 무렵에도 흔하게 재배된 것으로 보인다. 코카를 씹는 사람이 묘사된 석회 항아리와 도자기 조각상은 나스카, 파라카스, 모체, 치무 등 콜럼버스Columbus가 상륙하기 전에 존재한 문명의 전 시대에 걸친 거의 모든 주요 해안 유적에서 발견되었다. 코카coca라는 단어 자체도 케추아어가 아니라 잉카제국보다 500년 먼저 알티플라노고원과 티티카카호 유역에 존재했던 제국인 티와나쿠의 후손이 쓰는 아이마라어에서 유래한 것이다. 뿌리가 되는 단어는 코카khoka로 단순히 덤불이나 나무를 뜻하는 용어니 이 신성한 잎의 원천이 식물 중의 식물임을 짐작할 수 있다. 이 식물은 일찍이 서기 400년에도 볼리비아 고산지대에서 활발히 거래되었고 이는 잉카제국이 급격히 팽창한 때보다도 1,000년이나 앞선다.

식물 자체는 아름답고 섬세한 느낌마저 있는 관목으로, 자그마한 하얀 꽃을 피우고 크기와 색이 석류 과육과 똑 닮은 열매를 맺는다. 잎의 질감과 형태에는 차이가 있다. 재배종이 두 종이고, 각각 뚜렷하게 구분되는 변종이 둘씩 있어서다. 에리트록실룸코카변종코카는 안데스산맥 남부의 대표적인 잎으로 멀리 아마존까지 내려가는 열대 계곡의 상류에서 재배되며 수확물은 쿠스코와 라파스의 시장으로 들어간다. 콜롬비아에서 나는 코카인 에리트록실룸노보그라나텐세변종노보그라나텐세는 완전히 다르다. 기온이 높고 계절에 따라 건조해지는 서식지에 적응해 가뭄 저항성이 높은 이 변종은 연두색이 선명한 작고 좁은 잎을 낸다. 1895년 이 나라의 식민지 시절 명칭인 누에바그라나다에서 이름을 따온 이 식물은 13세기

무이스카족과 킴바야족 금세공인의 코카였고, 산아구스틴의 거석상을 조각한 미지의 민족이 쓰던 각성제였으며, 아메리고 베스푸치Amerigo Vespucci가 코카 씹기를 묘사한 기록을 유럽인 최초로 남겼던 1499년 파리아반도에서 우연히 발견한 그 식물이었다. 한때 남아메리카 카리브해 연안과 중앙아메리카의 여러 인근 지역과 콜롬비아 내륙에서 광범위하게 재배됐던 이 식물은 이제 카우카와 우일라의 바위산과 시에라네바다 데 산타마르타에만 있는 전통적인 환경에서 볼 수 있다.

콜롬비아 전역에서 이는 **아요**hayo로 알려져 있다. 맘베의 원료인 아마존 북서부의 코카에리트록실룸코카변종이파두는 신기하게도 아요가 아니라 콜럼버스 이전 시대에 페루 남부나 볼리비아에서 하류로 실려 온 나뭇가지와 씨앗에서 파생되었다.

마지막으로 현재 페루 북부 해안 사막 골짜기에서 재배되는 에리트록실룸노보그라나텐세변종트록실렌세가 있다. 여기에 윈터그린유를 아주 약간만 더한 것이 잉카제국에서 즐긴 코카다. 코카콜라 비밀 제조법의 핵심 재료였음은 물론이다.

DNA 분석 결과, 작물화된 종과 네 가지 변종 모두의 시조가 안데스 지역과 아마존 서부 저지대의 숲에서 발견되는 야생종 에리트록실룸그라킬리페스라고 밝혀진 것은 의미심장하다. 이런 식물학 탐정 수사가 언뜻 보면 불가사의해 보일지 몰라도 매우 귀하게 여겨지는 두 재배종이 같은 조상에게서 독립적으로 파생되었다는 사실, 별개의 인위 선택 과정이 수천 킬로미터 떨어진 곳에서 발생했다는 사실은 나란한 발명이 이뤄진 놀라운 이야기다. 문제의 식물들이 재배종 분포역 전체에서 그야말로 신성의 정수로 숭상되고 있어 이야기는 한층 더 경이로워진다.

정복 이후 스페인인들은 모든 사원을 부수고 신전을 죄다 훼손해 자신들로서는 그 규모와 업적을 이해할 엄두조차 낼 수 없었던 한 제국을 초토화했다. 잉카인에게 소중했던 모든 것은 정복자를 분노케 했고, 코카도 '우상 숭배와 요술의 소산'으로 악마화되었다. 효력이라고는 '망상에 빠진 사악한 자들'에게 힘을 주는 것뿐이고 '판단력 좋은 이들이라면 실질적인 이점은 일절 없고 오히려 무수한 인디오의 죽음을 초래하고 목숨을 부지한 소수의 건강을 망쳐놓았다고 단언할 수 있는' 식물이었다.

이 모두가 사실이 아니었다는 점은 결과적으로 스페인 왕실에 편리하게 작용했다. 특히 원주민들은 이 잎을 쓸 수 없다면 광산에서 노역하지 않으리란 것이 명백해졌다. 1573년, 금은을 노린 페루 총독 프란시스코 데 톨레도Francisco de Toledo는 앞서 코카를 금지했던 법을 폐지하고 포고령을 내려 코카 재배를 막던 장애물을 모두 제거했다. 인구의 대부분을 새 정착촌으로 강제 이주시켜 무수한 생명을 죽음으로 몰아넣으면서도(300년 동안 포토시 한 곳에서만 하루 평균 75명이 사망했다) 톨레도는 노동자들에게 코카를 주는 것만은 잊지 않았다.

코카는 잉카인이 알지 못했던 규모로 세속화되고 상업화되어 식민지 경제의 토대를 이뤘고 코카 재배와 거래에 붙은 세금은 교회의 최대 수입원이 되었다. 페루에서 3세기 동안 이어진 기독교 선교 활동은 교역자들이 본디 '악마의 풀'이라고 비난했던 식물이 있었기에 가능했다.

초창기 연대기 기록자들, 새로 발견한 땅을 진심으로 이해하고자 했던 학자 다수는 코카라는 식물을 극찬하는 글을 썼다. 가르실라소 데 라 베가Garcilaso de la Vega는 『잉카 왕실사*Royal Commentaries*』에 이 마법의 잎이 "굶주린 사람에게 포만감을 주고, 지쳐서 기력이 다한 사람에게 새로 힘을 주고, 불행한 사람이 슬픔을 잊게 한다"고 서술했다. 1532년부터 1550년 사이 아메리카 대륙 전체를 여행한 페드로 시에사 데 레온Pedro Cieza de León은 이렇게 말했다. "이곳 인디오 몇 명에게 이 잎을 입에 넣고 다니는 이유를 물었더니 …… 그렇게 하면 배가 고프지 않고 원기와 힘이 왕성하게 솟는다는 답이 돌아왔다. 정말 그런 효과가 있는 모양이다."

식민지 시대를 거쳐 19세기에 들어와서까지도 코카를 향한 찬사는 야단스러웠고, 숭배와 헌신, 심하게는 무조건적 추종의 말이 쏟아질 때도 많았다. 18세기 페루에서 가장 유명했던 의사 호세 이폴리토 우나누에José Hipólito Unanue는 이 잎이 만병통치약이라고, 치료자가 쓸 수 있는 가장 강력한 약초라고 선언했다. 스위스의 박물학자이자 탐험가로 안데스산맥에서 5년간 지낸 요한 야코프 폰 추디Johann Jakob von Tschudi는 직접 추정하기로 평생 "잎을 무려 1,225킬로그램은 섭취하고도 완벽하게 건강한 생활을 누리고 있는" 사람들의 긴 수명에 감명받았다. 1846년에 쓴 글에서 그는 "적당량 사용할 경우 코카가 단순히 몸에 무해한 수준을 넘어 건강에 아주 이롭다는 내 견해는 분명하다"고 결론지었다.

스코틀랜드에서는 에든버러왕립학회 회장(1868~1873년)과 영국의사협회 회장(1875년)을 역임한 로버트 크리스티슨Sir Robert Christison이 이 잎을 검증해보기로 결심하고 학생 열 명과 함께 언덕진 시골길 50킬로미터를 걸으러 나갔다. 경로에는 언이라는 이름의 호수 위로 985미터 솟아 있는 벤볼리크의 비탈이 포함되었다. 그는 이렇게 보고했다. "저녁식사 전 숙소에 도착해서도 허기나 갈증이 느껴지지 않았다. 아홉 시간 동안 먹고 마신 것이 전혀 없었는데도 그랬다. 하지만 30분 후 저녁식사가 차려졌을 때는 남김없이 배불리 먹었다." 실험 당시 크리스티슨의 나이는 78세였다.

물론 이런 특성은 과학적으로 사고하는 남아메리카 여행자들이 예전부터 보고해왔던 바였다. 1913년 『코카에 대한 논고 A Treatise on Coca』를 발표한 J. T. 로이드J. T. Lloyd는 콜롬비아 남부 포파얀의 현지 짐꾼들 이야기를 기록했다.

짐꾼들은 아침을 간단히 먹은 후, 34킬로그램에서 많게는 45킬로그램도 넘는 무거운 짐을 지고 길을 나선다. 이들은 종일 빠른 걸음으로 가파른 산의 돌출부를 넘는데 그 고도는 짐

하나 지지 않은 우리로서도 진이 다 빠지는 높이였다. 이렇게 오가면서도 이 인디오들은 어디서 휴식을 취하지도, 정오에 요기하지도 않고 하루 내내 코카 뭉치만 빨았다. 우리가 본 이 인디오들은 무척 살가웠고, 매일 노역하느라 더 이상 가혹할 수 없는 고생을 하며 더 이상 옹색할 수 없는 삯을 받는데도 늘 쾌활하고 밝고 온화했다.

로이드는 짐꾼들의 몸과 마음이 건강한 비결이 단연 코카라는 결론을 내렸다. "해롭지 않은 것은 물론이고 인체에 영양을 공급하며 다양한 질병 치료에도 쓸모가 있다고 한다."

누구보다 휘황찬란한 찬사를 남긴 사람은 『코카의 역사』 (1901년)를 쓴 외과의 W. 골든 모티머일 것이다. 개중에서도 특히 재미있는 간증은 토론토라크로스클럽의 이야기로, 이 클럽은 1877년 세계 선수권 대회를 주최하면서 모든 경기에서 코카를 사용하기로 결단했다. 모티머는 이렇게 보고했다. "토론토클럽 회원들은 앉아서 일하는 데 익숙한 남자들이었으나 상대편 선수 몇몇은 야외 활동이 몸에 익은 건장한 남자들이었다. 경기는 하나같이 치열했고 일부는 여름날이 제일 뜨거울 때 치렀다. 한번은 볕을 받은 온도계가 섭씨 43도를 기록하기도 했다. 남들보다 튼튼해 보였던 남자들은 경기를 마치기도 전에 기력이 완전히 떨어져 결판을 내라는 응원이 통하지 않을 지경이 되었으나 코카를 씹은 선수들은 경기 개시 때와 다름없이 탱탱하고 피로를 모르는 모습이었다."

모티머는 약과 강장제와 식품으로서의 이점에 주목해 코카가 만병통치약이라 인정했다. 그러나 모티머가 정말 반한 부분은 작용 기작의 은근함이었다. 코카는 틀림없는 각성제이면서도 인체가 느끼는 주관적 효과는 과학계에 알려진 어느 각성제와도 비교할 수 없게 작았다. 내과의 W. S. 설^{W. S. Searle}이 1881년에 썼듯 "세간에 알려진 어떤 물질도 코카의 지속력을 따라오지 못하는데 코카만큼 가시적인 영향이 없다시피 한 물질도 없다니 보통 놀라운 일이 아니다. 평범한 일상의 일정한 흐름을 이어가는 사람에게 코카 씹기가 유난한 자극을 선사하지는 않는다. 사실 유일한 효과는 오히려 무언가가 빠지는 것, 습관적인 식욕과 수면욕이 없어지는 것으로 보인다. 정신과 신체에 평소와 다른 일이 요구될 때야 이 영향을 체감할 수 있다. …… 내면의 동요나 자극을 기대하면 실망한다."

앤드루 와일은 1973년 콜롬비아 아마존에서 쿠베오족을 만나 맘베를 처음 접했을 때의 경험을 서술하며 코카 체험의 이러한 특성을 아름답게 포착했다. 그가 보고한 코카의 효과는 비슷하게 쓰이는 여타 천연 상품과는 천지 차이로 은근했다. 진가를 느끼려면 학습이 필요했고, 도구와 환경의 역할이 중요했다.

와일이 맘베를 처음 맛본 때는 밤이었고, 그때 남은 좋은 기분은 "입에 든 것이 다 없어진 뒤에도 한동안 유지되었다. 사실 결코 완전히 사라지지는 않고, 알아차리기 힘들게 점점 약해졌을 뿐이다." 와일은 아침을 맞아 남자들과 옹기종기 모여 고운 초록 가루가 가득 든 호리병을 주고받을 때야 갖은 호들갑을 이해했다. "나는 어느새 세로로 줄을 지어 행군하는 쿠베오족을 따라 걷고 있었다. 정글도를 흔들고 곡조를 흥얼거렸으며 기분이 점점 더 좋아졌다. 코카는 이런 아침 시간에 더 강력해지는 듯했다. 따스한 훈기가 배에서 몸 전체로 퍼졌다. 근육에서 미묘하게 떨리는 에너지가 느껴졌다. 발걸음이 가벼워졌고, 지금 하는 일보다 더 하고 싶은 일이 없었다."

인류학자 엔리케 메이어Enrique Mayer가 코카와 코카인의 차이는 당나귀와 제트기를 타고 이동하는 것의 차이라고 재치 있게 말했던 적이 있다. 기발한 표현이지만 본질적인 요소 하나가 빠져 있다. 코카와 코카인의 작용은 비교할 수 있는 것이 아니다. 둘 다 안녕감은 주지만 코카인이 중추신경계를 공격하는 반면 코카의 효과는 잎에서는 발견되어도 코카인에는 없는 수많은 자연 발생 화합물로 조정된다.

예로부터 코카를 사용하고 찬미해온 원주민은 알칼로이드 함량이 높은 잎을 선호하지 않는다. 그들이 예나 지금이나 선호하는 잎은 방향족 화합물과 방향유가 풍부하고 코카인이 적은 잎이다. 맘베는 재배종 중에서도 코카인 농도가 가장 낮은 잎으로 만든다.

더구나 코카와 코카인은 소비하는 문화도 그보다 더 다를 수 없다. 사람들이 코카인에 끌리는 것은 이국의 퇴폐 문화, 부자들이 하는 마약이라는 환상, 선택받은 소수가 되어 파티장의 그림자 안으로 은밀히 들어가 요즘에는 무엇이라 보장할 수도 없는 정체불명의 신비로운 결정 몇 알을 코로 흡입하는 의식儀式 때문이다. 방 모퉁이, 화장실 칸, 직장 내 개인 사무실에서 비밀 집단의 일원이 되는 것은 성공했다는 선언이다. 무슨 일이 벌어지고 있는지는 파티장의 모두가 알고 이 역시 의도적이다. 인류학자들이 예전부터 보고했듯 비밀 조직의 구성원이 누리는 특권 가운데 하나는 주기적으로 그 비밀을 공공연히 과시할 권리다. 이렇게 못 하면 소속이 무슨 의미겠는가? 쉬이 사라지지 않는 1980년대 코카인 문화의 잔재는 소소하게 퍼진 C형 간염이다. 젊은 시절 모르는 사람의 콧물로 눅눅해진 100달러짜리 지폐에 코를 박는 것이 멋지다고 생각했던 이들이 걸리는 병 말이다.

반면 코카가 주는 고양감은 명상 수준을 넘어서지 않는다. 콜롬비아 아마존에서 맘베로 섭취되는 이 식물은 더 흔하게는 잎째 사용된다. 잎담배로 입에 약 40분 동안 물고 있다가 꺼내 경의를 표하는 신중한 동작으로 땅에 두는 것이다. 코카를 씹으려면, 적어도 잎에 포함된 소량의 알칼로이드를 효율적으로 흡수하려면, 알칼리 성분을 더해 사람 침의 성질을 바꿔야 한다. 베이킹소다나 재, 석회 같은 기초 화합물이면 된다. 바라사나족과 마쿠나족은 야루모잎에 불을 붙여 재를 얻는다. 콜롬비아 카리브해 연안 평원 위로 6킬로미터 높이로 솟은 산맥 시에라네바다 데 산타마르타에 사는 코기족과 아루아코족은 조가비를 더 애용한다. 조가비는 교역으로 마련하거나 바다로 가는 정성스러운 순례의 일환으로 채집한다.

코기족과 아루아코족의 태양 사제인 마모mamo에게 아요 씹기는 문화의 가장 심오한 표현이다. 이들의 영적 이상은 성관계와 섭식, 수면을 삼가고 밤을 지새우며 잎을 씹고 선조들의 이름을 외는 것이다. 세계의 수호자인 자신들의 의식과 기도로 자연의 우주적·생태적 조화가 유지된다고 이들은 믿는다. 밤이면 휴식을 취하기 전에 지나간 하루를 깊이 사색하며 잎을 음미하고, 아침이면 아요로 새로운 새벽을 맞이한다. 모든 성인 남성은 잎을 매일 대략 450그램쯤 섭취하는데 이는 결혼하는 날부터 시작해 마지막 숨을 거둘 때까지 계속된다.

안데스산맥 남부 산지에서는 마일이나 킬로미터가 아니라 잎을 한 번 씹은 행자의 기력이 유지되는 시간인 **코카다**라는 단위로 거리를 계산한다. 길에서 다른 사람을 만나면 잠시 멈춰 서서, 상한 곳 없이 온전한 잎 세 장을 십자가 모양으로 배열한 코카 킨투를 교환한다. 그러고는 모든 공동체 위에 머물며 그 그림자 안에서 탄생하는 모두의 운명을 주관하는 보호의 산신, 아푸가 있는 가장 가까운 곳을 바라본다. 꼭대기를 향해 눈을 들고 입으로 잎사귀를 가져가 부드럽게 부는데 이는 이 식물의 정수를 땅으로, 공동체로, 신성한 장소로, 선조들의 영혼으로 돌려보내는 의례적인 기도다.

잎을 교환하는 것은 사회적인 행위로, 사람과 사람의 연결을 인식하는 한 방식이다. 그러나 일반적으로 **푸쿠이**phukuy라 하는 불기는 영적 호혜의 실천이다. 사욕 없이 땅에 베푼 개

개인에게는 코카의 에너지가 한 바퀴 순환해 언젠가 되돌아올 것이 보장되기 때문이다. 들판에 떨어진 빗방울이 틀림없이 구름으로 다시 태어나는 것만큼 확실한 일이다. 이 섬세한 행위는 그 나름으로 온 세계의 안녕을 기원하는 기도다.

교환과 인사, 입에 잎사귀를 놓는 방식, 숭상하고 공경하는 태도 등 코카를 사용하는 실천의 총체인 **할파이**hallpay 예법은 파차마마의 자손 루나쿠나Runakuna(케추아어로 사람을 뜻하는 루나의 복수형—옮긴이)가 된다는 것이 어떤 의미인지를 매우 실질적으로 규정한다. 인류학자 캐서린 앨런Catherine Allen이 쓰듯 안데스 세계 전역에서는 "이 의식에 참여하지 않고는 사회적 존재로 제구실을 할 수 없으며 이는 반드시 바르게 해야만 한다." 말이 건초를 먹듯 잎을 함부로 입에 구겨 넣는 관광객과 여행자보다 더 불쾌감을 유발하는 존재는 없다.

잎을 섭취하는 것이 친구와 있을 때든 모르는 사람 앞에서든, 혼자일 때든 온 공동체와 함께일 때든 코카 씹기, 즉 **할파이**는 자아를 초월해 안데스 지역에서 삶에 의미를 부여하는 사회적·도덕적·영적 연쇄의 일부가 되는 것이다. 코카만으로 신과 직접 소통할 수 있다. 이 잎을 처음 맛본 사람이 예수의 어머니 산티시마 마리아였다는 설도 있다. 거룩한 아기를 잃고 그 슬픔을 달래고자 이 잎을 씹었다는 전설이다.

그리하여 안데스산맥에 사는 사람들에게 코카 없는 삶은 사회적·영적 죽음의 한 형태요, 존재 그 자체에서 파문되는 것이다. 루나쿠나가 이 잎을 사용하지 못하게 하고 예로부터 일구던 밭을 일소하려는 시도는 가령 독일에서 맥주를, 중동에서 커피를, 인도에서 빈랑 씹기를 법으로 금지하는 데 비할 것이 아니다. 이는 문화를 말살하는 조치다.

마약과의 전쟁은 1971년에 시작되었다. 리처드 닉슨이 1972년 재선 선거운동을 앞두고 오직 지지층을 자극할 정치적 술수로 마약 위기를 날조했을 때다. 당시 미국인 대다수는 코카인이란 단어를 들어본 적도 없었다. 대단찮은 불법 거래는 단독으로 움직이는 뜨내기들 손에서 이뤄질 뿐이었다. 번 듯하게 살아보고 싶어 엘살바도르와 페루에서 와 콜롬비아를 순회한 젊은 유랑민들은 짐에 숨기거나 몸의 각종 구멍에 불편을 감수하고 욱여넣은 작은 코카인 꾸러미를 미국에 밀반입해 돈을 마련했다.

50년이 지난 현재, 생산되고 밀거래되는 코카인은 그 어느 때보다 많다. 코카인 금지 조치 덕분에 미국인들은 대학 학위가 있는 사람보다 범죄 기록을 가진 이가 더 많다. 콜롬비아에서는 자금 거의 전부가 마약 거래 수익으로 마련된 실제 전쟁이 발발해 40만 명이 사망했고 700만 명은 국내 실향민이 되었다. 지난 50년 동안 수백만 명이 더 이 나라를 떠났다. 일부는 자발적으로 선택한 것이었으나 다른 이들은 탈출이 절박해서였다.

코카인이 콜롬비아에 내린 저주였다 해도 거래의 원동력은 언제나 소비였다. 카르텔은 메데인과 칼리의 허름한 동네에서도, 컨트리클럽에서도 생겨났다. 하지만 콜롬비아가 겪는 고통의 근본적 책임을 따지면 거리에서 파는 코카인을 한 번이라도 산 모두, 사용은 진지하게 제한하지 않은 채 약물만 금지해 불법 시장이 생기게 한 모든 타국의 몫이 적지 않다.

설사 이 식물을 완전히 제거하는 것이 바람직하다 쳐도 콜롬비아와 페루 같은 나라에서 코카 재배를 근절한다는 것은 가능성이 매우 낮은 이야기다. 가족 단위 소농에게는 경제적 유인이 너무 크고, 잠재 재배지는 너무 광대하며 접근이 어렵다. 생태적인 이유와 고도 때문에 재배하는 코카가 잘 자라는 구역에서는 특히 더 그렇다.

작물을 대체하겠다는 시책은 망상이나 다름없다. 코카는 1년에 세 번 수확하는 작물이라 여기에 비하면 다른 어떤 작물의 수익도 보잘것없게 느껴진다. 항공기를 이용한 구제는 실패할 수밖에 없는 데다 청정한 숲을 훼손하고 땅과 수로를 독성 물질로 오염시킨다. 2016년 노벨평화상 수상자인 후안 마누엘 산토스Juan Manuel Santos는 알바로 우리베Alvaro Uribe 정부의 국방부 장관이었고 콜롬비아 대통령으로 연임했다. 그가 최근 한 팟캐스트에서 직접 말했다시피 세계의 그 누구도 산토스와 그 정부만큼 코카를 많이 박멸하지는 않았으나 그 정책은 산토스 자신의 표현을 빌리자면 완전한 실패로 드러났다. 산토스는 이제 유일한 합리적 해결책을 지지한다. 정화를 위한 특단의 조치, 합법화가 아니고서는 사회를 서서히 좀먹는 코카인의 영향력은 결코 사그라들지 않을 것이다.

마약과의 전쟁은 해괴한 실패였을 뿐 아니라 식물과학계에 알려진 식물 중 이롭기로 둘째가라면 서러울 식물의 이름을 더럽히고 이 식물이 약속하는 이점을 우리에게서 앗아갔다. 1970년대에 와일과 플로먼은 미국인들의 커피와 담배 중독을 끊어낼 코카 기반 제품을 개발하려 했다. 그러나 그들의 계획은 이미 안 좋은 상황을 해가 갈수록 더 나쁘게만 만들 뿐인 극악한 정책을 따르느라 혈안이 된 정부에 가로막혔다. 역사학자 바버라 터크먼Barbara Tuchman은 고전 『바보들의 행진*The March of Folly*』에서 사실 **바보스러움**이란 정보를 온전히 쥐고 있으면서도 구태여 국민과 나라의 최선의 이익에 반하는 정책을 쫓는 정치 지도자들의 행태라고 정의했다. 어떤 객관적 척도로 봐도 마약과의 전쟁은 공공정책 역사상 가장 심각하게 오도된 십자군이었다. 여기에 비할 만한 것은 진짜 십자군 전쟁뿐일 텐데, 그 전쟁의 결말은 우리 모두 익히 안다. 그럼에도 마약 전쟁은 몇 개월씩, 수십 년씩 계속되고 있다. 실패의 책임을 추궁당하는 인물은 없으며 끝이 보이지도 않는다.

우리가 제자리걸음만 하는 이유는 단순하다. 내가 그 이유를 알게 된 것은 여러 해 전인 1975년, 남아메리카에서 돌아온 지 얼마 안 되었을 때였다. 미국 농무부에 일자리 공고가 났는데, 티머시 플로먼은 나더러 그 자리에 지원해보라고 하면서도 정말로 내가 그 일을 맡는다면 가만두지 않겠다고 경고했다. 흥미가 생겨 메릴랜드 벨츠빌에 있는 농무부 연구소로 간 나는 농업직 공무원은 아닌 게 분명해 보이는 몸집 비대한 관료의 사무실에 이르렀다. 그 사람은 머리부터 발끝까지 마약단속국 직원 그 자체였다.

제일 먼저 눈에 띈 것은 그가 중독자라는 사실이었다. 담배 연기 때문에 방 건너편이 거의 보이지 않았다. 책장 선반은 마약 장비로 어수선했다. 음란물 퇴치 운동가의 사무실에 들어갔다가 음란물 포스터로 도배된 벽을 맞닥뜨린 것만 같았다. 남자는 밝은 주황색 재킷 아래에 옷깃이 넓게 벌어진 셔츠를 받쳐 입고 털이 수북한 가슴을 드러내고 있었다. 털은 붉었다. 목에는 금 목걸이를 둘렀고 손목시계 띠에도 작은 금덩이들이 붙어 있었다. 우리 연구에서 그가 알아낸 것은 티머시와 내가 코카밭을 찾는 솜씨가 좋다는 사실뿐임이 이내 명확해졌다. 직무 기술서에서 요구한 것은 페루로 돌아가 곤충이든 균류든 곰팡이든 코카나무를 공격해 타격을 입히는 유기체를 채집하는 일이었다. 내가 그 유기체를 연구실로 가져오면, 유전자를 조작하고 짐작건대 치명력을 높여 다시 퍼뜨릴 것이었다. 위험한 임무일 것 같다는 의견을 내비치자 남자는 셔츠에 손을 집어넣어 금으로 된 인식표를 꺼냈다. 인식표에는 이미 유명을 달리한 현장 요원들의 이름이 새겨져 있었다.

면접을 마칠 때쯤 나는 생전 처음 만난 이 남자가 실은 내가 잘 아는 부류임을 깨달았다. 1970년대 초 나는 훗날 마약 업계에서 이름을 날린 인물 다수를 메데인에서 마주쳤는데 당시 마약 사업의 미래는 불투명했지만 그 남녀의 어두운 본질만은 명명백백했다.

벨츠빌의 사무실을 나서며, 코카를 없애고자 자연을 조작해달라고 요구하는 이 남자가 코카인 밀수로 떼돈을 벌어들이는 이들과 완전히 같은 천에서 재단되었음을 나는 단박에 이해했다. 기운으로 보건대 둘은 동전의 양면처럼 한몸이었다. 마약단속국과 마약 퇴치 십자군, 카르텔과 그들의 허다한 시카리오sicario(스페인어로 암살자를 뜻한다─옮긴이). 양쪽 모두 마약과의 전쟁을 끝내는 데는 눈곱만큼의 관심도 없었다. 전쟁이 끝나면 마약 밀매업자는 수익이 곤두박질치고 자신들의 왕국이 절로 붕괴하는 것을 보게 될 것이다. 형편없는 마약인 코카인에 대한 흥미는 그 바닥에서 돈 냄새가 지워지는 대로 차차 소멸할 가능성이 크다.

마약단속국 직원들로 말하자면, 그 강박적인 전쟁에서 승리하는 결말은 자신들이 죄다 거리에 나앉아 구직하는 신세가 되었을 때 오는 것이다. 쫓을 적을 두고 바보스러운 활동을 지속할 수 있는 한 이들의 부서는 미국 연방 어느 곳보다 안정적으로 예산 지출 승인을 따내고 조직 전 부서에서 지원을 받아낸다. 그 500억 달러 파이는 사실상 모든 기관이 나눠 먹기 때문이다. 이 이유 하나만으로도 마약과의 전쟁에 승리란 없을 것이다. 종전은 양쪽 어디에도 득이 되지 않으므로.

말할 필요도 없겠지만 나는 그 일을 맡지 않았다. 하지만 누군가가 맡기는 한 모양이었다. 티머시 플로먼이 미국 농무부와 일하며 코카가 안데스산맥과 아마존에 사는 민족들의 식습관과 문화와 영적 생활에서 빼놓을 수 없는 순하고 무해한 각성제임을 밝힌 지 25년이 되었을 때, 미국은 새로운 균류인 푸자리움옥시스포럼 사용을 승인했다. 농무부 과학자들이 코카를 발견하는 족족 소탕하겠다는 특수한 목표로 개발한 균류였다. 끝 모를 식욕으로 코카를 먹어치운다고 하며 아마존 일대에서는 그링고gringo(스페인어로 미국인을 뜻한다—옮긴이)로 불리는 엘로리아노예시라는 나방을 사용하는 방안도 실험했다. 마약단속국은 심히 실망했지만 이 계획은 결국 빌 클린턴Bill Clinton이 취소했다. 이런 물질을 일방적으로 사용하는 것이 외교적으로 좋지 않은 결과를 낳을 것을, 특히 라틴아메리카에서는 일종의 생물전으로 인식될 것을 우려했기 때문이다. 물론 그것은 생물전이 맞다.

코카를 박멸하기로 작심한 이들은 한쪽 전선이 좌절되자 고엽제로 눈을 돌렸다. 콜롬비아 내 미국 도급업자들은 흔히 '라운드업(범인 검거나 가축 몰이를 뜻한다—옮긴이)'이라고 알려진 글리포세이트를 1990년부터 20년 이상 1만 7,800제곱킬로미터가 넘는 밭과 주변 숲에 지속적으로 살포했다. 이 제초제는 식물들을 무차별적으로 죽였고, 숲은 콜롬비아 식물학자 알베르토 고메스Alberto Gómez의 표현을 빌리자면 "전소해 잿더미가 되었다."

고메스는 7년간 박멸 작전에 힘썼으나 공중 훈증 소독으로는 야생을 파괴하고 현지인을 유린한 것 외에 다른 성과를 거의 거두지 못했다는 확신과 더불어 환멸을 느끼고 물러났다. 밭이 파괴되어 배를 곯게 생긴 현지인들은 기다렸다는 듯

정부에 등을 돌렸다. 고메스의 보고에 따르면 제초제가 살포되면 코카밭 주인은 작물을 즉시 수확해 보전했다. 시간이 지나면 그 땅에 다시 작물을 심을 수 있었고 대부분이 그렇게되었다. 코카인 생산량에 미친 영향은 무시해도 될 수준이었다. 콜롬비아에서 코카인 재배에 투입된 면적은 2007년까지 매년 꾸준히 커졌고, 그후 일부 지역에서 박멸 활동의 효과가점차 느껴지는 와중에도 건강한 밭의 생산성이 높아져 전반적인 생산량 감소는 상쇄되었다.

2015년, 당시 대통령이었던 후안 마누엘 산토스는 자국 아동의 건강을 우려해 이 정책을 보류했다. 일부 원주민 공동체에서 공중 살포에 노출된 아동 80퍼센트가 피부 발진과 열, 설사, 눈병을 앓게 되었다는 보고가 있었다. 게다가 농민들은 파괴된 코카 재배지에 작물을 다시 심는 길을 선택할 수 없으면 청정한 아마존 숲으로 더 깊이 들어갈 수밖에 없었고그 결과 삼림 파괴 속도가 치솟았다.

콜롬비아의 코카인 생산량은 2019년 역대 최고치에 도달하고도 2020년에 또 한 번 증가했다. 이 나라가 남반구 역사상최대 규모의 인도적 위기를 맞아 베네수엘라 난민 200만 명에게 식량, 거주 공간, 의료, 교육, 노동권을 제공하며 분투하는 와중에도 미국 정부는 콜롬비아 정부가 글리포세이트 공중 살포를 재개하지 않으면 5억 달러 이상의 대외 지원을 철회하겠다고 협박했다. 이 고엽제가 암을 유발할 수 있다고 한2014년 세계보건기구 보고서는 신경도 쓰지 않았다. 이반 두

케Iván Duque Márquez 대통령은 살포를 재개하기로 합의했고, 콜롬비아는 자라나는 모든 초록을 죽일 목적으로 만들어진 화학물질을 자국 공기와 땅에 가득 채우는 데 전력을 다하는 미국 도급업자의 존재를 기꺼이 용인하는 유일한 라틴아메리카 국가가 되었다. 미국 정책연구소에서 마약 정책 프로젝트를 총괄하는 산호 트리Sanho Tree는 이렇게 논평했다. "코카인이 사람들 코에 못 들어가게 하려고 마약 전쟁으로 헛고생을 해왔는데 오히려 지구의 허파를 말려 죽이는 결과가 생길 수도 있겠다."

분명 다른 길을 찾아야 할 때다. 공중에서 더 많은 제초제를 뿌리라는 미국의 압력에 굴복하는 대신, 외국의 오도된 정책을 이행하기 위해 콜롬비아 아동의 건강과 안녕은 물론 가장 위대한 국가적 자산일 생물다양성을 위태롭게 할 이유가 있는지 질문하자는 것은 불합리한 이야기가 아니다. 그토록 오랜 세월 동안 불법 거래의 결과를 견뎠으니, 이제 콜롬비아가 코카를 그 본연의 모습으로, 잉카인이 보았던 모습으로 찬미해 도둑맞은 유산을 되찾아야 할 때가 아닐까.

차로 마케팅할 수도 있고 말린 잎이나 잎 분말을 썩 좋아하지 않는 사람들에게 맞춰 껌으로 시장에 내놓을 수도 있는 이 신성한 식물은 콜롬비아가 세계에 선사하는 가장 커다란 선물이 될 수도 있다. 그에 비하면 커피의 상업적 성공은 아무것도 아닐 테고, 코카가 확연히 우월한 상품이니만큼 그 격차도 적지 않을 것이다. 에너지가 솟고 정신이 또렷해지는 감각, 약하게 허기가 억제되는 효과, 부드럽게 밀려드는 창의적 자신감, 가벼워진 발걸음이 하루 내내 지속되는 것을 경험해보고 싶지 않은 사람이 있을까? 미세한 고양감의 원천이 5,000년 동안 남아메리카에 사는 여러 민족에게, 또 그곳에서 일어났던 여러 고대 문명에서 숭상된 무해하고 영양가 높은 잎이란 것을 알고도?

많은 이에게 일이 곧 화면을 장시간 들여다보는 행위를 의미하는 디지털 경제에서 집중과 그 유지를 돕고 은근한 만족감과 안녕감까지 가져다주는 천연 상품보다 더 유망하고 환영받을 만한 것이 있겠는가? 코카는 시를 쓰든 코드를 짜든 작곡을 하든 어떤 창의적 활동에도 이상적인 동반자다. 그저 별들의 고요를 만끽할 때도 좋다.

코카를 경험한 사람들은 은근하면서도 기분 좋은 효과와 그 실용성에 어김없이 놀라고 만다. 코카는 효능이 좋고 모두에게 통하며 그 방식은 사람마다 다르다. 일정에 맞춰 정신없이 여기저기를 이동해야 하는 행복한 굴레를 뒤집어쓴 작가인 나로 말하자면, 바쁜 하루를 보낸 뒤에도 비행기에 앉으면 코카 덕분에 그 즉시 해야 할 일로 돌아갈 수 있다. 쓰다 멈춘 부분부터 바로 시작해 정신을 분산시키는 것들을 의식하지 못한 채 손가락에서 단어들이 흘러나오는 것을 지켜본다.

현재 코카는 미국 연방 통제물질법에 2단계 규제 물질로 등재되어 있다. 치료 목적 사용이 인정되지만 남용 가능성 또

한 높은 약물이 들어가는 범주다. 앤드루 와일이 썼다시피 따지자면 내과의가 코카를 처방하는 것도 가능하지만 실질적으로 그렇게 할 수는 없다. 합법적인 공급처가 없고 치료 적응증이 정식으로 명시되지도 않았기 때문이다. 반면 마리화나는 엑스터시, 메스칼린, LSD와 더불어 오랫동안 1단계 규제 물질로 등재되어 남용 가능성이 중대하며 의학적 적용이 인정된 바 없는 약물로 분류되어 있다. 이 범주의 약물은 위험도가 제일 높으며 사회에도 가장 중대한 위협이 된다고 여겨진다. 그러나 캐나다와 다른 40개국에서 마리화나 사용이 합법화되고 환각제가 정신 건강 치료를 바꿔놓을 환각 르네상스의 치료 수단으로 각광 받는 오늘날, 코카는 치유용 식물로 쓰인 역사가 그토록 긴데도 여전히 금지 품목으로 취급된다. 코카인 거래를 연상시킨다는 단순한 이유에서다.

이는 바뀌어야 한다. 나는 몇 주 전 앤드루 와일에게 전화를 걸었다. 한동안 연락을 하지 않았는데도 줄곧 붙어 지낸 것처럼 느껴졌다. 우리의 생각은 그간의 세월 동안 자주 그랬듯 오래전 떠난 친구, 1989년 사망한 티머시 플로먼과 쌓은 추억으로 흘렀다. 티머시는 코카 연구에 직업 인생을 바치고도(그보다 이 식물을 더 열렬히 옹호한 사람은 없었다) 그 연구 성과가, 한 대륙에서 가장 험하고 외진 구역에서 수행한 다년간의 식물학 탐사 결과가 활동을 후원한 바로 그 정부에 부정당하고 배척당하는 결말만 보고 말았다. 앤드루와 나는 이 신성한 식물을 위한 대의를 다시 한 번 받들기로 했다. 티머시의 꿈이 실현되지 못하게 막으면서 세상에 폭력과 부패와 고통만 초래한 정책을 장려한 이들의 바보스러움을 폭로하기 위해서라도.

우리의 사명은 코카의 의학적·치료적 유익성을 입증할 연구를 촉진하는 것이며 목표는 안녕감을 높이고 삶에서 날마다 마주치는 어려움을 완화할 것을 보장하는 식물을 만인이 사용할 수 있게 하는 것이다. 다양한 코카 기반 상품은 소비자에게 즐거움을 선사하는 동시에 이 식물을 재배해 먹고사는 콜롬비아의 13만 가구에도 보탬이 되어 이 가구들이 카르텔과 관계를 끊을 수 있게 한다. 이 잎을 자유화하면 암거래의 기반이 약해지고, 오래전 소탕되어 버려진 땅이 경작지로 개방되어 삼림 파괴가 감소할 것이다. 과세로 콜롬비아에 창출될 수입이면 오직 금지 조치로 벌어들인 부정한 수익이 있었기에 가능했던 전쟁에 비용을 대느라 50년간 국고를 소진하며 오래도록 고생한 나라가 평화의 값을 치를 수 있다.

이는 우리만이 추구하는 목표가 아니다. 콜롬비아가 이 식물 편에 섰고, 자신들의 유산이 부정당하는 데, 세계에 선사하는 자신들의 선물이 모욕당하고 거부당하는 데 질린 페루와 볼리비아 사람들도 그렇다. 남아메리카 안데스 지역 곳곳의 많은 신생 기업은 식품, 약품, 각성제, 성체聖體로 유익하게 쓰일 코카잎의 가능성에 너도나도 주목하고 있다.

라틴아메리카 정치 지도부의 새로운 세대는 미국의 압력에 대항할 용기를 얻어 새로운 노선에 나라를 올려놓았다. 부정적인 결과에는 아랑곳하지 않고 마약과의 전쟁을 무기한 추진해 기득권을 누린 범죄자와 부당 이득자와 국가기관에만 유리했던 정책에 종지부를 찍을 노선이다.

구스타보 페트로Gustavo Petro 콜롬비아 대통령은 코카 강제 박멸을 종식하겠다는 선거 공약을 내세웠고, 2022년 취임 후 몇 주 만에 실제로 그 공약을 실천하려는 모습을 보였다. 페트로 대통령은 비범죄화를 통해 코카인 판매를 규제하는 법률을 제정할 것을 공식적으로 지지한다. 대통령이 이런 입장을 세운 것은 마약 사용을 승인해서가 아니라 오직 불법 거래와 그 동력이 되는 수익을 없애는 방법을 통해서만 콜롬비아 국민의 평화와 안정, 번영을 보장할 수 있음을 알기 때문이다.

페트로 대통령이 성공하면, 합법화라는 정화의 일격으로 암시장을 약화하는 동시에 코카라는 선물을 세계에 선사하면, 그는 지지자들을 고무하는 동시에 불확실성과 염려라는 깊은 골짜기 건너에서 재임 초기를 바라보는 반대자들에게 제동을 거는 일까지 해내게 된다. 나라는 갈라졌어도 국민은 희망과 회복력과 믿음으로 오래도록 단결해온 콜롬비아 전체에 새로운 시작을 알리는 데 이보다 좋은 방법이 있을까. 마침내 마약과의 전쟁에 마침표가 찍힐 것이다. 도둑맞은 유산이 정당한 지위를 되찾을 것이다. 오랜 세월 더럽혀진 신성한 식물이 잉카제국 시대와 안데스산맥에서 발흥한 모든 고대 문명의 시대에 그랬듯 신들의 선물로, 신이 주신 영생의 잎 코카로 예찬될 것이다.

기후 불안과
공포를 넘어

　나는 당시 그 도시에 있지 않았지만, 2021년 글래스고에는 세계 지도자 120명과 공식 참석자 4만 명, 기자 3,886명과 운동가 수천 명이 26차 유엔기후변화협약 당사국총회에 참석하기 위해 모였다. 총회는 알려졌다시피 실망스럽게 끝났다. 그로부터 1년 후 에든버러에 간 나는 럭비 팬 무리가 오전 5시에 공항 바를 메우고 평범한 관광객들을 압도하고 있는 모습을 볼 수 있었다. 그 수만 봐도 코로나19 팬데믹이 지나가고 대중 관광이 돌아왔음을 충분히 알고도 남았다. 고개만 돌리면 보이는 포스터와 디지털 사이니지가 탄소 배출 없는 미래를 위한 공항 당국의 의지를 표명하고 있었지만, 그 순간 경기에 맞춰 색색 옷을 차려입고 맥주를 꿀꺽대다 곧 각자의 팀을 응원하러 비행기로 날아갈 이들로서는 분명 안중에도 없을 목표였다.

앞날이 무척이나 참담할 거라 예상되어도 사람들은 그대로 살아간다. 2022년 여름, 영국에서 기온이 치솟아 최고치를 기록하고 프랑스가 산불에 그을리던 와중에도 《뉴욕타임스》와 시에나 대학이 실시한 여론조사에서는 미국 유권자 중 오직 1퍼센트만이 기후 변화를 나라가 직면한 가장 중대한 사안으로 생각한다는 결과가 나왔다. 이 위기에 경각심을 가장 많이 느끼는 세대인 30세 미만 시민을 대상으로 해도 수치는 고작 3퍼센트였다. 인플레이션, 가스 가격, 금리 인상, 나라를 갈라놓는 정치적 분열 등 코앞에 닥친 문제들의 기나긴 목록이 기후 위기를 앞질렀다. 대체로 중요한 것은 현재지, 세계가 따뜻해지고 있다는 그 많은 증거에도 불구하고 다수에게 여전히 미래의 문제로 남아 있는 위험이 아니다.

일반인에게 잘 알려지지 않은 분야인 기후과학은 당황스러울 만큼 복잡한 수학 모델과 통계 모델에 근거한다. 그러나 매일 미디어에서 공표하는 위험의 심각성과 말이 아닌 행동과 행위로 헤아려지는 세계 공동체의 실제 반응 사이의 단절로 근심하는 것은 비단 기후 전문가만이 아니다. 기후 위기에서 목적과 정체성을 찾는 이들과 그 위기를 자신과는 무관하고 의미도 없는 일로 보는 이들 사이에는 간극이 있다. 무언가가 삐걱거린다. 메시지가 왜 통하지 않는지, 더 적나라하게 말하자면 임박한 위험에 걸맞은 전 지구적 대응을 왜 촉발하지 못하는지를 이해하는 것은 하루하루가 지날수록 더 시급해지고 있다.

1972년 스톡홀름에서 지구온난화가 실존적 위협으로 규명된 이래 28번째로 개최된 가장 최근의 유엔기후변화협약 당사국총회에 참석하기 위해 기후 공동체climate community 사람들이 얼마 전 두바이에 모였다. 그러니 지금은 메시지와 그 전달자 양쪽을 비판적인 시각으로 보기에 더없이 적절한 시기다. 앞으로 나아갈 더 효과적인 길을 찾기 위해서라도 해야 하는 일이다. 기후 합의를 벗어난 의견은 논란을 불러일으킨다. 그러나 내 좋은 친구였고 지금은 세상을 떠난, **생물다양성**이라는 용어를 창안한 톰 러브조이Tom Lovejoy가 말했듯, 활용할 각오가 되어 있지 않다면 명성을 얻는다 한들 무슨 소용이 있겠는가? 기후 위기가 우리 시대를 규정하는 과제임은 나도 누구 못지않게 인정한다. 그러나 한편으로 현실주의가 무관심은 아니며, 말잔치로 결과를 대체할 수는 없다는 것도 잘 알고 있다. 세계 에너지 그리드(전기의 생산에서 소비에 이르기까지 에너지를 공급하기 위해 연결된 네트워크—옮긴이)가 변화하려면 우리는 사물의 표면 아래를 보고 우리가 지금 어디에 있으며 앞으로는 어디에 있어야 할지, 또 인간 경험에서 전례가 없었던 위험을 정면으로 마주하는 우리의 발목을 잡는 것이 무엇인지 알 각오를 해야만 한다.

2009년 12월 코펜하겐에서 15차 유엔기후변화협약 당사국총회가 열리기 몇 주 전 나는 국제 광고대행사 TBWA의 연락을 받았다. 닛산의 전기차 시장 진출 제품인 리프의 출시 홍보를 도와달라는 것이었다. 회사는 촬영팀 두 명과 함께 나를 코펜하겐으로 보냈다. 매일 블로그에 글을 쓰고 현장 보도와 논평을 전하고 유튜브에 올라갈 인터뷰를 하고 트위터에 멘션을 남기라는 등 부담스러울 만큼 많은 결과물을 요구했으나 총회 보도는 내 판단대로 해도 좋다며 완전한 자유를 보장했다. 자동차 자체를 언급해서는 안 되었다. 차가 아니라, 다가오는 기후 위기에 따른 이 차량의 필요성을 홍보하는 것이 마케팅 전략이었기 때문이다.

이 업무 덕에 나는 역사의 지렛목이자 돌이킬 수 없는 지점으로 널리 각광 받은 전 지구적 행사에서 기후 행동 문화를 접했다. 어떤 긴박감이 회의장과 도시의 거리에 스며 있었고, 거리에는 공식 대표단 자리를 얻지 못한 세계 방방곡곡의 환경단체 대표 수천 명이 모여 있었다.

코펜하겐 거리 풍경은 희망과 환희에 차 있었다. 그러나 15차 당사국총회가 폐막할 때 그곳에 있던 많은 이는 낙담과 당혹감을 느꼈다. 세계의 명운이 불확실한데, 해수면 상승으로 나일강 삼각주가 범람하고 방글라데시와 인도에 사는 1억 2,000만 명의 집이 물에 잠길 것이 확실한데, 세계의 절반 가까이가 식수를 이용할 방법이 없는 채로 살아야 하는데, 안데스산맥과 티베트고원의 모든 빙하가 우리가 살아있는 동안 사라질 판인데, 우리의 반응은 왜 이토록 미적지근하단 말인가?

당시 유엔 기후변화에관한정부간협의체Intergovernmental Panel on Climate Change(IPCC) 의장이었던 라젠드라 파차우리Rajendra Pachauri는

기후 위기는 완화할 수 있고, 지구촌 경제의 단 3퍼센트에 해당하는 투자금이면 세계가 변화할 수 있다고 밝혔다. 미국은 2차 세계대전의 승리를 위해 GDP의 40퍼센트를 쏟아부었다. 그런데 우리는 왜 지구온난화에 대해서는 자원을 동원해 전쟁을 선포하지 않았는가?

15차 당사국총회에서 나온 모든 목소리로 확인되었듯 기후를 다루는 과학은 명쾌했고, 위협은 극단적이고 또 즉각적이었으며, 해법은 정치인들에게 행동할 의지만 있다면 당장 실천할 수 있었다. 화석연료에서 풍력과 태양광을 비롯한 재생에너지원으로 전환하면 지구를 살리는 동시에 변화된 경제의 수요를 충당할 '녹색' 일자리를 수천 개 보급해 대규모 경기부양을 일으킬 수 있다. 이것이 코펜하겐에서 전해진 핵심 메시지였다. 단순함으로 사람들을 유혹하는 이 기후 내러티브는 추후 그린뉴딜로 명문화되고, 새로운 패러다임이자 탄소 없는 세계로 향하는 로드맵으로 예찬될 것이었다. 경제 정의와 생태적 가능성으로 고무되며 그 정신으로 충만한 세계로 가는.

그러나 기후 전문가와 15차 당사국총회 참석자, 그 전에도 이미 여러 차례 유엔 국제회의에 참석했던 사람 들에게 둘러싸여 비행기 일등석을 타고 워싱턴 D.C.로 돌아가고 있자니 앞뒤가 안 맞는 부분들이 조금 있다는 생각이 들었다. 일단 나를 심란하게 한 것은 기후 내러티브의 일관성이었다. 인터뷰 상대들이 들려준 내러티브도 그랬지만 특히 이 업무를 준비하며 읽은 책 20여 권에 나오는 내용이 그랬다. 저자가 기자든 기후과학자나 운동가든 책들은 전부 똑같은 가닥의 내러티브와 똑같은 인용과 똑같은 논증을 공유하고 있었다.

코펜하겐의 다자주의적 공식 석상이라고 신뢰가 생기지는 않았다. 주요 산업국들은 자국이 수립한 배출 감축 계획의 의의를 번드르르하게 과장했고, 글로벌사우스(주로 남반구나 북반구의 저위도에 위치한 저개발국과 제3세계 국가들을 통칭하여 일컫는 말—옮긴이) 국가들과 사우디아라비아는 어느 때보다 강경하게 보상을 요구했다. 아프리카 국가들은 배상을 거론했다. 유럽연합이 20퍼센트 감축과 추가 감축 가능성을 약속한 데서는 속셈이 훤히 들여다보였다. 구 동구권의 취약한 산업국가 10여 곳이 가입하면서 기준연도인 1990년 이후로 12퍼센트 감축분은 이미 달성했음을 그들 자신이 뻔히 알았으니 말이다.

중국은 탄소집약도를 절감하겠다고 제안했으나 이는 유독성 공기로 해마다 중국인 40만 명을 죽음으로 몰아넣은 급격한 산업 성장을 초과하지 않는 한에서 절대 배출량 증가를 허용하는 수사적 술수였다. 인도의 발언은 사실상 그간 산업화가 더뎠던 자신들에게 세계에 독을 풀 차례가 돌아왔다는 내용이었다. 우리 모두 한배를 탔다는 사실은, 지구가 오직 하나뿐이란 사실은, 지금 이 순간 늦지 않게 연대 책임을 지는 길을 찾아야만 한다는 사실은 공식 대표단에게 아무런 의미가 없는 듯했다.

코펜하겐에서는 기후 문제에 전세계 환경운동의 에너지와 관심, 자원이 이미 어느 정도로 소모되었는지도 입증되었다. 세계의 환경단체란 환경단체는 죄다 이 도시에 얼굴을 들이민 듯했다. 실제로 어떤 역할을 맡았거나 참석할 이유가 있는 단체는 극소수였는데도 말이다. 각지의 숲과 강과 호수, 고향의 자연자본을 보호하는 실질적인 활동은 너무나 많은 곳에서 뒷전으로 밀려나 있는 상황에서 환경운동가와 전문가 들은 기후라는 성배를 쫓았다. 너무나 추상적이라 정치적 행동과 대립이 초래할 위험과 불편은 고사하고 책임 소재를 걱정할 의무조차 어느 개인과 기관에도 돌아가지 않는 목표였다.

총회는 일주일간 이어졌지만 그 모든 대담에서는 한 가지가 빠져 있었다. 너무 노골적이라 그 노력 전체의 진정성에 의문이 생길 정도였다. 결과가 아닌 활동에만 집중하는 캠페인이 아니고서야 지금의 우리를 앞으로 가고자 하는 곳으로, 탄소 기반 경제를 떠나 태양광이라는 재생에너지를 연료 삼는 경제로 데려다줄 한 가지 연료를 고려 대상에서 그렇게 깨끗이 지울 수는 없었다. 탄소 배출 없는 미래를 논의한다면 분명 원자력이라는 선택지를 고려했어야 옳다. 원자력은 1974년부터 프랑스 전력 수요의 70퍼센트를 충족해온 동시에 수출로 한 해에 30억 달러가 넘는 수익을 이 나라에 창출해준 에너지원이다.

스튜어트 브랜드Stewart Brand(미국의 환경운동가이자 저술가. 나사에서 촬영한 지구 사진을 표지에 실었던 반문화 잡지《홀어스카

탈로그》의 발행인으로 유명하다—옮긴이)가 썼듯 원자력은 일이 심하게 잘못되면 문제가 될 수 있으나 화석연료는 일이 완벽히 계획대로 흘러갔을 때 문제가 된다. 15차 당사국총회에서 연사들이 줄줄이 공표한 대로 탄소가 실존적 위협이라면, 원자력은 분명 단정적으로 무시해서는 안 될 또 하나의 길이다. 그러나 코펜하겐에서 원자력은 과거의 유독한 유물에 지나지 않는다는 듯 더없이 확실하게 무시되었다.

여담으로, 캘리포니아에 마지막 남은 원전인 디아블로캐니언을 폐쇄하려 했다가 지금은 보류된 퍼시픽가스앤드일렉트릭의 최근 계획을 생각해보라. 이 원전은 캘리포니아주에서 사용하는 에너지의 9퍼센트를 생산한다. 2012년 샌오노프리 원전을 폐쇄했을 때 캘리포니아는 천연가스에 의존할 수밖에 없었다. 탄소 배출로 따지면 이는 도로에 자동차 200만 대를 추가로 내보낸 것과 다름없었다.

15차 당사국총회 후 5년이 지난 2014년, 오바마 정부에서 에너지부 과학차관을 지낸 스티븐 쿠닌Steven Koonin이 기후에 관한 과학은 결코 확정되지 않았으며 사실 좋은 기후 정책을 창안하는 데 필요한 지식을 보유하기까지는 갈 길이 멀다고 말하는 외부 기고문을 《월스트리트저널》에 실었다. 대체로 과학 저술을 평가할 능력이 없는 미디어와 옹호자 들이 주도하는 관습적 사고 때문에 에너지와 탄소 배출, 환경과 관련된 모든 사안에서 정책 토론이 위험할 정도로 왜곡되고 있다고 그는 주장했다.

기후가 변하고 있다는 데는 쿠닌도 동의했다. 기후는 언제나 변했고 앞으로도 계속 변할 것이다. 20세기에 지구 표면 평균 온도는 섭씨 0.8도(화씨 1.4도) 상승했다. 인간이 주로 화석연료 연소로 온실가스를 배출해 기후에 영향을 주고 있다는 데도 의심의 여지가 없다. 이산화탄소의 영향은 수세기 동안 지속될 것이다. 그러나 핵심 질문은 이것이다. 다음 세기 동안 기후는 자연과 인간 양쪽의 영향으로 어떻게 달라질 것인가? 이 질문에 답하는 것이야말로 다수가 짐작하는 것보다 훨씬 중대하고 어려운 일이라고 쿠닌은 짚었다.

21세기 중반이면 인간 활동으로 더해진 이산화탄소가 대기의 자연적 온실 효과를 1~2퍼센트 바꿔놓을 것으로 예상된다. 기후 시스템의 변동성을 고려할 때 숫자가 이렇게 미미하면 인간 활동만으로 초래되는 결과를 확실히 추정하기가 매우 어렵다고 쿠닌은 주장했다. 기후 예측의 근거인 모델도 정확하지 않다고 덧붙였다. 과학에서는 단순한 시스템에 복잡한 질문을 제기할 수도 있고 복잡한 시스템에 단순한 질문을 제기할 수도 있다. 복잡한 시스템의 컴퓨터 모델링은 "과학인 만큼이나 예술"이다.

쿠닌은 바다의 근본적인 역할에도 주목했는데, 그 영향은 세기 단위로 측정되는 시간 척도에서 전개된다. 원해에서 일어나는 현상을 종합적으로 관측해 과학에 활용할 수 있게 된 것은 고작해야 지난 몇십 년 사이의 일이다. 마찬가지로 되먹

임 역학의 영향 역시 다양한 추세를 증폭하든 감쇄하든 물리와 화학 법칙만으로는 확실히 판단할 수 없다. 반드시 정확하고 세밀한 관측으로 검증해야 하지만, 많은 경우 이런 관측치는 아직 구할 수 없다.

기후 문제를 담당하고 있는 국제기구인 기후변화에관한정부간협의체는 1990년부터 기후과학 현황을 주기적으로 조사해 기술 문서와 학술 논문을 말 그대로 수천 건 검토했다. 이 기구의 보고서는 발간된 시점의 기후과학에 대한 최종 평가표로 여겨진다. 이 방대한 문서에서(2021년 8월 9일 공개된 최신 AR6 보고서는 3,949쪽 분량이다) 추출한 요약본의 언어는 정책 입안자와 정치인을 대상으로 하니 원본 연구의 복잡다단함을 고스란히 반영하리라 기대할 수는 없다. 그러나 과학자가 아닌 사람들의 관심을 확보하고자 과학은 물론 보고서 자체의 검토 과정으로도 뒷받침되지 않을 정확함과 확실성을 결론과 공표문에 내비치는 것은 곤란하다.

진솔한 대화는 과학적 확실성뿐 아니라 그 불확실성까지 인정하는 데서 시작해야 한다고 쿠닌은 짚었다. 예를 들어 완화를 제안하면서 탄소 없는 세계가 요구하는 심원한 변화에 대가가 따르지 않으리라 암시해서는 안 된다. 기후가 최우선 과제라 해도 어떤 정책을 전면적으로 처방한다면 경제 발전과 빈곤 감소, 국제 보건, 세대 간 형평성과 지리적 형평성 같은 다른 사회적 우선순위도 고려해야만 한다. 기후과학의 현주소를 잘못 전달해서는 인류의 가장 깊은 욕구와 욕망에 대응하는 데 도움이 되지 않으리라고 쿠닌은 결론지었다.

도발적이지만 논리적으로 보이는 이 주장은 기후 공동체에서 이단으로 취급되었다. 쿠닌은 발언 내용뿐 아니라 발언했다는 사실로도 공격받았다. 쿠닌의 학계 내 직책을 박탈해야 한다고 요구한 사람들도 있었는데, 캘리포니아 공과대학교 이론물리학 교수, 미국 과학원과 예술과학아카데미 회원, 로렌스리버모어 국립연구소 사외이사인 데다 물리학과 천체물리학, 계산과학, 에너지 기술 및 정책, 기후과학 분야에서 동료 심사를 거친 논문을 200편 넘게 써낸 저자인 그가 이미 완벽하게 자격 검증을 받았음을 생각하지 않은 요구였다. 쿠닌은 오바마 정부 에너지부의 과학차관으로서 탄소 배출을 가장 효과적으로 감축할 지방과 전국 단위 조치를 결정하고 그 우선순위를 설정하는 일을 책임졌던 인물이었다.

나는 2021년 여름 캘리포니아 북부에서 열린 한 문학 축제에서 우연히 쿠닌 교수의 강연을 들었다. 그의 발표는 함부로 재단하지도, 공격적으로 비판하지도 않았다. 그는 다수 의견에 무조건 반대하는 사람도 아니고 인습을 타파하는 사람도 아닌 진중하고 사려 깊은 과학자로, 정설을 마땅히 비판적으로 대하며, 공공정책 사업을 전 지구적 규모로 시행할 때의 비용과 결과를 충분히 알고 있는 사람으로 보였다. 그의 책 『지구를 구한다는 거짓말: 환경을 생각하는 당신이 들어보지 못한 기후과학 이야기 *Unsettled: What Climate Science Tells Us, What It Doesn't, and Why It Matters*』는 내가 들었던 발표만큼 균형이 잘 잡혀 있었다.

쿠닌은 인간 활동으로 인해 탄소 배출이 증가한다는 사실이나 기후가 변하고 있다는 사실을 한순간도 부정하지 않는다. 오히려 데이터로 확인되거나 뒷받침되지 않을 수도 있는 단정적인 평가를 향한 반사적인 믿음 말고는 어디에도 의문을 제기하지 않는다. 데이터가 반드시 틀렸다거나 왜곡되었다는 말이 아니다. 이 과제는 복잡하며 해답이 항상 단순하거나 명쾌하지는 않다. 쿠닌의 자세는 알려진 바를 믿으면서도 아직 알려지지 않은 것, 어쩌면 지금으로서는 알 수 없는 것을 수용할 만큼 겸허한 과학자의 자세였다. 여러 국가가 수조 달러를 지출하기 전에 우리는 그만큼의 비용이 변화를 만들어낼지 질문할 필요가 있다. 내게는 비합리적으로 느껴지지 않는 말이었다.

인터넷에 들어가보니 쿠닌은 조리돌림을 당하고 있었고 비난 다수가 인신공격성이었다. 우려를 표하기만 해도 기후 변화 부정론자로 낙인찍히고 과학 공동체에서 주변부로 밀려나게 되는 듯했다. 나는 이것이 불편했다. 이데올로기로 움직이거나 냉소적인 태도로 산업계 좋은 일만 하는 실제 부정론자와 성서 붙들듯 도래할 종말에 집착하며 멸망을 예언하는 사람들 사이에는 여타 분야의 전문가와 더불어 쿠닌 같은 과학자가 있는데, 이들의 목소리가 고려되지 않는 최소한 한 가지 이유는 이들이 난처한 질문을 제기해서다. 나는 이들이 하려는 말을 들어보기로 했다.

그렇게 해서 내가 몇 달 동안 들은 것은 우리 앞에 놓인 과제의 가능성과 복잡성에 대한 정신이 번쩍 드는 평가였다. 버겁게 느껴지면서도 그 명료함과 현실주의 덕에 희한하게 기운을 북돋는 메시지였다. 나아갈 길, 실용적이면서도 희망찬 길은 있다. 이 길에서 보이는 긍정적인 비전은 분명 우리를 더없이 쇠약하게 하는 공포를 잠재우고, 열려 있으면서도 비판적인 대화를 세계 회담에 돌려놓는 동시에 여러 정부와 국민을 결집해 행동으로 이끌리라. 이 모든 것의 목표는 우리가 추구하는 변화, 기후 위기에 필요한 변화를 실현하는 것이다.

이 가운데 가장 논쟁적인 목소리는 『쿨잇Cool It』(2007년)과 『허위 경보False Alarm』(2020년)를 쓴 덴마크 정치과학자 비외른 롬보르Bjorn Lomborg의 목소리다. 제목에서 짐작되다시피 2001년 『회의적 환경주의자: 이 세상의 실제 상황을 직시하다The Skeptical Environmentalist: Measuring the Real State of the World』를 출간해 일약 유명인사가 된 청년에게 기대할 수 있는 관점으로 기후 변화 문제에 접근하는 책들이다. 스탠퍼드 대학교 후버 연구소의 객원 연구원인 롬보르는 기후 합의에 의문을 제기해 오래도록 피뢰침 같은 존재로 있으면서 자신이 대응하는 바로 그 정설에 매몰된 이들의 분노를 샀다. 그는 "드러내지 않는 기후 변화 부정론자"라고 무시당했다. 평론가들은 그가 기후 과학자로 공식 교육을 받지 않았음을 일제히 지적했는데, 이

는 롬보르뿐 아니라 수많은 유명 기후운동가에게도 해당하
는 이야기다. 다른 이들은 그가 입맛에 맞는 데이터만 취사선
택하며 자신의 주장과 배치되거나 그 주장에 도움이 안 되는
사실은 묵살한다고 비난했다. 통탄스럽게도 이 또한 기후 공
동체에서 드물지 않은 관행이다.

 확실히 말하지만 롬보르의 광범위한 분석에 결함이 없는
것은 아니다. 일부 평론가에 따르면 화석연료 산업에 들어가
는 직간접적 보조금이라는 요인을 경제성 평가에 포함하지
못했다는 점이 눈에 띈다. 그러나 롬보르의 연구가 한 검토자
의 맹비난처럼 몽땅 "정치적 프로파간다"라는 것은 롬보르가
감히 정설을 따지고 들었다는 이유가 크게 작용한 판단이다.
라젠드라 파차우리는 IPCC 의장으로 있을 당시 다소 신경질
적으로 롬보르를 아돌프 히틀러에 빗대었다.

 그의 견해를 이단이라 여기는 이들이 반대할지언정 롬보
르의 메시지는 일반인도 이해할 수 있어 다수의 공감을 얻는
다. 구체적인 비용 추정 등은 틀렸을지 몰라도, 전세계 에너
지 인프라가 변화하려면 막대한 비용이 지출되고 개인에게서
정부로, 또 여러 국가에서 국가로 어마어마한 부가 이전되는
과정이 수반된다는 그의 기본 주장은 틀리지 않았다. 정책 순
응, 효력, 미디어의 역할, 그리고 종말론적 선언이 만국 청년
의 꿈과 희망에 미치는 영향이라는 문제를 날카롭게 살핀 데
서도 전혀 틀리지 않았다. 새로운 에너지의 미래로 이행하는
지금, 우리 앞에 놓인 과제의 규모를 평가하는 데서도 오도되

지 않았다. 그 미래의 특징은 여전히 불완전하게만 알려져 있다. 세계의 동력 수요가 2050년까지 최소 50퍼센트 증가하리라는 확실한 사실을 제외하고는.

좋든 싫든 우리 문명은 화석연료 문명이다. 300년 동안 우리는 세계에 내리쬔 고대의 햇빛을 소모했다. 현재 한 해에 태우는 탄소 기반 연료는 100억 톤이 넘는다. 30여 년 전인 1992년에 첫 기후 국제회의가 열린 후로 세계는 화석연료 의존도를 에너지 수요의 87퍼센트에서 83퍼센트로 낮췄을 뿐이다. 다음 30년 안에, 그러니까 2050년까지 세계 경제가 두 배로 불어 185조 달러에 이름과 동시에 화석연료 의존도를 83퍼센트에서 0퍼센트로 이행할 수 있으리라는 말은 신앙을 다짐하는 것과 다를 바 없다.

확실히 말하지만 주목할 만한 진보가 이뤄진 것은 사실이다. 지난 10년 사이에만 태양광 발전과 리튬이온전지 기술 비용은 85퍼센트 이상 떨어졌고 풍력 발전 비용은 55퍼센트 이상 감소했다. 이제 녹색에너지 투자액이 화석연료 투자액을 웃도는데, 이는 15차 당사국총회가 개최되어 대표단들이 코펜하겐에 모였던 2009년이라는 멀지 않은 과거에도 거의 기대하지 못했던 시장의 전환이다.

그러나 갈 길은 아직 멀고도 멀다. 태양광과 풍력 발전에 어마어마한 정부 보조금이 들어간 1995년부터 2018년 사이 세계 에너지 생산량 중 무배출 에너지원으로 얻은 비중은 겨우 2퍼센트 증가해 15퍼센트가 되었다. 2021년 미국의 총 에너지 수요에서 재생에너지원은 겨우 12퍼센트를 차지하는 데 그쳤다.

핀란드 지질학회에서 실시해 2021년 발표한 연구에서는 현재 전세계에서 석유, 석탄, 가스, 원자력 에너지로 가동되는 발전소 4만 6,423기를 대체하려면 풍력, 태양광, 수소 발전소를 58만 6,000기 건립해야 한다는 결론이 나왔다. 크리스토퍼 폴론Christopher Pollon이 보도했듯 세계은행에 따르면 전 지구적 규모로 재생에너지를 저장하고 보급하는 데 필요한 인프라 구축에는 2050년까지 30억 톤 넘는 광물과 금속이 소요될 것이다.

노르웨이는 최근 전기 컨테이너선을 최초로 진수했다. 컨테이너를 120개 선적할 수 있고 항속거리는 약 30해리다. 기존 선박 중 세계에서 가장 큰 선박은 컨테이너 2만 4,000개를 선적할 수 있고 항속거리는 1만 3,000해리다.

현재 미국 전역에서 사용 가능한 총 배터리 용량으로는 전국에 전기를 14초 공급하는 것이 고작이다. 테슬라가 네바다에 짓는 50억 달러짜리 기가팩토리는 세계 최대의 리튬이온전지 제조 공장이 될 텐데, 예상 연간 생산량은 다 합쳐도 전국 전기 수요를 3분쯤 감당할 수 있을 정도다.

저장 용량은 차치해도 동력을 시장으로 수송하는 문제가 있다. 풍력과 태양광 설비로 발전한 동력을 소비자에게 보내는 전송 선로망을 새로 확충하는 일은, 풍력 발전 단지와 태양광 발전 단지 그리고 전송 선로가 자기 동네에 흠을 내지 않는다는 전제하에서만 재생에너지를 예찬하는 이들의 반대를 생각하면 만만치 않다. 조지아 대학교가 실시해 《에너지 저널》이 발표한 2021년 조사에 따르면 미국인 중 태양광 발전 단지에서 1.6킬로미터 내에 거주할 의향이 있다고 응답한 사람의 비율은 24퍼센트밖에 되지 않았다. 집 근처 비슷한 거리에 풍력 발전 단지가 있어도 개의치 않는다는 비율은 17퍼센트에 불과했다.

다른 사례를 다 제쳐두고 트랜스웨스트익스프레스 송전 프로젝트 하나만이라도 생각해보라. 이는 와이오밍에 있는 풍력 발전 단지에서 생산한 재생에너지를 미국 남서부 소비자 200만 명에게 제공할 30억 달러짜리 송전선 계획이었다. 《블룸버그》에 따르면 지지자들은 "선이 지나가는 경로의 지역 정부와 토지 소유자에게 수백 가지 허가와 지역 사용권을 따내려고 수년을 들였다." 다른 곳은 다 되었으나 한 곳만은 끝내 협의를 해주지 않았다. 송전선으로 인해 청정한 콜로라도 풍경이 훼손되는 것을 원치 않았던 크로스마운틴 목장이었다. 프로젝트 개시 후 17년이 지났지만 전선은 단 하나도 달리지 못했다.

2017년, 케이프코드 주민들은 개발사가 프로젝트에 이미 1억 달러를 투자한 터빈 130개짜리 풍력 발전 단지 계획을 무산시켰다. 그 주민들 가운데에는 환경 옹호자라고 전국에 이름이 알려진 인물들도 있었는데도 그랬다. 이 결정 이후 풍력 발전 개발자 사이에는 '스타벅스 규칙'이 생겼다. 제일 가까운 스타벅스와 적어도 48킬로미터 이상 떨어진 입지를 확보하지 못하면 프로젝트를 고려하지 않는다는 규칙이다. 커피 한 잔에 5달러를 턱턱 낼 수 있는 이들 중에는 동네에 새로운 기반 시설이 들어서는 것을 반대할 게 뻔한 사람이 너무나 많다.

정부 보조금을 20년간 지원한 결과, 지금 도로에 다니는 전기차는 약 700만 대다. 전세계에 아직 현역으로 있는 내연기관 차량은 15억 대 정도다. 이 수치를 뒤집어, 전세계 교통 인프라를 바꾸는 데 투자해야 하는 시간과 비용 총계를 내보자. 미국만 해도 주유소가 약 15만 곳이다. 중국에서는 이 숫자가 10만을 넘어 계속 커지고 있다. 이를 전기차 충전소로 대체하는 것이다. 공급망이라는 요소와 희소금속, 특히 코발트와 리튬을 둘러싼 전 지구적 경쟁이 낳을 정치적·경제적 영향을 고려하자. 치솟는 구리 수요가 환경에 가져올 결과도 생각하자. 전기차에 필요한 구리는 기존 휘발유 차량의 세 배다. 주로 트럭과 차량용 전지에 쓰이는 니켈 소비량은 2050년까지 네 배 증가할 전망이다.

이런 계산에서는 전기차 한 대의 약 5분의 1이 플라스틱으로 만들어지며 이 플라스틱은 화석연료로 얻어진다는 점을 알아두자. 전기차의 탄소 발자국은 절반 가까이가 도로에 오르기 훨씬 전에 생긴다는 사실도 기억해야 한다. 전기차는 생산으로 인한 탄소 배출량이 휘발유 자동차 제조 시 발생하는 양보다 70퍼센트 가까이 높으며, 중금속을 더 많이 사용해 독성 지수는 세 배다. 20년이 넘도록 기존 자동차는 제조되어 주행 수명이 다하기까지 이산화탄소를 약 24톤 발생시키고 있다. 같은 크기의 전기차는 19톤을 발생시킨다. 휘발유에서 전기로 에너지원을 바꿔도 차량 한 대가 만드는 탄소 발자국 총량의 25퍼센트도 해결하지 못한다. 게다가 인도와 중국 대부분 지역에서 한동안 그럴 것이 확실시되다시피 국내 운송 차량 충전에 사용되는 전기가 여전히 석탄과 천연가스를 태우는 발전소에서 생산된다면 그토록 많은 이가 지구의 미래를 위해 필수라 여기는 전환의 약속은 여전히 실현되지 않은 채일 것이다. 전기로 바꾸는 것은 분명 좋은 일이지만, 이러한 사회 투자로 무엇을 달성할지 현실적으로 평가하는 것 역시 좋은 일이다.

2021년 글래스고에서 개최된 26차 당사국총회에서 바이든 Joe Biden 대통령은 화석연료 연소를 중단할 것을 세계 지도자들에게 탄원했다. 대표적으로 추진한 법안에서는 5,550억 달러를 이 위기에 대응할 예산으로 책정했다. 기후 변화가 "우리가 아는 인간 존재의 실존을 위협"한다고도 선언했다. 그럼에도 생물다양성센터Center for Biological Diversity에 따르면 바이든 행정부는 임기 첫해에 석유와 가스 시추를 3,557건 승인했다. 후안무치한 기후 변화 부정론자인 도널드 트럼프 재임기의 첫 열두 달에 승인된 것보다도 899건 많다. 휘발유 가격이 폭등하던 2021년 여름 바이든은 사우디아라비아에 석유 생산 확대를 요구했고, 그가 스코틀랜드에서 복귀한 지 며칠 만에 행정부는 멕시코만 일대의 32만 3,749제곱킬로미터를 해양 시추용으로 입찰에 부쳤다.

2022년 바이든 행정부에서 기후 문제에 대해 앞장서 목소리를 내던 존 케리John Kerry가 화석연료 자원 개발로 지구에 닥칠 위험을 아프리카 국가에 경고하던 그때, 미국은 다른 어느 국가와도 견줄 수 없는 규모로 개발을 승인하고 허가를 발급하며 자국의 탄소 기반 에너지 부문을 급격히 확대했다. 2023년 바이든이 인가한 알래스카 윌로 프로젝트는 원유 6억 배럴을 생산할 것으로 전망된다. 연료로 태우면 이 원유는 휘발유 자동차 200만 대의 배출량에 해당하는 920만 톤의 이산화탄소를 매년 대기에 더할 것이다. 이렇게 큰 숫자도 미국의 총 탄소 배출량에서는 0.2퍼센트밖에 안 된다. 2023년 존 케리가 보전의 메시지를 나누며 지구를 순회하는 동안, 이미 세계 최대의 원유 생산국이자 3위의 석탄 소비국이었던 미국은 천연가스 최대 수출국으로도 등극했다.

수사와 현실 사이에는 간극이 있고, 이 간극은 공익 옹호자와 운동가의 목소리로 깊어지기만 한다. 의도야 분명 그보다 더 좋을 수 없겠으나 이 옹호자와 운동가 들은 기후운동에 천년왕국을 믿은 십자군이 보일 법한 도덕적 권위를 불어넣었다. 공적 의견 표명으로 의당 받아야 할 지고의 영예를 얻은 앨 고어Al Gore는 기후 위기를 "세대의 사명이자 도덕적 목표로 이 기회에 …… 이 위기가 정치와는 아무런 관계도 없음을 깨닫는 현현을 체험할 것이며 …… 이는 도덕적이고 영적인 과제로 …… 우리 문명의 존속과 지구의 거주 가능성이 걸려 있는"일이라 설명했다.

2006년, 고어는 10년 안에 세계가 돌이킬 수 없는 지점에 이를 것이라고 선포했다. 2009년에는 극지방의 빙원이 2014년까지 전부 녹아 없어질 가능성이 매우 크다고 말했다. 2019년에는 이제 찰스3세 국왕이 된 웨일스공이 사태를 바로잡을 시간을 18개월로 못 박았다. 2021년 유엔의 최신 과학 평가 보고서 AR6 공개와 더불어 사무총장 안토니우 구테흐스António Guterres는 "인류에게 적색경보"가 발동되었다고 선포하며 수십억 명에게 위험이 임박했다고 경고했다. 제임스 러브록James Lovelock(영국의 과학자이자 저술가로, 지구를 하나의 거대한 생명체로 보는 가이아 이론을 제시했다—옮긴이)은 "이번 세기가 끝나기 전에 수십억 명이 죽을 것이며 살아남은 소수의 인간 번식 쌍은 아직 견딜 만한 기후가 유지되는 북극에서 살게 될 것"이라 단언했다.

이런 불길한 예측 앞에서 기후운동가들은 세계의 경각심을 일깨워야 한다는 도덕적 의무감을 느낀다. 설령 종말론을 소환하고 위협을 과장하면서 불확실성과 의혹은 인정하지 않게 되더라도 말이다. 스탠퍼드 대학교의 스티븐 슈나이더Stephen Schneider는 다음과 같이 시인했다. "우리는 광범위한 지지를 얻어내고 대중의 상상을 사로잡을 필요가 있습니다. 그러려면 물론 다량의 언론 보도를 따내야죠. 그래서 우리는 무시무시한 시나리오를 내놓고, 단순하고 극적인 말을 하고, 설사 의

구심을 품고 있더라도 거의 언급하지 않습니다."

　많은 옹호자와 마찬가지로 고어도 기후 합의를 의문시하는 사람을 잘 참지 못한다. 한번은 이렇게 말하기도 했다. "인구의 15퍼센트는 달 착륙이 사실 애리조나에 있는 영화 촬영장에서 연출된 장면이라 믿고, 그보다 수는 적지만 지구가 평평하다고 믿는 사람들도 있습니다. 이런 사람들이 지구온난화 부정론자들과 토요일 밤에 모여 파티를 벌일 것 같군요."

　기후 변화 부정에 개인적으로 집착하며 의견과 사실을, 울분과 지식을, 왜곡과 진실을 뒤섞는 사람들은 분명 고어의 경멸을 받아 마땅하다. 그러나 아전인수 격의 혼용은 지금 전개되는 탄소 위기에 매몰된 이들 사이에서도 이뤄진다. 정치인과 언론, 기후 전문가와 운동가, 돈이 많이 들어가는 기후 정책의 수혜자가 될 다수의 기업체가 그들이다. 리프 광고 캠페인차 나를 코펜하겐에 보내준 닛산 같은 전기차 제조사가 한 예이며, 앤드루 콕번Andrew Cockburn이 《하퍼스매거진》에 보도했다시피 신생 원자력 산업도 물론 해당한다.

　합의를 고수하는 것은 기후과학 문화의 일부일 뿐이라고 브레이크스루연구소의 기후·에너지팀 공동팀장 패트릭 브라운Patrick Brown은 말한다. 젊은 학자가 성공하려면 그 길밖에 없다는 것이다. 2023년 8월, 브라운은 전원 기후 전문가인 동료 여섯 명과 함께 세계에서 가장 권위 있는 과학 학술지라 할 수 있는 《네이처》에 연구를 게재했다. 이들의 논문은 오로지 기온 상승으로 캘리포니아에 심각한 산불이 발생할 위험성과 산불이 발생했을 때의 위험도 그리고 그 빈도가 높아진 양상에만 초점을 맞췄다. 기사는 곧바로《로스앤젤레스타임스》와 NPR을 비롯한 여러 언론 매체의 주목을 받았다. 브라운과 공동 저자들은 산불 발생에는 기후 변화 외의 다른 요인도 관련되어 있음을 통렬하게 자각하고 있었으나 학술지 편집자들이 원하는 이야기 흐름을 유지했다. 브라운은《네이처》에 실린 내용은 좋은 과학이었으나 완전하지는 않았음을 인정한다.

브라운은 그후 2023년 9월 12일자《프리프레스》에「나는 기후 변화 논문을 게재하려고 온전한 진실을 누락했다」라는 외부 기고문을 실어 내막을 토로했다. 그는 권위 있는 과학 학술지에 게재가 승인될 가능성을 최대화하고자 대학 연구자들이 연구를 재단할 때가 잦다는 점을 시인하는 것으로 그 글을 시작했다. 브라운의 글이다. "내가 이를 확실히 아는 것은 나도 그런 사람 중 하나였기 때문이다. 방식은 이러하다."

기민한 기후 연구자가 무엇보다 먼저 아는 것은 연구가 주류 내러티브를 지지해야 한다는 사실이다. 말하자면 기후 변화의 영향은 만연하며 재앙적이라고, 이런 영향에 대응하는 주된 방법은 현실적인 적응 조치를 채택하기보다는 …… 온실가스 배출 감축을 목표로 하는 정책을 통하는 것이라는 내러티브다.

나는 연구에서 기후 변화 외의 핵심 측면을 수량화하려 해서는 **안 된다**는 것을 알았다. 그랬다가는《네이처》와《사이언스》같은 학술지에서 전하고자 하는 이야기가 희석되기 때문이다. 편집자들은 어떤 연구는 게재하고 동시에 어떤 연구는 반려함으로써 이미 승인된 특정 내러티브들을 옹호하는 기후 논문을 원한다는 것을 너무도 분명하게 밝혔다. 설령 사회의 더 광범위한 앎을 희생해야 가능한 내러티브라도 말이다.

기후과학은 세계의 복잡성을 이해하려 하기보다는 기후 변화의 위험을 대중에게 다급하게 경고하는 카산드라 역할을 하는 문제가 되었다. 이런 본능적 경향은 아무리 이해할 만할지언정 기후과학 연구를 대거 왜곡하고 대중에게 잘못된 정보를 주며, 무엇보다 현실적인 해법을 실현하는 것을 더 어렵게 한다.

브라운의 말에 따르면 그가 한 경험은 세간의 이목이 쏠리는 연구를 출판할 때 일반적으로 겪는 일이다. 한 예로 그가 인용한《네이처》의 다른 영향력 있는 논문에서는 과학자들이 폭염으로 인한 사망과 농업 피해가 사회에 미치는 기후 변화의 가장 중대한 영향 두 가지라고 판단했다. 이런 이야기는 좁은 의미로 보면 논문에서 실증했듯 사실일 수도 있다. 그 글에서 누락된 것은 기후 변화가 두 영향 어디에도 지배적인 요인이 아니라는 사실이다. 기후 변화가 **있었음에도** 수십 년 동안 온열 관련 사망자는 감소해왔고, 작물 생산량은 증가해 왔다. 모두 반가운 소식이고, 변화하는 기후의 부정적 영향을 어떻게 극복할지 이해하기 위해서라도 연구할 가치가 있는 대상이다. 그러나 브라운이 지적하듯 "문제에 초점을 맞추는 대신 해결책을 연구해서는 아닌 게 아니라 대중도 언론도 자극하지 못한다."

놀랄 일도 아니지만, 멸망을 이야기하는 언어는 많은 사람을 절망으로 이끌었다. 《랜싯》에 보도된 한 조사는 19개국 16~25세 청년과 청소년 1만 명을 대상으로 한 것이었는데, 응답자 과반이 기후 변화에 대한 불안에 시달리며 매일 절망감을 느끼는 것으로 나타났다. 네 명 중 세 명이 미래를 "두렵다"고 표현했고 56퍼센트는 기후 변화가 인류를 끝장낼 것이라 예상했다. 2020년 영국에서 실시된 대규모 전국 조사에서는 영국 아동 다섯 명 중 한 명이 기후 변화와 관련된 악몽을 꾸는 것으로 나타났다. 다른 여론조사에서는 45세 미만의 미국 성인 중 무려 3분의 1이 미래에 닥칠 일이 걱정되어 아이를 낳기가 꺼려진다고 밝혔다.

2017년 미국심리학회는 높아지는 환경 불안을 "환경 문제로 멸망이 닥치리라는 만성적 두려움"이 특징인 하나의 증후군으로 진단했다. 2019년 《워싱턴포스트》가 13~17세 청소년을 대상으로 실시한 조사에서는 역시 기후 위기에 대해 들은 이야기 때문에 과반이 슬픔과 불안, 분노, 무력감, 죄책감을 느끼는 것으로 나타났다. 그런 이야기를 어디서 들었냐고 물었을 때 70퍼센트 이상이 텔레비전과 뉴스, 영화를 언급했다는 점은 의미심장하다. 이 발견은 결정적인 역학을 시사한다. 대중이 기후 위기에 대해 아는 바는 미디어에서 배운 것이다. 미디어는 길고 긴 옮겨 말하기 게임에서 마지막으로 거치는 단계인데, 이 게임은 비전문가로서는 이해할 수 없는 과학 연구로 시작해 아주 순진한 사람이 아니고서야 정치와 선입견의 개입이 전무하다고는 생각지 않을 몇 차례 해설 단계를 거쳐 비로소 미디어에 도달한다. 기자들은 다음 헤드라인 생각뿐이고, 그 헤드라인은 암담할수록 좋다. 헤드라인을 뽑아낸 기사는 복잡하기가 한량없고 타임라인이 몇 시간이나 며칠이 아닌 수백, 수천 년에 이른다.

2015년 파리 기후총회에서 등장한 핵심 약속들을 예시 삼아 생각해보라. 정치인들은 전 지구의 기온이 섭씨 1.5도 이상 상승하는 것을 막으려면 무엇을 해야 하는지 알고 싶어했다. 불가능을 구상하라는 주문을 받은 과학자들은 불가능으로 화답했다. 그 답이란 이론상 2030년까지 목표치를 달성할 수도 있을 정책들이었지만, 그러려면 사회의 모든 측면에서 당장 전례 없는 변화가 일어나야 함이 분명했다. 정치적·기술적·문화적인 이유로 결코 실행될 리 없는 계획이었다. 미디어는 이론적인 권고를 실존을 위한 명령으로 탈바꿈시켰고, 그랬기에 CNN은 파리에서 총회가 열리고 3년이 지난 2018년에 "지구가 기후 변화의 대재앙을 면할 수 있는 시간은 12년"이라 말하는 보도를 내놓을 수 있었다.

사실로도 틀렸고 윤리적으로도 미심쩍은 이런 헤드라인은 기다렸다는 듯 소셜미디어 밈이 되었고, 익명성이 따분함과 공모해 진실을 재발명하는 디지털 세계에서 하나의 코드가 되었다. 2021년 존 케리는 CBS와의 인터뷰에서 CNN의 왜곡

보도를 소환해 "3년 전 과학자들은 기후 위기가 가져올 최악의 결과를 면할 시간이 12년 남았다고 했습니다. 3년이 지났으니 이제 9년 남았군요"라고 말했다. 기후 위기에 관한 미국 최고 대변인인 케리의 말에는 우리가 아는 지구 위의 삶에 지구온난화가 절대적이고 확실한 위협이 되리라고 대통령이 선언하는 것과 같은 영향력이 있었다. 청년과 아이들이 두려움과 분노를 동시에 느끼는 것이 놀랄 일인가?

CNN이 종말론적 경고를 발표했던 해인 2018년, 열다섯 살밖에 안 된 학생 그레타 툰베리Greta Thunberg가 스톡홀름의 스웨덴 의회 건물 밖에서 1인 시위를 시작했다. 그 용기와 신념은 사람들의 아픈 곳을 건드렸고 툰베리는 탄소 배출을 감축하는 수준을 넘어 배출을 즉시 전면 중단하라는 대담한 요구로 금세 세계의 찬사를 받았다. 정말 그렇게 했다간 세계 대부분 지역의 경제 활동이 중단될 만한 요구였다. 낭비할 시간이 없었다. 툰베리는 "2030년쯤이면 우리는 인간의 통제를 벗어나 되돌릴 수 없는 연쇄 반응을, 우리가 아는 문명의 최후로 이어질 반응을 촉발할 위치에 서게 될 겁니다"라고 단언했다.

암담한 흉설과 별난 활동으로 툰베리는 최연소 올해의 인물이 되어 《타임》 표지를 장식했다. 《포브스》에서 선정하는 세계에서 가장 영향력 있는 여성 100인 목록에도 이름을 올렸다. 노벨평화상 후보에 한 번도 아니고 세 번이나 연속으로 지명되었다. 툰베리의 목소리는 2019년 미국 의회에도 이르렀다. 민주당 하원의원 알렉산드리아 오카시오코르테스 Alexandria Ocasio-Cortez가 툰베리의 깊디깊은 우려를 공유한 것이다. "우리가 기후 변화에 대응하지 않는다면 세계는 12년 뒤 최후를 맞을 겁니다."

툰베리는 수백만 명을 고무하고 전세계 청년들을 움직였다. 툰베리가 세계 경제에 내린 극단적인 처방은 바보스러운 소리가 아니라, 지구에 파멸이 임박했음을 생각하면 유일하게 온당하고 합리적인 반응이라고 지지자들은 말할 것이다. 툰베리의 활동에 연료가 되는 것은 공포다. 본인 말에 따르면 툰베리는 여덟 살에 기후 변화에 대해 처음 들었고 어른들이 그 위험에 왜 맞서지 않는지 의아했다. 그래서 우울에 빠지고 절망했다. 열한 살 때는 입을 닫았다. 음식을 먹지 않아 두 달 만에 10킬로그램이나 빠졌다. 툰베리는 그후 아스퍼거증후군과 강박장애, 선택적 함구증 진단을 받았고 이런 역경을 강점으로 바꿨다. 쉽지는 않았다. 툰베리는 수년간 우울증에 시달리며 분투하다가 2018년에야 시위에 나서고 세계의 주목을 받은 것이었다.

오늘날 툰베리는 세대의 대변인이다. 달이 가고 해가 갈수록 툰베리의 수사는 점점 더 과격해지고 분노는 점점 더 완강하고 투박해지고 있다. 그 앳된 얼굴에는 세계에 최후가 닥치리란 확신 속에 공포에 사로잡힌 순진무구한 여덟 살 어린이의 인상이 늘 남아 있다.

모든 어린이의 희망과 두려움을 염두에 두고, 그 아이들이 뜬눈으로 밤을 지새우게 하는 이야기인 기후 내러티브를 몇 가지만 검토해보자. 예를 들어 북극에서 얼음이 녹아 북극곰이 멸종 위기에 처했다는 소식을 들은 젊은이가 많을 것이다. 하지만 문제는 그렇게 단순하지 않다. 북극이라는 광대한 지역을 통틀어 보면 구분된 개체군이 19개 존재하며 그중 13개는 전체 북극곰 3분의 2가 서식하는 보금자리인 캐나다에 있다. 이 가운데 11개 개체군은 1973년 체결된 북극곰 보호협정이 한몫을 한 덕분에 수가 일정하게 유지되거나 증가하고 있다. 2017년 바이럴 콘텐츠가 되어《내셔널지오그래픽》웹사이트에서 25억 시청자를 끌어모은 앙상한 북극곰의 적나라한 영상은 심히 충격적이었지만, 모든 북극곰이 비슷한 상태라면 이 종의 서식지 다수 영역에서 북극곰의 개체수가 지금처럼 증가 추세를 이어가지는 못할 것이다. 이 이상 현상의 의문이 해소된 것은 영상 제작자가 정치적 의제를 제기하고자 병들고 굶주린 곰이 고생하는 모습을 고의로 이용했음을《내셔널지오그래픽》이 시인했을 때였다. 해당 개인은 본인 말대로라면 "기후 변화의 시급성을 전달할" 영상을 확보하려 했다.《내셔널지오그래픽》은 지구온난화가 그 곰의 상태와 아무 관련이 없음을 똑똑히 인지하고도 "이것이 기후 변화의 얼굴이다"라는 헤드라인으로 촬영분을 공개했다.

근본적인 문제는 북극의 다양한 서식지 전역에 분포하는 북극곰의 먹이 섭취 가능 여부다. 온난화 추세는 각기 다른 개체군에 각기 다른 방식으로 영향을 미친다. 북쪽에서도 특히 위쪽에 서식하는 곰은 물범을 사냥하지 못할 정도로 유빙이 두꺼우면 굶어 죽을 수 있고 개빙 구역이 늘어나야 사냥이 쉬워질 수도 있다. 반대로 서식지 남쪽에서는 온난화 추세가 재앙적일 수도 있고 또 아닐 수도 있다. 제임스만에 서식하는 곰은 수천 년 동안 얼음 없는 여름을 겪으면서도 번성했다. 데이비스 해협에서는 해빙의 면적과 두께, 북극곰이 사냥하는 자리인 바다 위 부유 발판의 건전성이 수년간 급격하게 감소하고 있다. 그런데도 오늘날 이곳의 북극곰 개체 수는 40년 전의 두 배 이상이다.

내가 하는 말은 북극곰이 지금 이냥저냥 살아간다고 미래도 안전하다는 뜻은 아니다. 북극곰은 얼음에서 사는 동물이고 얼음은 녹고 있으며 온난화 속도가 지구 평균의 네 배인 북극에서는 그 추세가 가장 급격하다. 브렛 스티븐스Bret Stephens가 《뉴욕타임스》에 보도하기로 덴마크·그린란드 지질조사국에 따르면 그린란드에서는 30년간 매년 평균 얼음이 170기가톤씩 사라졌다고 한다. 매초 5,400톤이 사라진 수준이다.

세계 다른 지역에서 빙하는 소빙하기가 끝난 이래 계속 줄어들어왔다. 기온이 현저하게 낮았던 300년간의 소빙하기는 1550년경 시작되어 1850년경 기후가 비교적 온난해지며 끝났다. 헤밍웨이가 1936년 「킬리만자로의 눈」을 발표했을 때 킬리만자로산은 그 전 반세기 동안 표면 얼음 절반이 사라진 상태였다. 얼음이 급격히 감소했다는 기록은 1800년부터 있었다. 1794년 영국인들이 알래스카의 글레이셔만에 배로 진입했을 때는 1.2킬로미터 두께 얼음벽으로 길이 막혀 있었다. 1879년 박물학자 존 뮤어John Muir가 이곳을 찾았을 때는 같은 빙하가 64킬로미터 이상 후퇴해 있었다.

인간 활동으로 인한 탄소 배출 때문이든 수세기에 걸친 기후 순환 때문이든 두 가지가 복합적으로 작용해서든 궁극적으로 빙하 감소의 원인은 그 영향을 완화하는 데 필요하다면 무슨 조치든 해야 한다는 급박한 요구보다 중요하지 않다. 불어난 빙하호 하류의 지역 사회에 위험이 임박한 산지에서도, 이누이트의 생활 방식이 통째로 위태로워진 북극 일대에서도 마찬가지다.

해수면이 상승하고 있다는 데에는 의심의 여지가 없다. 육지 얼음이 녹고 기온이 따뜻해져 해수 부피가 팽창하니 이 추세는 계속될 것이다. 과거 2만 년간 통상적으로 그래온 것처럼. 지난 50만 년 동안 지구의 이야기는 대륙의 빙상이 쇠퇴하고 융성한 이야기였다. 빙하가 10만 년 동안 육지 위로 쌓이자 해수면은 무려 122미터나 하강했다가 빙하가 후퇴하는 온난기에 다시 상승했고 이 후퇴기는 일반적으로 2만 년간 지속되었다. 약 12만 5,000년 전이었던 마지막 간빙기에 해수면은 지금보다 6미터 높았다.

현재 우리는 약 1만 2,000년 전에 시작된 또 한 번의 빙하 후퇴기를 살고 있다. 그 동안 해수면은 122미터 상승했다.

10년마다 12센티미터씩 높아지다가 약 7,000년 전부터 1세기에 30센티미터 정도로 느려진 속도가 우리가 사는 현대까지 이어졌다. 그러니 핵심 질문은 바닷물 수위의 상승 여부가 아니라 오히려 인간 활동에 의한 기후 변화로 인간의 통제 범위를 넘어선 지질학적 시간 척도에서 이미 벌어지고 있는 현상이 얼마나 강화되는지다. 결국 중요한 것은 해수면이 상승하고 있다는 부정할 수 없는 사실이다. 그 폭은 최소 1세기당 30센티미터이며 그보다 클 수도 있다. 설사 기후 위협이 일어나지 않는다 하더라도 적응과 완화는 우리 미래의 일부일 것이다.

따뜻해지는 세계가 기상 이변의 거의 확실한 원인이라는 데는 기후과학자 대다수가 동의한다. 최근 널리 보도되고 많은 이가 경험한 허리케인도 그 중 하나다. 하지만 폭풍우의 횟수 및 강도와 그 폭풍우로 발생한 경제적 비용의 크기 등을 구분하는 것은 중요하다. 허리케인 피해가 급격히 증가했다는 데는 의심의 여지가 없지만 그 이유는 탄소 배출 못지않게 거주 양상과도 관련이 있다. 1900년부터 1959년 사이 플로리다에 닥친 대규모 허리케인은 18건이었고 1960년부터 2018년 사이에는 11건뿐이었다. 그러나 오늘날 플로리다 해안 지대의 인구는 1900년의 67배다. 지금은 허리케인이 데이드 카운티와 브로워드 카운티만 휩쓸어도 1940년 텍사스부터 버지니아에 이르는 해안 지역 주민을 통틀은 것보다 더 많은 사람에게 영향을 미칠 것이다. 1926년의 대허리케인이

마이애미에 초래한 피해는 현재 가치로 16억 달러였다. 그만한 규모의 폭풍우가 오늘날 이 도시를 강타하면 손실 비용은 2,650억 달러를 넘길 것이다.

2023년 기록적인 건수로 발생한 캐나다 산불의 연기가 미국 동부 해안선을 뒤덮자 대기가 유해해졌고 뉴욕부터 워싱턴 D.C.까지 여러 도시에 실제로 종말이 닥친 듯한 장면이 그려졌다. 노바스코샤부터 브리티시컬럼비아에 이르는 캐나다 전역에서는 6월 초까지 2만 5,900제곱킬로미터 가량 되는 면적이 불탔는데 그 시기는 보통 9월 중순까지 이어지는 14주간의 산불 철이 막 시작되는 시점과 겹쳤다. 참혹했던 2023년 여름의 산불은 16만 8,350제곱킬로미터라는 유례없는 면적을 태웠다. 정부에 행동할 의무를, 사람들에게는 삶의 방식을 바꿀 의무를 지게 하는 규모로 기후 변화가 일어나고 있다는 확실한 증거였다. 그렇게 볼 수 있고, 그렇게 봐서 나쁠 것도 없을 것이다. 설령 2023년이 그저 유독 심각한 산불 철이었다고 밝혀진다 해도.

캐나다국가화재데이터베이스에서 추적한 바에 따르면 산불로 소실된 임지의 규모는 변화폭이 커서, 1981년에는 5만 9,570제곱킬로미터였고 1989년과 1995년에는 7만 5,110제곱킬로미터를 훌쩍 넘겼다가 2001년에는 5,180제곱킬로미터, 2013년에는 3만 8,850제곱킬로미터가 되었고 2020년에는 3,108제곱킬로미터에 그칠 만큼 작아졌다. 40년에 걸친 이런 변동은 최소한 지구온난화뿐 아니라 다른 요인들이 작용하고 있을 가능성을 보여준다. 1980년부터 2021년 사이 탄소 배출이 증가하고 지구 온도가 상승하는 와중에도 산불 발생 건수와 피해 면적 모두가 실제로는 감소했다고 캐나다 정부 데이터에 나타나는 것은 의미심장하다. 1년에 2만 7,195제곱킬로미터라는 장기 평균의 여섯 배 면적을 태운 2023년 산불의 이례적인 규모는 끔찍했지만 반드시 새로운 규범을 나타낸다고는 할 수 없었다.

서부 주와 알래스카에서 산불로 전소한 땅은 1980년대에는 평균 1만 2,140제곱킬로미터 수준이었으나 2010년대에는 2만 8,328제곱킬로미터로 증가했다. 그러나 1930년대 평균은 15만 7,827제곱킬로미터였다. 《사이언스》에 게재된 연구에 따르면 전세계에서 발생한 산불은 2003년부터 25퍼센트 이상 감소했고 2020년은 화재를 기록한 이래 손꼽히게 뜸했던 해였다. 다만 고위험 지역에 지어진 주택 수는 미국만 해도 1940년 50만 가구였던 것이 2010년에는 700만 가구로 증가했다. 캘리포니아의 해안 지대 인구는 2000년 이후로 600만 명 증가했다. 미국에서 발생한 산불 80퍼센트는 사람이 원인이었다. 콜로라도 볼더 외곽 지역 사회를 초토화한 2021년 들불로 파괴된 1,000가구는 한 세대 전만 해도 그곳에 없었다. 라하이나(미국 하와이주의 도시—옮긴이)를 파괴하고 하와이인 115명의 목숨을 앗아간 2023년 마우이섬 산불은 기온 상승의 영향을 받았을 수는 있지만, 이 비극의 근본적인 책임은 송전선 유지 관리를 제대로 하지 못한 민간 설비 사업자, 오래된 댐과 저수 기반 시설을 방치한 주와 지역 당국, 경보 사이렌을 울리지 않은 비상 담당자에게 있다. 허리케인과 해안 홍수도 그렇듯 산불을 관리하고 손실을 줄이는 가장 좋은 방법은 탄소 배출뿐 아니라 다른 인간 행동에 집중하는 것일지도 모른다.

부유한 나라에 사는 사람의 경우, 채식은 개인의 탄소 발자국을 2퍼센트 가량 줄여줄 것이다. 매년 초지로 바뀌는 자연림의 면적은 물론이고 소가 대기로 방출하는 메탄의 양을 생각하면 이런 행동은 분명 개인이 할 수 있는 현명한 선택이다. 그러나 아쉽게도 기후 변화와 싸우는 데 실제로 효과가 있다기보다는 상징적인 행동에 가깝다. 미국인 모두가 채식주의자가 되면 미국의 탄소 배출량은 5퍼센트 감소할 것이다. 2050년까지 인간의 식단에서 고기를 완전히 몰아내면 세계의 탄소 배출량은 10퍼센트 떨어질 것이다. 현재 세계의 채식 인구는 15억 명이지만 이들 모두가 자발적인 선택이나 종교적 신념으로 고기를 피하는 것은 아니다. 다수는 그저 고기를 먹을 형편이 안 될 뿐이다. 이들이 빈곤에서 벗어나면 동물 단백질 소비가 증가하리란 것은 거의 확실하다. 채식이 건강에는 좋을지 모르나 그것으로 세계가 바뀔 가능성은 크지 않다. 오래도록 경제 번영의 표식으로 간주된 식습관을 그만 갈망하기로 세계 인구 전체가 합의한다면 모를까. 옳은 방법이 아니고 논리적인 방법은 더더욱 아니라 해도 인간이 꼭 이성만으로 움직이는 존재는 아니지 않은가.

마찬가지로 올해 상업 항공편을 타려던 모두가 지상에 머물기로 하고 이번 세기가 끝날 때까지 계속 그렇게 행동한다 해도 기온 상승분은 섭씨 0.03도 감소할 뿐이라 기후 변화의 충격을 1년도 늦추지 못한다. 필수가 아닌 여행을 피하는 것은 개인의 선택이지만 그렇게 한다고 지금까지 한 번도 비행기를 타보지 못한 세계 인구 80퍼센트, 산업화된 북반구에서는 두 세대 동안 향유한 이동성을 경험해보기를 열망하는 수백만 명을 고객으로 맞으려는 항공사의 사업 확장이 멈추지는 않을 것이다. 세계에서 항공 시장이 가장 빠르게 성장하고 있는 인도에는 항공사가 39곳 있다. 2023년에는 그 중 두 곳인 에어인디아와 저비용 항공사 인디고에서만 보잉과 에어버스 여객용 제트기를 1,000대 가까이 발주했다. 인디고가 에어버스 A320기를 500대 구매한 것은 상업 비행 역사상 최대 규모의 거래였다. 세계 항공사들은 2042년까지 제트 여객기를 도합 4만 2,600대 새로 들일 것으로 전망된다. 비행기를 이용하지 말라고 강권하는 대신 배터리식 전기 항공기를 최종 목표로 하여 비행기의 탄소 효율성에 초점을 맞춰야 함은 명확하다.

　북극곰부터 제트기까지 여러 내러티브를 검토했지만 상승하는 해수면과 녹아내리는 얼음, 기상 이변과 산불이 심각한 문제가 아니라거나 이런 현상이 인간 활동으로 인한 기후 변화와 아예 인과관계가 없다고 말할 생각은 추호도 없다. 오히려 그 반대다. 2023년 여름 캐나다 전역에서 치솟은 산불로

이 나라 연간 배출량의 세 배에 달하는 이산화탄소 15억 톤이 대기에 배출되었다고 추정된다. 식습관과 항공 여행을 비롯해 각자 탄소 발자국을 줄이려는 여러 노력에서 개인적 행위의 중요성을 축소하거나 무시하려는 것도 아니다. 개인이 내리는 윤리적 결정이 다른 이들의 비슷한 선택과 합쳐지는 것이야말로 사회 변화의 동인이다.

그러나 효과가 나려면, 특히 금융과 정치 양쪽의 자본 할당이 효과적으로 이뤄지려면, 달성할 수 있는 일과 우리 통제 범위 밖에 있는 일을 반드시 구별해야 한다. 기후운동 초창기에는 완화와 적응을 이야기하는 것이 패배주의적이며, 탄소 배출을 감축하고 화석연료를 퇴출한다는 기본 목표에서 주의를 분산시키는 기후 변화 부정론의 일종이라 여겨졌다. 1992년 글에서 앨 고어는 적응이 "일종의 나태, 늦지 않게 위기를 모면할 능력에 대한 오만한 믿음"이라고 일축했다. 넷 제로(온실가스 배출량과 흡수량을 같게 해 순 배출을 0으로 만드는 것―옮긴이) 도달은 여전히 독보적인 강박이다. 그렇기에 우리는 전기차와 육류 없는 식습관, 스스로 부과한 여행 제한을 신봉한다. 하지만 앞서 살폈다시피 작용하는 많은 요인을 고려하면 무엇도 약속된 목표를 실현하지는 못할 듯하다. 우리가 바라는 세계가 아니라 있는 그대로의 세계를 볼 각오가 되었다면 적응과 완화는 필수 전략으로 두드러진다. 경제가 발전해야 역설적으로 가장 실행 가능한 기후 회복력 확보 방도가 생기는 것과 마찬가지다.

이로써 우리는 지금껏 외면해온 진짜 문제, 전환 비용이라는 문제에 직면하게 된다. 정말 멸종에 맞닥뜨렸다면 돈 이야기를 꺼내는 것은 볼썽사납다고 할 만하다. 지구의 명운이 걸렸다는데 돈이 대수겠는가? 그러나 세계를 만인에게, 아니, 모든 피조물에게 더 나은 곳으로 만들겠다는 목표를 두고 지구온난화와 기후 변화를 해결해야 할 문제로 생각한다면 비용 편익 분석은 반드시 해야 할 일이 된다.

두 세기 동안 막대한 경제 성장을 일구는 기반이 되었던 에너지 인프라를 바꿀 수는 있으나 그 비용이 매우 크다. 골드만삭스에 따르면 전기차에 필요한 지원 네트워크를 확충하는 데만도 오늘날 전세계 GDP의 8퍼센트에 해당하는 6조 달러가 든다. 《네이처》 보고로는 미국이 2050년까지 탄소 배출량 95퍼센트 감축을 달성하려면 미국 GDP의 11.9퍼센트가 비용으로 들어갈 것이라는데 이는 2019년 사회보장과 고령층 및 저소득층 대상 정부 의료보험 지출 총합을 웃도는 비용이다.

이런 숫자의 크기는 가늠하기 어렵다. 미국의 부채는 주로 팬데믹에 대응하기 위한 비용 때문에 2020년 한 해에만도 4조 5,000억 달러나 증가했다. 이제 바이든 행정부는 4년간 기후에 2조 달러를 더 지출하겠다는 말을 하고 있다. 2050년까지 탄소 배출을 근절하겠다는 바이든의 제안에 들어가는 비용을 분할하면 국민 1인당 매년 1만 1,000달러를 부담하는 것이 된다. 여러 여론조사에서는 미국인 3분의 2가 기후를 주요한 문제로 보고 정부가 관련 활동에 소극적이라 생각하지만, 그 대응을 위해 1인당 24달러라는 소액을 지출할 의사가 있는 비중은 절반도 되지 않는 것으로 드러난다. 2018년 미국연합통신과 시카고 대학교가 실시한 조사에서는 기후 위기에 맞서 매달 100달러를 기꺼이 지불하려는 미국인이 16퍼센트에 불과하다고 나타났다. 43퍼센트는 약간의 비용이라도 부담할 의사가 전혀 없었다.

뉴질랜드는 2050년까지 탄소중립을 달성하는 데 실제로 필요한 비용을 확정하려 시도한 몇 안 되는 국가 중 하나다. 탄소 배출을 절반으로 감축한다는 비교적 쉬운 과제에도 2050년까지 연간 190억 달러라는 추정 가격표가 붙는다. 2050년까지 넷제로에 도달하기란 훨씬 더 어려운 과제로, 이 나라가 사회보장과 복지, 보건, 교육, 치안, 사법, 국방, 환경을 비롯한 정부의 전 부문에 지출하는 액수를 모두 합한 것보다도 많은 연간 610억 달러 비용이 예상된다. 2100년까지 예상되는 온도 상승분을 고려하면 2050년까지 넷제로를 이루겠다는 결정으로는 2100년 1월 1일에 마주하리라 예상되는 온난화가 약 3주 연기된다. 다시 말해 탄소 배출을 전면 제거하겠다는 일방주의적 결정으로 뉴질랜드는 2100년에 측정도 감지도 어려운 결과를 달성하겠다고 족히 3조 달러도 넘는 비용을 지출하게 되는 것이다.

캐나다 기후운동가들은 자국의 넷제로 달성을 위해 예산 2조 달러를 책정한 캐나다 왕립은행의 최근 계획을 반겼다.

다른 국가들이 유사한 정책을 시행하지 않거나 그렇게 할 경제적 역량이 없으면 전 지구적으로 유의미한 효과를 보지 못할 수 있음에도 불구하고, 1인당 5만 6,000달러가 넘는 액수를 지출해 도덕적 명령을 이행하겠다는 것이었다.

여기서 정책 순응이라는 또 다른 난관이 나타난다. 세계적으로 기업들의 넷제로 서약을 조사하니 절반은 달성 계획이랄 것이 없었다. 오랫동안 기후 변화 부정론의 수호자였던 엑손은 2050년까지 넷제로에 도달하겠다고 공식적으로 약속했다. 그러나 이 서약에는 운영상의 배출만 해당할 뿐 기업이 판매하는 화석연료의 탄소 배출은 포함되지 않는데, 판매로 배출되는 양은 엑손의 탄소 발자국에서 85퍼센트를 차지한다. 매년 약 7억 6,200만 톤의 온실가스면 독일 전국에서 만들어지는 양과 맞먹는다.

월마트, 쉘, 아마존, BP, 토요타는 모두 넷제로를 목표로 삼겠다고 선언했다. 그러나 엑손과 마찬가지로 자사 사업으로 생기는 탄소 발자국 전량을 해결하겠다는 곳은 하나도 없다. 세계 최대 육가공업체인 JBS는 하루에 동물 900만 마리를 도축하며, 지난 5년 동안 이 회사의 탄소 배출량은 50퍼센트 증가했다. 그러나 이 기업 역시 2040년까지 넷제로를 달성하겠다고 서약했다. 《뉴욕타임스》가 지적한 바에 따르면 이 약속은 흡연자가 20년 안에 담배를 끊겠다고 약속하는 것 정도의 의미다. 실상 이런 기업 다수는 그저 문제를 미래로 떠넘겼을 뿐이다. 마이클 셸런버거Michael Shellenberger의 말처럼 기후 변화 부정의 시대가 물러가고, 기업들이 이행할 의사도 능력도 없는 기후 약속을 내지르는 시대가 도래한 것이다.

국가로 시선을 옮겨봐도 말잔치가 현실을 이긴다. 서면상으로 넷제로 서약은 전체 탄소 배출량의 83퍼센트에 대응하겠다고 하는데 이는 세계 GDP의 91퍼센트에 해당한다. 그러나 그 약속을 실현할 과정을 밟고 있는 나라는 단 한 곳도 없다. 파리에서 탄소 배출 감축을 약속한 187개국 중 그렇게 할 법을 통과시킨 나라는 17개국에 불과하다. 그 17개국 가운데에는 일본과 캐나다도 있지만 통가와 사모아, 북마케도니아도 있다. 주요 산업국들은 모두 파리에서 한 서약을 지키지 못했다. 글래스고에서 지구온난화를 섭씨 1.5도 이내로 억제하겠다는 약속을 확인해준 200개국 가운데 그 목표를 달성할 정책을 마련한 나라는 사실상 한 곳도 없다. 이 임계점을 맞추려면 2030년까지 탄소 배출량 절반을 감축해야 한다고 IPCC는 경고했다. 그러나 구테흐스 유엔 사무총장이 시인했듯 이번 10년이 끝날 때까지 전세계의 탄소 배출량은 실상 14퍼센트 증가하리라 전망된다. 파리협정 체결 후 7년이 지난 2022년, 전세계의 화석연료 탄소 배출량은 366억 톤이라는 사상 최고치를 기록했다.

국가들은 서약을 지키지 못하고 있을 뿐 아니라 배출량을 실제보다 적게 신고하고 있기도 하다. 2022년 국제에너지기구가 발행한 보고서에서는 메탄 배출량만 해도 정부가 승인하는 것보다 70퍼센트 높다는 사실이 드러났다. 2016년 말레이시아는 온실가스를 4억 2,200만 톤 배출하고도 신고는 8,100만 톤만 했다. 45개국은 2009년부터 어떤 수치도 제출하지 않았다. 석유와 가스의 주요 생산국인 알제리는 2000년에 신고한 것이 마지막이었다. 탄소 기록에는 러시아와 중동의 유전이나 리비아 같은 나라가 한 번도 포함되지 않았다. 유엔에 따르면 전세계의 미신고 탄소 배출량을 모두 합하면 중국의 총배출량에 상당하는 133억 톤 정도에 이른다고 한다.

여러 나라들이 아무리 많이 서약을 해도 중요한 것은 오직 실행이다. 그러나 비용을 고려하면 실행은 설령 경쟁의 장이 공평하다 해도 어마어마한 정치적 난관에 부딪히게 된다. 탄소 배출량의 80퍼센트를 발생시키는 20개국에 책임을 물어야 함은 명확하다. 미국 와이오밍 주민의 탄소 발자국은 에티오피아인의 그것보다 1,000배는 크다. 그럼에도 단지 옳은 일이란 이유만으로 미국, 캐나다, 독일 또는 네덜란드에 일방적으로 탄소중립을 향해 전진하라 요구하는 것은 정치적으로 어림도 없는 일이다.

이런 국가들이 소신껏 옳은 길을 가서 세계 나머지 국가에 도덕적 모범을 보인다 해도 그 희생으로 얻을 수 있는 소득은 미미하다. 현재 전세계에서 배출되는 탄소 13퍼센트의 배출원인 미국이 넷제로를 달성해도 결과는 전 지구의 기온이 고작 섭씨 0.2도 떨어지는 데 그친다. 이 약소한 성공마저 다른 지역에서 10년간 증가한 배출량으로 무효화될 것이다.

미국이나 캐나다, 유럽연합이 어떤 조치를 해도 개발도상국의 화석연료 사용을 막을 수는 없다. 예를 들어 나이지리아는 현재 2억 명인 인구가 빠르게 증가하고 있으며 1인당 소득은 미국의 12분의 1이다. 석유와 가스에 국가 예산의 70퍼센트를, GDP의 40퍼센트를 의존하는 나라가 과거 식민권력을 휘두른 세계의 부국들이 교묘하게 만들어낸 탄소 제로라는 전 지구적 강령을 이행하고자 배출량 증가를 포기하리라 기대하는 것은 현실적이지 않다.

서구의 정예 국가들이 개별적으로 행동해 탄소 없는 미래를 일방적으로 추구하다간 실제로는 심대한 지정학적 결과가 초래될 수도 있다. 러시아의 무도한 우크라이나 침공에서도 드러난 사실이다. 넷제로를 향한 공세로 북아메리카와 유럽에서 석유와 가스 생산이 줄어든 만큼 블라디미르 푸틴^{Vladimir} ^{Putin}은 재정적으로 뜻밖의 소득을 얻었다. 러시아가 전쟁 자금을 대는 동시에 국제 사회의 제재에도 불구하고 정권을 최대한 보호할 수 있는 현금 보유액을 축적하게 된 것이다. 유럽 국가들이 넷제로를 포용하고 석탄을 동력으로 하는 발전소를 폐쇄하니 러시아산 천연가스에 대한 의존도는 푸틴의 예상대로 높아지기만 했다.

푸틴은 기후 위기를 지구적 비상 사태가 아니라 석유와 가스에 소득 40퍼센트와 수출 60퍼센트를 의존하는 독재 정권에 돌아온 지정학적 기회로 보고 있는 것이 확실하다. 유럽은 석유를 하루에 360만 배럴 생산하고 1,500만 배럴 소비한다. 1년에 천연가스는 2,300억 세제곱미터를 생산하고 5,600억 세제곱미터를 사용하며 석탄은 4억 2,500만 톤을 생산하고 9억 5,000만 톤을 소비한다.

반대로 러시아는 침공 전 기준으로 석유를 하루에 1,100만 배럴 생산해 340만 배럴만 소비했다. 천연가스는 1년에 7,000억 세제곱미터를 생산해 4,000억 세제곱미터를 사용했고, 석탄은 8억 톤을 생산하면서도 3억 톤만 소비했다. 러시아는 유럽이 사용하는 석유 27퍼센트를 공급했고 천연가스 시장 내 점유율은 2016년 이후로 30퍼센트에서 45퍼센트로 올라 유럽의 총소비량에서 거의 절반을 차지했다. 독일은 천연가스의 55퍼센트를 러시아에 의존해 한층 더 취약했다.

유럽의 에너지 의존도를 높이는 것은 오랫동안 푸틴식 지정학적 전략의 핵심이었고, 종이호랑이 같은 나라의 독재형 지도자가 쥘 수 있는 가장 강력한 협상 수단이었다. 이 종이호랑이는 대니얼 패트릭 모이니핸Daniel Patrick Moynihan(전 유엔 주재 미국 대사—옮긴이)이 한때 소련을 묘사한 것처럼 핵무기를 보유한 오트볼타(1960년대에 민간경제는 부실한데 군사력만 강화한 소련을 조롱하는 의미로 쓰인 표현. 오트볼타는 지금의 부르키나파소다—옮긴이)로, 오늘날에는 텍사스보다도 경제 규모가 작은 나라다.

유럽연합이 탄소 없는 미래라는 목표를 성실히 쫓는 동안 푸틴은 화석연료에 박차를 가했다. 목표는 오직 유럽의 에너지 공급을 지배하는 것이었다. 독일이 원자력 발전소 가동을 중단하고 가스전을 폐쇄하며 수압파쇄 방식과 석탄 사용 공정을 제한하거나 차단할 때 러시아는 에너지 부문을 모두 확대했고 국내 소비분에는 원자력을 우선해 유럽으로 수출하는 천연가스 양을 늘렸으며 차차 시장 점유율을 높여 NATO 회원국의 의존도를 계속 키웠다. 마이클 셸런버거는 "우리가 플라스틱 빨대를 금지하고 있을 때 러시아는 자원을 시추하고 원자력 에너지 생산을 배로 늘렸다"고 이죽거렸다.

유럽과 북아메리카의 기후운동이 원자력이라는 선택지와 수압파쇄법을 모두 거부할 때 러시아가 손 놓고 지켜보기만 한 것은 아니다. 이런 캠페인을 적극적으로 지지했고 특히 셰일가스를 저지하려는 배후 공작을 벌였다. 아네르스 포그 라스무센Anders Fogh Rasmussen은 자신이 NATO 사무총장으로 있는 동안(2009~2014년) 러시아인들이 "러시아산 수입 가스에 대한 유럽의 의존도를 유지하고자 이른바 비정부기구, 셰일가스에 반대하는 환경단체에 활발하게 참여했다"고 짚는다.

맷 리들리Matt Ridley의 보도에 따르면 유럽학센터에서는 러시아 정부가 탄층메탄 프로젝트에 반대하는 비정부기구 캠페인을 지원하고 힘을 실어주는 데 약 9,500만 달러를 투자했을 것으로 추정한다. 러시아가 10년이 넘도록 추진한 목표는 미국의 천연가스 생산을 방해하는 것이었다. 수압파쇄법으로 천연가스 공급이 급증해 세계 에너지 시장이 영향을 받고 러시아 사업체들의 수익성이 약화되고 러시아 에너지원에 대한 유럽의 의존도가 감소하지 않도록.

에너지를 협상력으로 활용하는 것은 푸틴이 펼치는 외교

의제의 핵심이다. 그 무대는 유엔의 기후총회 회의장일 수도 있고 무너진 우크라이나 도시의 피에 젖은 도로일 수도 있다. 서구의 제재와는 별개로 전쟁이 발발하고 초반 몇 달 동안 유럽 국가들은 러시아산 에너지를 계속 구입하며 매일 10억 달러 가량의 석유와 천연가스 대금을 송금해 자신들의 정치적 지도자가 외교적으로 규탄한 바로 그 침공의 자금을 제공했다. 루블화의 가치를 떨어뜨리고 러시아 국민들이 전쟁의 영향을 절감하게 하고자 고안된 제재들은 에너지 구매 대금을 루블화로만 표시하겠다는 푸틴의 고집에 부닥쳤다. 서구에서 구매한 석유 한 배럴, 가스 한 단위는 모두 전쟁 자금이 되는 동시에 러시아 통화 가치까지 떠받쳤다.

에너지청정대기연구센터에 따르면 러시아가 유럽연합에 화석연료를 수출해 거둔 수익은 우크라이나 침공 후 첫 두 달 동안 463억 달러까지 치솟았다. 전년 동기 2개월 동안 유럽연합이 수입한 러시아산 에너지 가격의 두 배를 넘는 액수였다. 푸틴이 벌인 전쟁으로 불안정성이 유발되자 유가가 올라갔고 러시아는 같은 양의 석유로 돈을 두 배씩 벌 수 있었다.

푸틴이 석유와 천연가스를 무기화하는 동안 미국 에너지 정책의 초점은 근시안적이라 할 정도로 탄소 감축에만 집중되어 있었다. 러시아군이 자유로운 독립 국가를 공격할 태세를 취하고 있는데, 바이든 정권의 대통령 기후 특사이자 오바마 행정부의 국무장관이었던 존 케리는 러시아의 침공과 관련해 오로지 한 가지 우려만 표했다. "기후에 심대하게 부정적인 영향을 미칠 것입니다. 당연한 일이죠. 전쟁이 벌어지면 그 결과로 탄소가 어마어마하게 배출될 게 분명합니다. 하지만 이 못지않게 중요한 문제는 사람들의 초점이 흐려지리란 겁니다." 우크라이나 국민이 겪는 고통을 생각하면 미국의 고위 외교관 입에서 나올 성명으로 이보다 더 목석같은 말은 떠올리기 어렵다.

케리는 집중력이 흐트러졌다고 세계를 꾸짖는 대신 본인도 똑똑히 알다시피 모든 국가의 조건이 같지는 않음을, 늘 변화하고 언제나 위태로운 세계가 직면한 난관은 기후 위기만이 아님을 인정하는 편이 나았다. 푸틴이 무척 존경하고 이름도 같은 레닌Vladimir Ilich Lenin은 아무 일도 일어나지 않는 수십 년이 있는가 하면 수십 년의 일이 일어나는 몇 주가 있기도 하다고 썼다. 우크라이나 침공은 분명 그만한 변곡점이었다. 한 논평가가 씁쓸하게 말했듯, 고의적이고 냉소적이며 피바다를 만든 러시아의 잔혹한 공격은 "중학교 수행평가 하듯 에너지 정책을 다루는 건 이제 그만하고 철 좀 들라고 자유 세계"의 등을 떠미는 사건인지도 모른다.

전 캐나다 대사로 워싱턴에 주재했던 데릭 버니Derek Burney 는 "지정학적 현실주의와 에너지 현실주의는 함께 간다"고 말한다. 이번 10년 사이, 아니, 다음 10년이 끝날 때까지도 탄소 배출량 넷제로 도달이라는 목표가 절대 실현되지 않을 거라는 말도 덧붙인다. 미국의 탄소 배출량은 2007년 최고치를 기록했고 그후 감소했는데, 대체로 풍력 발전이 부상하고 수압파쇄법 이용에 성공하고 석탄이라는 에너지원을 이산화탄소를 절반만 배출하는 천연가스로 대체했기 때문이었다. 한 가지 화석연료를 버리고 더 효율적인 화석연료로 옮겨가는 것을 탄소 시대의 끝이라 하기는 어렵다. 미국 에너지관리청에 따르면 석유와 가스는 2050년까지 그리고 그후로도 한참 동안 이 나라 최대의 에너지원으로 남을 것이다.

중국의 탄소 배출량은 2000년 이후 세 배로 늘었다. 인도는 에너지 프로파일에서 석탄 비율 '감축'을 서약했으나 이 나라의 석탄 생산량은 경제가 팽창함에 따라 절대적으로 급증할 전망이다. 정부에서 세운 2024년 생산 목표량만 해도 10억 톤으로 전년의 7억 톤보다 높아졌다. 석탄은 인도에서 전기 80퍼센트를 생산하고 있는데 이 수치는 10년 동안 변하지 않았으며, 중국에서는 석탄이 전기 60퍼센트를 생산한다. 중국은 2040년에도 여전히 에너지 수요의 76퍼센트를 탄소에 의존하리라 예상된다. 중국이 국민국가를 지속하는 힘부터가 정치적 자유를 포기하는 대가로 번영과 국내 안정을 얻는다는 사회 계약에 근거한다. 현 정권에서는 경제가, 따라서 에너지가 언제나 환경보다 우위에 놓일 것이다. 중국 정부는 2022년 한 해에만도 신규 석탄 발전소를 168기 허가했다.

세계 2위의 경제 규모를 자랑하는 중국은 세계 최대의 온실가스 배출국이면서도 자국을 계속 개발도상국으로 규정한다. 동시에 '부유한' 나라가 매년 수억 달러를 송금해 기후 변화와 맞서 싸우는 '가난한' 나라를 지원할 것을 요구한다.

유엔 사무총장 안토니우 구테흐스는 탄소 배출량 80퍼센트의 원천국인 G20이 개발도상국에 해마다 1,000억 달러를 공여할 것을 거듭 촉구해왔다. 이런 다자주의적 구상이 시행되면 현금은 십중팔구 도둑 정권의 금고로 강물처럼 흘러들 것이다. 예멘, 콩고민주공화국, 시리아, 미얀마, 소말리아, 아이티가 탄소 없는 미래로 나아가게 하기 위해 지원하는 현금이 어떻게 쓰일 것 같은가?

정권이 아무리 부패하고 디스토피아 같을지언정 실패한 국가는 여전히 선량한 수백만 명의 고국이다. 이설異說로 들릴 수도 있겠으나 이들이 사는 환경은 우리가 마주한 전 지구적 문제가 기후만이 아님을 여실히 보여준다. 매년 400만 명이 영양실조로, 300만 명이 에이즈로, 200만 명이 식수가 없어서 사망한다. 해마다 10억 명 이상이 말라리아에 감염되고 100만 명이 이 병으로 죽는다. 유엔세계식량계획에서는 매년 기아 인구가 6억 9,000만 명이며 4,500만 명이 기근으로 위협받는다고 추정한다. 빈곤과 분쟁은 8,200만 난민과 5,000만 국내 실향민을 낳는다.

우리가 하나되어 앨 고어의 말처럼 "관련된 여러 과제에 착수할 도덕적 능력"을 얻게 될 중대 고비로 기후 위기를 바라보는 사람이 많다. 기후라는 성배를 좇는 데 자원을 낭비하면 이런 과제에 만족스럽게 대응하지 못할 것이며 오히려 정치적 낙진으로 우리가 더 분열될 것이라 말하는 이들도 있다. 파리협정을 온전히 이행하려면 세계는 약소하다고밖에 표현할 수 없는 기온 변화를 2100년까지 달성한다는 목표에 매년 1조에서 2조 달러를 꼼짝없이 지출해야 한다. 성인 남녀와 아동이 극단적 빈곤에서 벗어나는 데 필요한 비용이 1,000억 달러라고 한다. 비교해보면 파리협정 조항에 따라 기후에 헌납하는 자원의 한 달분만으로도 세계의 극단적 빈곤을 근절하기에 충분하다.

결국 이는 밀접하게 엮인 두 질문으로 귀결된다. 기후 변화가 코앞까지 들이닥친 문명의 위기라고, 그래서 지구 생명체의 명운이 경각에 달렸다고 볼 것인가? 아니면 해결해야만 하고 또 해결할 심각하고 벅찬 과제로, 다가올 세기 내내 우리가 마주할 여러 과제 중 하나로 볼 것인가?

첫 번째 질문의 답이 '그렇다'라면 우리는 정말 곤경에 빠진 것이다. 역사를 돌이켜봐도 세계 공동체가 한마음으로 행동할 수 있다는 믿음이 솟지는 않는다. 운동가들이 주장하다시피 이런 행동이 실제로 이 위기에 필요한 것이라 해도 그렇다. 지금까지 이어진 무행동의 기록을 생각하면, 우리는 그저 더없이 참담한 예측이 사실무근으로 드러나고 또 지금까지 늘 그랬듯 우리를 둘러싼 세계가 변하는 와중에도 혁신과 완화와 적응으로 인간이 앞으로 나아갈 길을 찾기만 바랄 수 있을 따름이다.

그 상황에서, 종말론을 소환하는 한편 어떤 국가나 기업도 달성할 능력이나 의사를 보이지 않는 목표를 설정하는 기후 운동에서는 얻을 것보다 잃을 것이 더 클 것이다. 무력감과 실존적 절망으로 사람들을 망연자실하게 하고, 위기가 요구하는 전환을 실제로 이뤄내는 데 필요한 정치적 의지를 헛되이 분산시킬 테니 말이다.

중도는 있다. 합리적이고 열린 대화를 촉구하며, 탄소 배출 감축만이 아니라 모든 사람의 안녕을 증진하고 그들이 살아가는 자연환경을 개선하는 것이 목표인 길이다. 전세계에서 매일 약 3,700명, 연간 총 135만 명이 자동차 사고로 사망한다. 끔찍한 손실이다. 속도 제한을 시속 16킬로미터로 낮추면 문제가 해결되겠지만, 그로 인한 경제적·개인적 손실이 너무 클 테니 실제로 그렇게 될 리는 없다. 그래서 우리는 균형을 추구한다. 용납하고 살 수 있지만 기동성에 의존하는 사회를 마비시킬 정도로 낮지는 않은 속도 제한을 둔다. 탄소 배출을 즉각 중단할 것을 요구하는 기후운동가들은 시속 16킬로미터 속도 제한을 옹호하는 사람들이다. 그래서 이들의 수사는 효과를 내지 못하고 목표가 실현되지 않은 채 남는다. 공격적으로 비판하고 공포를 조장해서는 절대 사람들을 움직여 행동을 끌어낼 수 없다. 그럴 힘은 더 나은 삶과 더 나은 세계를 보는 희망과 가능성에 있다.

경제를 묻어버리고 문제를 해결하거나 기회를 활용할 능력이 생기기를 기대할 수는 없다. 기후 변화에 대응할 길은 자유 시장을 해방해 번영과 혁신을 증대하면서 반대의 효과를 낳을 정책은 거부하는 것이다. 정해진 날짜까지 탄소 배출을 완전히 근절하겠다는 식의 임의적이고 어쩌면 불가능할 목표

를 달성하려는 공상적 시도에 돈과 자원과 정치적 자본을 소
진하느니 해결책에 투자하자. 영리한 시장 기반 탄소세를 도
입하고 에너지 저장, 핵융합, 탄소 포집 기술과 지구공학 연
구개발에 투자하는 것이다. 수중의 조류로 이산화탄소를 전
환해 석유를 만드는 기술도 있는데 그렇게 만든 석유를 태우
면 자명하게도 탄소 배출은 넷제로가 된다. 우리에게 필요한
것은 대기 중 이산화탄소를 제거할 수단이지, 행위를 법제화
하고 성장을 억제하고 경쟁을 저해하는 규제와 제한이 아니
다. 지금은 세계 최고의 지성들이 우리 종의 긴긴 역사 중 그
어느 때보다도 창의성을 발휘하고 활력을 뿜어내며 기업가
정신과 영감으로 충만해야 할 시기다.

　석기시대가 저문 것은 돌이 동나서가 아니다. 등유는 고래
기름의 자리를 꿰찼고 시기도 적절했다. 넘치는 말똥 탓에
런던과 뉴욕이 도저히 살 수 없는 도시가 되리라는 두려움
은 자동차가 등장한 후 사라졌다. 로스앤젤레스를 뒤덮은 유
독성 스모그가 제거된 것은 교통 제한이 아니라 촉매 변환기
개발 때문이었다. 인도의 인구 폭발은 기근이란 결과를 낳지
않았고 오늘날 이 나라는 1967년의 네 배에 이르는 양곡을
생산한다. 탄소 시대는 녹색에너지 가격이 화석연료 가격 아
래로 떨어질 때 끝날 것이다.

　이 과정의 속도를 높일 방법은 감춰진 화석연료 보조금을
폐지하는 것이다. 최근 국제통화기금 보고서에 따르면 이 보
조금은 전세계 GDP의 7.2퍼센트에 해당하는 7조 달러로 치

솟았다. 전세계 정부들은 석유와 석탄과 천연가스를 떠받치는 데 교육 예산(전세계 GDP의 4.3퍼센트)보다 많은 돈을, 보건의료에 들이는 돈(전세계 GDP의 10.9퍼센트) 3분의 2 가까이를 지출한다.

우리는 감독과 효율을 요구할 수 있다. 전세계 화석연료 사업은 태만과 조악한 추출 관행 때문에 매년 유럽이 발전용으로 태우는 양과 맞먹는 천연가스를 대기 중으로 방출한다. 이런 누출은 수치스러울 뿐 아니라 당장이라도 막을 수 있는 일이다.

2018년 프로젝트 드로다운(드로다운drawdown은 최고조에 이른 온실가스가 감소하기 시작하는 시점을 이르는 기후 용어로, 프로젝트 드로다운은 이 전환에 보탬이 될 해결책을 연구해 제안한다 ─ 옮긴이)의 채드 프리슈먼Chad Frischmann은 설득력 있는 TED 강연을 펼치며 자신의 단체가 수개월간의 연구 끝에 선정한 기후 위기의 상위 100가지 해결책을 이야기했다. 목록에서는 예상 밖의 항목들이 신나게 쏟아졌고, 각각의 제안은 기후의 위협이 부재하더라도 실행해볼 만했다. 예를 들어 수소불화탄소를 지금 바로 사용 가능한 천연 냉매로 대체하기만 해도 온실가스를 몇 기가톤이나 제거할 수 있다.

기아에 허덕이는 세계에서 전체 식량의 무려 3분의 1은 사람 입으로 들어가지 않는다. 빈곤국에서 낭비는 공급망에서 발생하지, 가정에서 발생하는 경우는 드물다. 부국에서는 식탁에서 낭비가 일어난다. 미국에서만 해도 전체 식량의 40퍼센트가, 1,300억 끼 식사할 수 있는 양이자 가치로 따지면 4,080억 달러인 490억 킬로그램 분량이 매년 버려진다. 대부분은 끝내 쓰레기 매립지에 이르러 부패하면서 메탄을 배출한다. 온실가스의 8퍼센트는 음식물 쓰레기가 원인이다.

결정적인 것은 프리슈먼이 분명히 밝히듯 인류의 만성적인 요구를 충족할 해법이 지구온난화라는 위기를 경감하는 데 똑같이 도움이 된다는 사실이다. 저장과 인프라와 낭비 문제를 포함해 기아와 식량 안보 문제를 해결하면 탄소 배출은 대폭 감소한다. 여성이 안전하고 효과적인 피임법을 제공받아 자신의 삶을 통제하고 잠재력을 자유롭게 발산하면 이들이 아이를 덜 낳아 가구의 탄소 발자국이 줄어든다. 지구온난화의 장기적 영향을 반전할 가장 강력한 도구를 하나만 꼽아 달라는 질문을 받은 프리슈먼은 망설임 없이 가족계획과 여성 교육을 지목했다.

넷제로에 도달해야 다른 문제로 넘어갈 수 있다고 고집하는 이들은 그 다른 문제들을 해결해야 탄소중립을 달성할 현실적인 가능성이 생긴다는 사실을 이해하지 못한다. 지금 극단적 빈곤 속에 사는 이들이 미래에서 기다리는 추상적인 위협에 관심을 가지리라 기대하기는 어렵다. 세계를 더 번영하고 안전한 곳으로 만들려면 교육과 기술, 보건의료에 투자해야만 한다. 자유무역과 그로 인해 역효과를 보는 공동체에 대한 지원부터 아동 영양 공급, 말라리아·결핵·소아마비 퇴치, 보편적 예방접종, 그리고 말할 필요도 없는 가족계획과 피임법의 자유로운 이용까지, 오늘날 이런 것들을 이루려는 활동은 국제 원조 4분의 1이 고스란히 기후 관련 사업에 돌아가는 세계에서 자금을 충분히 지원받지 못하고 있다.

탄소 배출 감축이 아니라 대기 중에서 탄소를 제거하는 것이 목표라면 제일 좋은 행동 방침은 대기 중의 이산화탄소를 빨아들여 광합성이라는 기적으로 탄소를 격리하는 삼림, 초원, 켈프숲, 이탄 습지, 황야 같은 자연 체계를 보전하고 강화하는 것이다. 기후운동가들은 다음 유엔기후변화협약 당사국총회에 눈을 두기보다 자신이 사는 곳의 환경을 보호하는 데 집중하는 편이 나으리라.

연간 온실가스 670만 톤을 가두는 습지는 해마다 8,090제곱킬로미터가 소실된다. 맹그로브숲과 해초지와 염습지는 지구 지표면에서 1퍼센트도 안 되는 면적을 차지하지만 해양 퇴적물에 격리되는 탄소 총량의 50퍼센트를 책임진다. 1980년 이후로 우리는 맹그로브숲 50퍼센트를 잃었다. 캐나다 북부와 알래스카, 러시아, 스칸디나비아의 많은 면적을 덮고 있는 한대수림은 열대림의 두 배 비율로 탄소를 격리하며 합하면 지구상에서 가장 큰 탄소 흡수원이 된다. 그런데도 시베리아부터 서스캐처원에 이르기까지 이 숲은 펄프가 필요하다는 이유로, 캐나다에서는 대개 두 겹 두루마리 화장지를 생산해야 한다는 이유로 공업적 규모로 벌목되고 있다.

청정 전력이 자연 세계를 황폐화하는 소비 양상을 유지하고 연장하는 데 쓰인다면 탄소 배출 없는 에너지 그리드의 약속은 실현되지 않을 것이다. 내가 사는 도시인 밴쿠버는 2030년까지 넷제로에 도달하겠다고 성대한 팡파르를 울리며 맹세했지만 동시에 브리티시컬럼비아는 벌목업계와 공모해 해마다 임지林地 2,020제곱킬로미터를 파괴하면서 목재를 연간 6,500만 세제곱미터 생산하려 한다. 그 와중에 중부 유럽에서는 오래된 숲의 수목을 톱밥으로 분쇄해, 시장에 폐목재로 소개되고 녹색에너지원으로 판매되는 펠릿을 만든다. 이렇게 해서 서유럽의 부유한 나라들은 재생에너지 발전이라는 약속을 이행하게 된다. 태웠을 때 석탄 못지않게 더러울 수 있는 목재는 유럽에서 풍력과 태양광을 한참 앞지르는 최대 '재생' 에너지원이다.

몇몇 추정에 의하면 자연 기반 해법을 도입함으로써 매년 화석연료를 태워서 발생하는 것과 비슷한 양의 탄소를 흡수할 수 있다. 스위스 연구진의 계산으로는 도시 성장이나 농업 생산을 저해하지 않고도 미국 국토와 비슷한 면적인 960만 제곱킬로미터 이상의 토지를 재삼림화하는 것이 가능하다. 한 추정에 따르면 3,000억 달러를 투입해 심은 수목 1조 그루가 인간이 그간 대기에 더한 온실가스 3분의 2를 흡수할 수 있다고 한다. 공상적인 목표일지 몰라도 달성 불가능한 목표는 아니다. 오스트레일리아는 2030년까지 나무 10억 그루를 심기로 약속했다. 파키스탄은 한 세대 안에 100억 그루를 약속했다. 중국은 1970년대부터 500억 그루를 심었다. 그러나 세계의 기후 정책이 우왕좌왕하며 모순을 일으키는 동안 기후 변화 완화에 쓰인 자금 가운데 고작 2.5퍼센트만이 이렇게 효과가 입증된 강력한 자연 기반 해법에 들어갔다.

내가 2009년 코펜하겐에서 보낸 마지막 날, 세계자연기금(미국) 회장이자 CEO인 카터 로버츠Carter Roberts가 지금의 상황을 요약했다. 가능한 결과는 오직 넷뿐이라고 그는 말했다. 과학자들이 틀렸고 우리가 아무것도 하지 않으면 달라지는 것은 거의 없을 것이다. 과학자들이 틀렸지만 그래도 우리가 여러 위험을 완화하는 행동을 취할 때 일어날 수 있는 최악의 사태는 더 깨끗해진 환경, 기술적으로 더 통합된 세계, 더 건강해진 지구로 이어질 변화다.

과학자들이 옳고 우리가 아무것도 하지 않을 때 나올 수 있는 결과는 잘해도 나쁜 수준이고 최악의 경우에는 재앙적이다. 과학적 합의가 유효하고 기후 위기에 맞서는 데 금융 자원과 기술 역량을 공격적으로 동원한다면 우리는 닥칠 수도 있는 재난을 방지하고 더 나은 세계를 만들 수 있을 것이다. 아무 행동도 하지 않는 것이 아니고서야, 실패하는 시나리오가 나오기는 어려웠다.

그러나 의미 있고 효과적이면서도 진정으로 변화를 만들어내는 방식으로 행동하려면 자포자기와 멸망의 언어가 아닌 확신과 투지의 언어가 필요하다. 지구를 구한다는 사명에서 비관론은 사치요, 정설은 창의의 적이며, 절망은 상상력에 대한 모독이다. 세계 에너지 그리드는 변화할 것이다. 우리 생전에는 아니더라도 우리 손자녀가 사는 동안에는 분명 그렇게 된다. 그 동력과 동기는 공포가 아닌 희망일 것이며 변화의 동인은 우리 인간의 창의력일 것이다. 혁신하고 창안하는 이 적응력이 있었기에 지금껏 우리 종은 늘 번성할 수 있었다.

딸에게
전하는 말

보르네오 산등성이에서 시작되는 이야기를 하나 들려주마. 황혼이 가까워진 시간에 계곡 위로 천둥이 쳤고 검은매미의 짜릿한 포효로 숲이 살아 숨 쉬었지. 나는 오랜 친구와 모닥불 옆에 앉아 있었어. 그 친구는 동남아시아에 마지막 남은 유목 민족 중 하나인 우봉강 페난족의 수장 아식 니옐릿Asik Nyelit이었단다.

오후 내내 숲을 두드린 빗줄기가 멎고 조각달의 빛이 우듬지의 가지 사이로 걸러졌다. 그날 아식은 아기사슴 한 마리를 잡아뒀지. 그 사슴 머리를 숯으로 구웠어.

그러다 모닥불에서 눈을 떼 위를 바라본 아식이 달을 발견하고는 내게 나지막이 물었단다. 사람들이 저기까지 여행해 갔다가 바구니에 흙만 가득 담아 돌아왔다는 게 사실이냐고 말이야. 찾은 게 고작 그거라면 굳이 가려 한 이유가 무엇이었냐는 얘기였지.

아식의 물음은 세월이 흘러도 변치 않을 답을 끌어냈단다. 우주 여행의 진정한 목적, 최소한 가장 심원하고 오래도록 남을 영향은 그로써 얻은 부가 아니라 비전의 실현에, 우리 삶을 영영 바꿔놓을 관점의 전환에 있다는 것 말이야.

그 중대한 순간은 1968년 크리스마스이브에 찾아왔지. 아폴로 8호가 달의 어두운 면에서 모습을 드러내 그 표면 위로 태양이 아니라 지구가 떠오르는 것을 목도한 순간이었어. 우주의 융단 같은 진공을 유영하는 작고 연약한 행성 말이야. 이 이미지는 우리 지구가 유한한 장소, 단일하고 상호적인 생명의 권역이며 공기와 물과 바람과 흙으로 이뤄진 살아있는 유기체라는 사실을 하고많은 과학적 데이터보다도 잘 보여주었지. 오직 탁월한 과학의 힘으로 가능했던 이 발견은 남은 역사 내내 회자될 패러다임 전환의 불씨를 댕겼단다.

우리는 거의 즉시 새로운 방식으로 사고하기 시작했어. 상상해보거라. 50년 전에는 사람들이 차창 밖으로 쓰레기를 버리는 것만 막아도 환경 면에서 대단한 성취였어. 생명권이나 생물다양성을 말하는 사람은 아무도 없었지. 하지만 이런 용어는 이제 초등학생도 쓰는 어휘가 되었잖니.

거대한 희망의 파도처럼, 이 계시의 에너지는 만방으로 퍼졌어. 그간의 세월 동안 긍정적인 일이 많이도 일어났지. 겨우 한 세대쯤 지나는 사이 여성은 부엌을 떠나 회의실에 들어갔고, 남녀 동성애자는 옷장에서 나와 제단에 이르렀고, 아프리카계 미국인은 뒷문과 헛간을 벗어나 백악관에 갔어. 이런 과학적 천재성을, 변화와 쇄신을 이루는 문화적 역량을 보여줄 수 있는 나라와 세계를 사랑하지 않을 이유가 있겠니?

과학의 놀라운 발견을 하나 더 나누고 싶구나. 이건 너희 세대에게 달 탐사선 발사와 같은 업적이야. 역시 1,000년 동안 기억될 테지. 기억이 생겨난 이래 줄곧 우리를 괴롭힌 편협성의 폭압에서 인류를 해방하는 데 이보다 더 보탬이 된 사건은 우리 생전에 또 없었단다.

이것도 긴 발견의 항해 끝에 일어난 일이었어. 우리 존재의 섬유를 파고든 여정 말이야. 지난 10년 사이 인간 게놈 연구로 인류의 유전적 자질이 단일한 연속체라는 사실을 의심할 수 없게 되었단다. 인종은 순전히 허구인 거지. 탁월한 과학 연구와 현대 유전학의 발견으로 인류의 본질적인 연결성이 눈부시게 확인되었어.

우리는 모두 형제자매야. 말 그대로 한 가족이지. 다들 똑같은 선조에게서 뻗어나온 자손이고 뿌리를 따지면 다 아프리카의 아이들이란다. 누대에 걸쳐 인간의 가장 잔인한 착상으로 악용된 피부색은 기본적인 적응의 결과에 지나지 않아. 열대 기후 지역 사람들은 멜라닌이라는 자외선 차단제가 필요하고, 북부의 긴 겨울을 겪으며 사는 사람들은 일광 노출을 최대화해 건강과 행복에 필수인 비타민D를 흡수해야 하지. 흑과 백은 결국 자외선 차단과 비타민D의 문제로 설명될 뿐 그 이상의 의미는 없어.

모두 똑같은 유전적 천에서 재단되었으니 당연히도 우리의 지적 능력과 잠재력은 모두 같단다. 원시와 문명 따위의 단어는 문화에 위계가 있다고 암시하지만 실제로 그런 위계는 존재한 적이 없어. 식민주의와 인종주의에서 나온 그런 구상으로 이득을 본 사람들의 머릿속에나 있을까. 모든 문화는 우리가 공유하는 인간의 천재성이 각기 고유하게 표현된 거야. 저마다 세상이 들어야 할 이야기를 품고 있지.

여기서 네가 찾아야 할 의미는 무척 간단하단다. 네가 미처 알지 못한 스승이 세계 구석구석에 수만 명은 있다는 거야.

폴리네시아의 웨이파인더와 함께 배를 타면 어떨까. 이 사람들은 눈에 보이는 수평선 너머 멀리 떨어져 있는 환초의 존재를 배 몸체에 부딪히는 파도의 반향만 관찰해 감지해내는 항해사란다.

일본의 천태종 승려를 따라가도 좋겠구나. 이 사람들은 수계 의식의 일환으로 7년 동안 매일 하루 열일곱 시간씩 쉬지 않고 달려. 그러느라 샌들이 하루에 다섯 켤레씩 닳아.

파란 로브를 입은 투아레그족의 카라반 행렬에 껴 사하라의 지글거리는 모래를 밟을 수도 있고, 자정에도 비치는 햇빛을 받으며 이누이트와 함께 외뿔고래를 사냥할 수도 있어. 티베트 동굴에서 보디사트바(보살) 곁에 앉거나 아마존 샤먼의 발치에서 의술을 공부해도 되지.

아니면 과학, 예술, 사회정의, 공학, 의학, 군, 성직에서 완전히 다른 모험과 발견의 길을 추구해도 좋다. 이토록 많은 선택지와 이만한 가능성이 있었던 세대는 없었어.

이런 원대한 감상도 감상이지만 지금 있는 자리에서 원하는 곳으로 나아가는 데 이런 것들이 어떻게 도움이 될지가 궁금할 테지. 선택지가 있다는 건 너도 알 거야. 네가 모르는 건 너 자신이 무엇을 원하는지, 어떤 길을 따라가야 할지, 어떤 경력을 쌓아야 할지야. 대학에서는 우수한 학생이었다 해도 막상 4년이 지나 졸업하고 나면 인문학 학위로 무엇을 할 준비가 되었는지 도통 감이 오지 않지. 나도 어떤 느낌인지 안다. 내가 대학을 졸업할 때 네 할머니께서 내게 계획을 물어보시기에 아무 계획이 없다고 털어놨거든. 비록 전화선 너머로였지만 어머니가 고함치는 걸 들은 건 그때가 처음이고 유일했다. 나도 모르는 게 아닌데 어머니는 내 나이가 스물셋이라고 일깨워주시더구나.

네 할머니는 진실하고 다정한 분이었지만 그 순간 그분이 느꼈을 괴로움은 나와는 별 상관이 없었어. 네 인생에 계획을 세워뒀다는 어른들은 보통 네가 아니라 자기 모습을 그리고 있지. 최소한 한때 자신이 되기를 꿈꿨던 존재를 실망스러운 마음으로 상상하고 있는 거야. 친구들이 있는 건 복이지만 성장을 막는 방해물이 될 수도 있단다. 우정은 결국 호혜거든. 친구들은 자신에게 위안이 되는 지금의 너를 응원하지만, 부침을 겪으며 변화하고 성장해 나타난 새롭고 예측 불가능한 여성까지 반드시 응원하리란 법은 없어. 변화는 불안을 야기하지. 라틴어로 '현황'이란 의미인 스타투스 쿠오 status quo 유지에 매몰된 사람에게는 더더욱 그래.

네게 귀감이 될 만한 인물의 이야기를 들려주고 싶구나. 걸음걸음마다 관습에 저항하면서 여러 꿈을 실현했으니 나름의 위업을 이룩했다는 건 누구보다 확실한 사람이야. 스티브도 너처럼 인문학 학위를 들고 대학을 졸업했을 때 이제 뭘해야 할지 전혀 알지 못했어. 그래서 인도로 가 4년을 머물며 동굴에 살았단다. 현지인들이 자신에게 돈과 음식을 가져오기 시작하자 스티브는 돌아올 때가 되었단 걸 알았어. 그래서 미국으로 귀국했고, 65일간 명상하며 앞으로 무엇을 할지 알아내려 했지. 별안간 생각이 번뜩였어. 식물성 단백질!

스티브의 통찰을 앞서 공유하고 이 이야기를 전한 사람은 음모를 꾸미는 듯한 느낌으로 나를 보고 속삭였지. "얼마나 어려운지 당신도 알 테죠." 사실 나는 무슨 말인지 전혀 모르겠더구나. 여하간 스티브는 두유의 문제가 제품이 아닌 포장용기라는 걸 알아냈단다. 두유는 용기 때문에 식료품점에서 특이한 음식을 모아둔 코너로 밀려나 있었거든. 그래서 스티브는 소이 밀크(두유) 대신 실크라고 이름을 바꾸고 그걸 우유갑에 포장해 유제품 코너의 우유 옆자리에 진열되게 했지. 5년 뒤 스티브는 2억 9,500만 달러에 회사를 팔았단다.

스티브가 찾아낸 건 보편적인 교훈이었어. 인생은 직선도 아니고 예측할 수 있는 것도 아니라는 거야. 경력도 외투처럼 툭 걸치면 되는 게 아니지. 그건 한 걸음 한 걸음 나아가고 선택을 거듭하고 경험에 경험이 쌓일수록 널 둘러싸고 유기적으로 자라나는 거야. 모든 건 합쳐진단다. 네가 하기에 아까운 일은 없어. 네가 그렇게 만들지 않는 한 시간 낭비인 일도 없지. 나이 지긋한 뉴욕의 택시 기사가 인도에서 방랑하는 성인이나 사하라 사막의 광인 못지않게 네게 많은 걸 가르쳐줄 수도 있는 거야. 대학교수 못지않을 건 더없이 확실하지.

여러 기회가 있는 길에 자신을 올려놓는다면, 일단 앞으로 나아갈 수밖에 없고 하려던 바를 해내지 않을 수 없는 상황에 스스로를 둔다면 불과 몇 달 전만 해도 까마득해 보였을 새로운 차원의 경험과 상호 작용으로 끝내 너를 몰고 갈 동력을 만들게 된단다.

창의성은 행동의 결과지 행동의 동기가 아니야. 일단 해야 하는 일을 한 다음 그게 가능한 일이었는지, 허용되는 일이었는지 질문하렴. 자연은 용기를 사랑한단다. 미국인 최초로 에베레스트를 등정한 짐 휘태커Jim Whittaker는 젊어서 벼랑 끝에 살지 않는 사람은 자리를 너무 많이 차지하는 거라고 했어.

불가능한 일을 꿈꾸거라. 그러면 세상은 너를 끌어내리지 않고 받쳐 올려줄 거다. 이게 크나큰 놀라움이고 성인들이 전하려던 말씀이야. 심연으로 몸을 던지고 보면 거기가 털 침대라는 걸 알게 될 거다.

직업을 찾을 수 있을까 걱정하는 마음은 충분히 이해한다. 아무쪼록 신중해야 해. **직업**job이라는 단어는 16세기 프랑스어 단어인 **고베**gober에서 왔는데 이건 집어삼킨다는 뜻이거든. 내 아버지는 평생 직업이 하나였어. 아버지는 그걸 노가다라고

하셨지. 소년 시절에 난 아버지가 매일 도시로 들어갔다가 조금씩 작아져서 돌아온다고 생각했단다.

다행히 나는 적어도 이런 의미에서는 직업을 가져본 적이 전혀 없어. 실은 직업이랄 게 있었던 적이 아예 없구나. 네가 너라는 존재 전체를 끼워넣을 단 하나의 자리를 찾으리라고도 생각하지 않아.

네가 하게 될 건 일이야. 내 일이 평생 그랬듯 분명 격렬하고 수고스럽겠지. **일**work이라는 단어는 울림이 훨씬 좋아. 이 말은 활동과 행적을 의미하는 고대 영어에서 유래했단다.

네가 하는 일은 세상을 보고 체험하는 렌즈일 뿐이란 걸 알게 될 거다. 언제까지나 이어지는 것도 아니고.

목표는 삶을 꾸리는 것, 그러니까 살아있는 행위 자체를 소명으로 삼는 거야. 궁극적으로 무엇도 계획하거나 예상할 수 없다는 걸, 사람의 삶처럼 복잡한 무언가에서 결과를 예측할 청사진은 찾을 수 없다는 걸 명심하고.

새로운 것의 잠재력에, 상상되지 않은 것의 가능성에 열린 자세를 유지한다면 마법이 일어나고 삶이 형태를 갖출 거야. 세상의 좋은 것들은 타협을 모르는 사람들이 만들어내지. 개인이 가능성의 새로운 세계를 창조하려면 시간이 걸린단다. 앞서 존재한 적 없는 것, 충만하게 실현된 삶이라는 경이를 상상하고 현실로 만드는 일이잖니.

네겐 시간이 너무나 많아. 스무 살이면 인생은 이제 막 시작했을 뿐이지. 네 증조할머니가 기대할 수 있었던 수명은

62세고 증조할아버지는 58세였어. 정년이 65세로 정해진 건 그쯤이면 대부분이 사망해서 정부가 19세기에 노동자들의 불안을 가라앉히려고 약속했던 수당을 지급할 필요가 없어졌기 때문이지 다른 이유는 없어. 65세란 나이는 너랑은 아무 상관이 없단다. 네 기대수명은 95세에 가까워. 살아갈 날이 그렇게 많으니 하게 될 모험도 그만큼 많지.

너만의 길을 가는 동안 네가 추구하는 소명뿐 아니라 네가 어떤 사람이 될지에 대해서도 충분히 생각하렴. 지나고 나서 보면 돈에는 별 의미가 없단다. 영원 속에서 울림을 남기는 건 연민과 애정 어린 다정함에서 나오는 행위야.

네가 태어나기 전에 돌아가신 내 아버지는 종교는 믿지 않았지만 선악은 믿으셨어. 네 할머니도 그랬지만 방식이 달랐지. 남편과 마찬가지로 교회에는 등을 돌리셨지만, 신의 아들 예수가 타락한 천사장인 사탄을 무찌를 운명이듯 우리가 필요한 만큼 열심히 노력한다면 선이 종국에는 악에 승리를 거두리라는 믿음을 마음 한구석에 품고 계셨단다. 네 할아버지는 그런 환상은 취급하지 않으셨어. 대신 이렇게 말씀하곤 하셨지. "세상에는 선과 악이 있다. 어느 편에 설지 고르고 쭉 이어가거라."

엄청난 지혜가 담긴 조언이었어. 역사에서 분명히 드러나듯 선과 악은 나란히 행진하지. 여태까지 쭉 그래왔고 앞으로도 계속 그럴 거야. 어둠을 완전히 물리칠 수는 없단다. 우리는 이기기를 기대하거나 지기를 예상하지 않고 그저 옳은 일을 할 수 있을 뿐이야. 기대가 없으면 실망도 없고 싸움을 포기할 이유도 없지. 삶의 긴 행진은 순례자의 길이란다. 목표는 목적지가 아니라 마음의 상태야.

내가 콜롬비아 산지에 살던 젊은 시절, 캄사족 남자 한 명이 지금까지도 잊히지 않는 말을 해줬다. 페드로의 말이야. "인생 초년에는 과거의 그림자 아래에서 살아. 뭘 해야 할지 알기에는 너무 어리지. 말년에는 나이를 너무 먹어 등 뒤에서 들이닥치는 세계를 이해하지 못하는 사람이 되어 있어. 그 둘 사이에 네 삶을 비추는 자그맣고 가느다란 빛줄기가 있지."

긴 인생을 돌아보며 그간의 선택이 온전히 네 것이었다고 생각할 수 있다면 한스러울 이유는 그다지 없단다. 억울함은 강요되었던 선택을 미련이 남은 채 돌아보는 사람들에게 생기는 마음이지. 자기 삶의 설계자가 되기 위한 고투야말로 무엇보다 위대한 창조적 과제야. 그러니 인내심을 가지거라. 타협하지 말고. 네 운명이 널 찾아올 시간을 주려무나.

신성에
관하여

　어릴 적 나는 밤마다 기도를 올렸다. 두 손을 모으고, 열린 틈 사이로 겨울 공기가 들이치는 침실 창틀에 팔꿈치를 걸쳤다. 크게 뜬 눈은 그 시절 옛 퀘벡 주거지에 아직 무성하던 커다란 느릅나무 가지 사이로 보이는 반짝이는 별들을 향했다. 나는 신과 대화했고 그 현존을 느낄 수 있었으며 그분의 영적 권위와 전능을 받아들이며 신앙을 다짐했다.

　전쟁으로 큰 충격을 받은 부모님은 교회에 가시는 일이 거의 없었다. 그래서 나는 여섯 살 때부터 일요일마다 꼬박꼬박 스스로 집을 나섰고, 5년 동안 빠지지 않고 계속 그렇게 했다. 출석 상으로 받은 은색 십자가가 붙은 금색 핀을 아직 간직하고 있다. 대성당의 문 앞에 선 순례자처럼, 나는 건물을 우러르고자 예배를 드렸던 것이 아니다. 교회에 간 것은 신의 현존 안에 있기 위함이었다. 오래도록 그곳에서 언제나 신을 찾을 수 있었다. 하지만 시간이 흐르고 내가 세상을 점점 더 많이 배우다 보니 어느 순간 신이 보이지 않는 날이 왔다. 그후 나는 두 번 다시 기독교 신자로서 교회에 들어선 적이 없다.

여러 해가 지나 성인이 되어 그 작은 동네로 돌아갔을 때 내게 무엇보다 놀라웠던 것은 내 세계가 그렇게나 작았다는 사실, 그리고 내가 그 세계를 그렇게나 속속들이 알았다는 사실이었다. 풀잎 하나하나에 이야기가 가득했다. 내가 없는 사이 나무가 베어넘어간 땅에 남은 흔적은 그림자뿐이었다. 혁신과 신축은 내게 모욕으로 느껴졌다. 풍경과 기억의 합일에 놓였던 신성한 무언가가 유린된 것이다.

그 순간 내가 굉장히 강렬하게 느낀 것은 향수가 아니라 그 세월 동안 내 영적 갈망을 추동한 실질적인 힘과 이어진 연결의 느낌이었다. 친구 셰파 시걸 덕분에 나는 이 영묘한 기운을 이제 신성의 정수로 인지한다. 이 보이지 않는 현존을 프랑스 철학자 앙리 코르뱅Henry Corbin은 초개인적 환상imaginal이라고 설명했다. 종교를 초월한 상위 감각의 차원, 형용할 수는 없으나 코르뱅이 썼듯 "마음의 눈으로" 세계를 지각하는 이라면 어느 문화에 속해 있든 이해할 수 있는 직관과 묵시의 공간이다.

아이였을 때 내 갈망은 적어도 정석적인 의미에서는 종교적 성질의 것이 아니었다. 내가 찾던 것은 허다한 무리 가운데서 신비를 끌어안는 길, 시대와 장소를 불문하고 신을 좇음으로써 평화와 위안을 얻은 만인의 약속이었다. 다만 이제 나는 신을 우리 욕망의 산물로 보게 되었다. 우리의 영과 상상이 돌로 만든 건물을 성스러운 공간으로 바꾼다. 사원이 신성해지는 것은 희망과 두려움과 약속과 기도를 품고 그곳을 다녀간 모든 이의 자취에 의해서다.

유물과 성상, 성배와 십자가는 모두 나무, 은, 뼈로 만든 단순한 물체로, 수십 년 동안 사람의 손길이 닿아 온기가 깃든 오래된 도구와 같이 오직 시간의 흐름을 거쳐서만 영적 울림을 띤다.

희생sacrifice은 성스럽게 한다는 의미다. 인류학에서 말하는 대로 신성한 것의 개념이 인간의 의식만큼 오래되었다면 신성한 것은 인간의 행위성과 결코 분리할 수 없다. 우리는 신성한 것을 꿈꿔 현실로 가져온다. 의식은 신성한 것이 솟아나는 토대다. 신성한 것은 영을 소환하고 신에 형체를 부여하는 의식을 거행함으로써 현현한다.

아이티의 소도 폭포는 뱀신 담발라 웨도의 집이다. 영적 지혜의 보고요, 쏟아지는 물줄기의 근원이다. 첫비가 내리자 무지개 아이다 웨도가 반사되었다. 담발라는 아이다와 사랑에 빠졌고, 둘은 모든 피조물이 수태되는 우주의 나선 속에서 사랑으로 얽혔다. 매년 여름이면 7월 중 사흘간 보둔교 만신의 정령 로아의 신도인 순례자 무려 1만 5,000명이 이 성지를 찾는다. 그 물을 만지기만 해도 은혜를 느낄 수 있고, 어떤 이에게는 얕은 은빛 웅덩이에 몸을 담그는 것으로 충분하다. 하지만 대다수는 곧장 폭포로 간다. 남녀노소 가릴 것 없이 가슴을 드러낸 채 계단처럼 충층이 솟은 미끄러운 기반암을 기어올라 폭포 아래로 향하는 것이다. 물에 자신을 내맡기는 것은 곧 담발라에게 자신을 열어 보이는 것이라, 무지개의 그림자 안에 있는 폭포 아래에서는 어느 때든 적어도 100명은 될 순례자들이 정령에 빙의된 채 축축한 바위 위로 미끄러지고 있다.

페루 안데스산맥 남부의 시나카라 계곡은 한 해 중 대부분은 그저 고독한 목동과 가축의 보금자리다. 하지만 승천 대축일과 성체 축일 사이 플레이아데스 성단이 밤하늘에 다시 나타나는 사흘 동안에는 무려 4만 명에 이르는 순례자들이 코일루르 리티Qoyllur Rit'i, 즉 눈의 별 축제에 참가하고자 산기슭으로 모여든다. 걸어서 오거나 노새를 타고 오는 사람이 있는가 하면 지붕 없는 트럭과 버스를 타고 오는 사람도 있다. 순례자들은 11킬로미터를 오르는 산길을 간다. 제단과 돌무덤으로 표시된 경로, 이 십자가의 길에서 남녀는 잠시 멈춰 기도를 올리고 봉헌물을 바친다. 순례자들은 저마다 작은 돌멩이 꾸러미를 가지고 다니는데 이는 계곡이 가까워질수록 하나하나 가벼워지는 죄라는 짐을 상징한다.

코일루르 리티에서 가장 위험하고 엄숙한 행위를 수행하는 것은 의식 전문가인 **파블리토**pablito의 책임이다. 이들은 예수처럼 가혹한 짐을 짊어진다. 마을 교회의 십자가를 이고 산허리를 올라 콜케푼쿠 빙원에 이르면 산과 흙의 정기가 차오르도록 십자가를 눈에 심는다. 파블리토들은 셋째 날 새벽 동이 트기 전에 끈으로 서로서로 몸을 연결한 채 십자가를 되찾으러 그 얼음판까지 다시 올라가고, 저 아래에서는 순례자 수천 명이 무릎을 꿇고 묵상한다. 산신 아푸에게 경의를 표하는 의미로 모두가 산꼭대기를 바라보며.

해가 뜨면 십자가들이 내려지고 순례자들의 등에 얹혀 시나카라 계곡을 통과하고 산길을 빠져나온 다음 트럭에 실려 마을로 돌아온다. 산에서 작은 얼음덩이도 가져오는데 이로써 경건한 순환이 완성된다. 사람이 산에 가고, 산의 정수가 마을로 돌아와 밭에는 풍요를, 가정에는 안녕을, 동물에게는 건강을 가져다준다. 신성한 지리를 통과하는 순례, 신들에게 표하는 경의는 범안데스 세계 전체의 문화적 생존을 바라는 공동의 기도가 된다.

인류가 처음으로 오스트레일리아 해안에 도착했을 때, 그들은 걷기 시작했고 차차 1만 곳이 넘는 부족 영토를 일궜다. 저마다 독립된 이 고향 땅을 하나로 묶어주는 것은 송라인(노래의 길)으로, 무지개뱀이 살던 시절에 노래를 불러 세상을 만들어낸 태곳적 선조들이 따라간 길이다. 오늘날 송라인의 자취를 밟으며 첫 여명의 이야기를 읊조리는 애버리지니는 드림타임(꿈의 시대)에 들어선다. 이는 꿈도, 시간의 흐름을 가늠하는 척도도 아니다. 드림타임은 선조들의 영역 그 자체, 일반적인 시공간과 운동의 법칙이 적용되지 않고 과거와 미래와 현재가 하나로 어우러지는 평행우주다.

송라인을 걷는 것은 계속 진행되고 있는 세계의 창조에 참여하는 것이다. 세계라는 장소는 존재하면서도 동시에 아직 형성되고 있다. 그래서 애버리지니는 단순히 땅에 부속된 수준을 넘어 땅의 존재에 없어서는 안 될 민족이다. 땅이 없으면 애버리지니는 죽는다. 그러나 이 사람들이 없으면 땅도 시든다. 의식이 멎고 목소리가 고요해지면 모든 것이 사라진다. 땅 위의 만물은 송라인으로 뭉쳐져 있고, 마찬가지로 만물은 한결같으면서도 끝없이 변하는 드리밍(꿈의 상태) 아래에 있다. 모든 지형지물은 기원의 기억과 맺어져 있으면서도 언제나 태어나는 중이다. 모든 동물과 물체는 아득한 옛날 일의 맥박과 공명하면서도 여전히 꿈꾸어져 탄생하고 있다. 대지는 현실의 모든 차원에서 지금까지 존재한 만물과 앞으로 존재할 만물로 암호화되어 있다. 세계는 완벽하고 완전하지만 끊임없이 다시 상상되며 새로워지고 있다. 이 대지를 걸으며 송라인을 기리는 것은 끊임없는 긍정 행위에, 끝없는 창조의 춤에 참여하는 것이다.

콜롬비아 아마존의 숲에서 삶을 펼쳐내는 바라사나족과 마쿠나족의 문화적 통찰에서 가장 심오한 부분은 식물과 동물도 단지 현실의 다른 차원에 있는 인간이라는 깨달음이다. 신화가 대지와 삶에 의미를 불어넣는다. 의식은 사회적 행동의 동력인 규범을 강화하고 숲에서 생존하는 데 필수적인 기대와 행동을 암호화한다. 문화와 자연은 분리되지 않는다. 숲과 강이 없으면 인간은 소멸한다. 그러나 사람이 없으면 이 자연

세계에는 어떤 질서나 의미도 없다. 전부 혼돈일 것이다.

생성 에너지의 흐름을 유지하는 것, 모든 생명 형태의 호혜를 조성하는 것이 샤먼의 의무다. 샤먼은 사제도 의사도 아니며 영계와 끊임없이 대화하는 사절로, 그가 지는 책임은 필요하다면 원자로의 중심부에 들어가 세계를 다시 프로그래밍해야만 하는 핵공학자에 버금간다. 샤먼은 범상한 눈에는 보이지 않지만 마음으로 본다고 하는 바라사나족과 마쿠나족에게는 익숙한 신비의 차원들 사이를 쉽사리 오간다. 공동체 전체를 아우르는 의식에서 남자들은 한데 모여, 신에게 이르는 문 역할을 하는 강력한 물약인 야혜를 섭취한다. 의례용 복장으로 순수한 생각을 뜻하는 노란 왕관을 쓰고 비를 뜻하는 하얀 백로 깃털을 걸치면, 이들은 선조가 되어 신화 속 여정을 다시 체험하게 된다. 모든 성지에 내려앉고 모든 형태를 초월해 온 피조물에 흐르는 순수한 에너지가 한 번 맥동하는 듯한 상태가 된다.

이런 이야기, 이런 문화적 해석 하나하나는 장소에 뿌리를 두고 있으며 특정한 사고방식의 산물이자 삶을 바라보는 고유한 비전 그 자체다. 하지만 모두 공통된 충동을 표현한다. 그것은 죽음이 아니라 현재의 삶과 관계하려는 인간의 근원적인 욕망, 우리를 온통 둘러싸고 있는 보이지 않는 힘, 지금 여기에 있는 초개인적 환상의 영역이다. 물론 죽음은 위대한 수수께끼다. 그 가장자리를 넘어가면 우리가 아는 삶은 끝나고 경이가 시작된다. 죽음이 암시하는 불가피한 결별을 극복하는 방식은 예외 없이 한 문화의 종교적 세계관을 결정한다. 뼈대만 남기고 보면 종교적 갈망과 전통 대부분은 영원과 씨름해 그 위에 서려는 단순한 욕망으로 귀결된다. 반대로 신성을 추구하고 포용하는 것은 죽음과 아무런 관계가 없다. 그것은 오직 삶의 문제다.

신성은 영원하다. 저 먼 과거까지 뻗어 미래를 향해 봉화烽火처럼 빛난다. 어디에나 있고 어디에도 없다. 신성한 것은 희석하거나 훼손할 수 없고, 흡수하거나 모사할 수도 없으며, 거래와 탐욕으로 상품화하거나 저속화할 수도 없다. 결코 보인 적 없어도 감지되는 것, 본질부터 포착하기 어렵고 신비로운 신성은 우리 손이 닿지 않는 곳에 있을지도 모르지만, 언젠가 그 광휘로운 현존을 마주할 수도 있음을 아는 것만으로도 위안이 된다. 시간 제한은 없다. 우리에게서 이 약속을 앗아갈 힘은 존재하지 않는다. 오늘날의 여행자도 옛날의 순례자와 같은 영적 토양을 걷는다.

소년 시절의 내가 아직 기독교 신앙에 속박되어 있을 때 아버지는 종교란 소망을 이루고픈 마음일 뿐이라고, 야박하지 않게 슬며시 거부하셨다. 모든 교회 외부에 광고판을 세워 '중요함, 진짜라면'이라는 경고 문구를 써놓아야 한다는 것이 그분의 뼈 있는 농담이었다. 아버지가 옳았을 수도 있다. 하지만 내가 오래전에 알게 된 신성 추구는 종교와 무관하다. 그것은 죽음 너머에 무엇이 있는지에 관심을 두는 것이 아니다. 사실 신성은 무엇도 주장하지 않는다. 신성은 지금 이 순간 지구라는 파란 보석 위에 존재하는 것의 찬란함을 체현하고 그 광휘를 발한다. D. H. 로런스D. H. Lawrence는 이렇게 썼다. "부처와 예수의 말씀 전에 나이팅게일의 노래가 있었다. 예수와 부처의 말씀이 망각 속으로 사라지고 오랜 세월이 지나도 나이팅게일은 여전히 노래하리라." 순례자의 목표는 한 마리 새처럼 "하늘에 녹아들면서도 천상과 지상을 노래로 채우는" 존재가 되는 것이다. 하늘을 지나면서도 흔적일랑 남기지 않고 신성과 하나되는 것이다.

감사의 말

먼저 나와 함께 이 글들의 작업을 해준 다양한 발행처의 여러 탁월한 편집자, 어맨다 베츠, 맨디 커크비, 캐머런 램, 팀 마틴, 피비 니들, 질리언 텟, 댄 버가노, 거스 웨너, 케이트 윌킨슨, 숀 우즈, 카일 와이엇에게 감사를 표하고 싶다. 아자즈 아메드, 로스 비티, 트리샤 비티, 앤드루 콕번, 러비니아 커리어, 사이먼 데이비스, 캐런 데이비스, 루이즈 데니스, 클레어 엔더스, 데이비드 프리먼, 지니 프리먼, 제임스 게인스, 데이비드 이그네이셔스, 스티븐 킹, 스티븐 쿠닌, 마이클 러빈, 이언 매켄지, 코키 매킨타이어, 스콧 매킨타이어, 올리비아 매켄드릭, 게일 퍼시, 마크 퍼시, 크리스토퍼 폴론, 트래비스 프라이스, 알렉산더 라파엘, 크리스 레이니어, 밥 램지, 요한 라인하르트, 셰파 시걸, 댄 테일러, 토마스 우리베, 산드라 우리베, 앤드루 와일, 얀 웨너, 릭 영은 글들의 일부 또는 전부를 읽고 유용한 조언을 해준 친구와 동료다.

그레이스톤 출판사의 훌륭한 팀, 폴라 에이어, 크리시 캘훈, 제니퍼 크롤, 낸시 플라이트, 젠 고티에, 메건 존스, 롭 샌더스, 제니퍼 스튜어트, 제시카 설리번에게 고맙다. 마지막으로 책의 제목을 정하는 데 아낌없는 도움을 준 피코 아이어, 그리고 이번뿐 아니라 여러 해 동안 너무나 많은 프로젝트에 영감을 준 얀 웨너에게 아주 특별한 감사를 전한다. 종잡을 수 없는 인생에서 닻이 되어주는 가족에게 언제나 그렇듯 고마운 마음이다.

한국의 독자들에게

제 작품이 번역되는 것은 언제나 영광이지만 한국어로 번역될 때면 더욱 영광스럽습니다. 한국어는 참으로 깊은 선현의 지혜가, 학문과 지식을 숭상하는 태도가 정제된 언어니까요. 이런 기회가 생겨 더할 나위 없이 감사한 마음입니다.

이 책의 글들은 광범위한 주제를 다루지만 인류학적 렌즈를 공유합니다. 제목에서 말하듯 "사물의 표면 아래"를 보는 방식이지요.

아쉽게도 저는 한국을 잘 알지는 못합니다. 하지만 이러한 인류학적 관점을 염두에 두고 한국을 다시 제대로 찾는다면 제 여행은 분명 한 가지 질문에 이끌릴 것입니다. 20세기의 많은 시간 동안 그토록 심한 참화를 겪은 국가가 어떻게 그저 존속하는 것도 아니고 막강한 사회적·경제적 영향력을 발휘하는 나라로 부상해 세계적인 귀감이 될 수 있었을까요?

악몽은 일본과 함께 시작되었습니다. 잔혹했던 강점기는 곧 문화 말살을 의미했지요. 일본어가 한국어를 밀어내고 공식어 자리를 차지했습니다. 어린이들은 태어나는 순간부터 일본 천황을 나라의 구원자로 숭배하라는 교육을 받고, 신도神道를 믿도록 강요당해야 했습니다. 일본은 한국의 정체성을 해체하고 역사를 말소하며 가능성을 부정하는 정책을 40년 가까이 노골적으로 펼쳤지요.

1945년 일본이 패전하면서 한국은 주권을 빼앗긴 채 가난 속에 남겨졌습니다. 동시에 새로운 지구적 분쟁의 최전선에 놓이고 말았지요. 이념 간 힘겨루기였던 그 전쟁은 사실 결코 냉전이 아니었습니다. 한반도 전역을 불길로 휘감고 나라를 둘로 쪼갰으니까요. 그 잔해에서 일어선 서울은 이제 세계에서 손꼽히는 대도시가 되었습니다. 북한 정권과의 대립이라는 부담을 견디면서도 남한은 2020년 기준 세계 10위의 경제 규모를 자랑하게 되었습니다.

어떻게 이런 일이 일어났지요? 한 나라가 역사의 분노를, 잔인하기가 가히 광적이었던 그 운명의 흐름을 어떻게 뛰어넘었단 말입니까? 어쩌면 온 국민이 경험한 참상 그 자체에 한 가지 이유가 있을 것입니다. 이런 집단 트라우마는 세대를 관통하여 오직 그것을 견뎌낸 이들만 이해할 수 있지요. 즉 모든 한국인이 이해하며, 오직 한국인만이 이해할 수 있습니다. 그것은 살아낸 경험에 뿌리를 둔, 세대를 넘나드는 설움입니다. 비애가 연대를 고취하는 자극제 역할을 한다고도 할 수 있겠군요.

이를 분명하게 이해한 분이 작고한 박경리 작가입니다. 『토지』한 작품을 쓰는 데 25년을 바친 한국의 유명 작가지요. 이 장대한 대하소설은 한국사를, 그리하여 한국이 20세기에 겪은 고통을 다룹니다. 박경리 작가는 그 참상을 살아낸 분입니다. 전쟁통에 투옥된 남편을 잃은 해에 어린 아들마저 잃고 홀로 모친과 하나 남은 딸을 부양해야 했습니다. 그녀는 글쓰기에서 역경을 벗어날 길을 찾았습니다. 글쓰기로 벅찬 성공을 거둔 후 박경리 작가가 제일 먼저 한 말은 "행복했다면 문학을 하지 않았을 것"이라는 말이었습니다.

훗날 박경리 작가는 이렇게 설명했습니다. "낙원에 산다면 눈물도, 이별도, 굶주림도, 기다림도, 고통도, 억압도, 전쟁도, 죽음도 없을 겁니다. 희망도 절망도 더는 필요하지 않아요. 우리 모두에게 너무나 소중한 희망이 존재할 자리가 없을 테지요. 한국인은 이를 한恨이라 이릅니다. 이해하기 쉬운 말은 아닙니다. 흔히 원망 비슷한 것으로 이해되었고요. 하지만 나는 이것이 슬픔과 희망을 동시에 의미한다고 생각합니다."

아마 여기에 한국의 회복력과 놀라운 성공의 이유가 있지 않을까요. 가족과 화합, 공경 같은 오랜 가치에 문화적 토대를 둔 여러 세대의 남녀는 박탈을 기회로, 굶주림을 희망으로, 비애를 열망으로 바꿀 길을 찾았고 그랬기에 나라가 잿더미에서 불사조처럼 일어나 끝내 세계의 대국들 사이에서 정당한 자리를 확보할 수 있었습니다. 이 일이 어떻게 일어났는지를 이해하면 한국이 겪은 경험의 총체를 바라볼 전망이 열리리라 생각합니다.

한국이 이룬 성취를 생각하면 겸허해지는 한편, 제 졸저가 한국어로 읽히게 되리란 사실이 무척 영광스럽게 느껴집니다. 이제 정말 여행 계획을 좀 세워야겠군요. 여러분의 아름다운 고국과 그 많은 경이를 알게 되기를 진심으로 고대합니다.

웨이드 데이비스

옮긴이 후기

　"세계에서 제일 위험한 섬에 인간 동물원을?" 이 책을 옮기기 시작했을 무렵 읽은 기사의 제목이다. 인도양 노스센티널섬과 그곳에 사는 센티널족을 다룬 2015년 기사로, 2018년 한 미국인이 섬에 접근하다 센티널족에게 끌려가 사망하는 사고가 나면서 업데이트 된 것을 대화 중에 공유받았다. 기사에는 노스센티널섬이 속한 안다만 제도의 이웃 섬 사우스안다만에 사는 자라와족 이야기도 같이 있었다. 이들을 상품 삼은 '인간 사파리' 투어가 2012년에 폭로되어서였다. 안다만 제도를 관할하는 인도 정부가 나름대로 조치는 했으나 몇몇 현지 관광업체는 이후에도 굴하지 않고 노스센티널섬까지 손을 뻗쳐, 기사 표현을 빌리자면 "궁극의 인간 사파리"라 할 수 있는 보트 투어를 기획했단다. 일 자체도 암담했지만, 다른 존재를 그저 오락과 돈벌이의 도구로만 보는 시선은 당장 그 대상이 되지 않는 사람의 마음에도 그늘을 드리운다는 걸 재차 실감하게 하는 기사였다.

이런 행태에 해독제가 있다면 관련 기사에 인용으로든 다른 식으로든 꼭 언급된 인류학일 듯했다. 요즘에는 기업 활동과 관련해서도 많이 이야기된다지만 인류학을 생각할 때 떠오르는 전통적인 이미지는 역시 세계의 다양한 문화에 자신을 던져 현지 조사를 수행하는 탐험가 같은 연구자의 이미지였다. 이 책의 저자 웨이드 데이비스도 그런 인류학자고, 지금까지 국내에 소개된 저서는 세계 각지의 문화를 경험한 내용을 바탕으로 여러 삶의 방식을 볼 수 있도록 독자의 눈을 틔워주는 내용이었다.

이번 책의 방향은 좀 달랐다. 코로나19 팬데믹으로 이동이 제한되고 또 각종 환상이 벗겨지면서, 캐나다인으로 태어났지만 미국 시민권자이기도 한 저자의 "인류학의 렌즈"는 자신에게 익숙한 문화를 직접 향했다. 앞서 번역·출간된 전작들이 지금 지구에 함께 존재하는 다채로운 문화들을 펼쳐 보였다면 이번에는 오늘날 미국, 나아가 서구권 사회의 덮개를 들춰 역사를 되짚거나 비주류 견해를 검토하는 내용이 더해졌다.

내가 충격 요법을 나쁘게 생각하지 않았기 때문인지, 특정 인물을 언급할 때가 아니면 대체로 과격한 서술을 경계하는 듯한 저자의 글은 색다르게 느껴졌다. 처음에는 슴슴한가 싶어도 듣는 사람의 가슴속에 침전되어 있다가 나중에 떠오르는 어른들 말씀 같기도 했다. 내용도 내용이지만, 무엇보다 거듭 말하는 인류학의 렌즈를 장착해보도록 독자를 이끌고자 하는 저자의 바람이 가장 크게 와닿았다. 그 렌즈를 나눠 써 보려 하니 우선 한국 근현대사의 사건들이 역사의 흐름은 물론 인종주의나 사회 체제를 비롯한 여러 문제를 대하는 윗세대의 의식과 태도에 어떻게 영향을 미쳤고 그 영향이 내 세대로는 어떻게 내려왔을지를 기회가 있을 때마다 들여다보고 싶어졌다. 자유 시장을 향한 저자의 강한 신뢰 아래에는 무엇이 있을지도 궁금했다. 기후와 관련해서는 종말론적 경고의 압도적인 공포 속으로 도피하려는 심리가 내게 없지 않았음을 비로소 직시할 수 있었다. 여태 거대 종교하고만 관련지어 생각했던 신성을 다르게 바라보게 되면서 여기에 대해서도 마음의 문이 살짝 열렸다.

"다른 존재 양식과 다른 사고방식, 다른 삶의 비전이 실재"함을 보여주는 인류학이 "이해와 관용과 공감의 백신"이 될 수 있다는 말은 특히 든든했다. 저자가 다룬 사안뿐 아니라 삶의 모든 면을 대할 때 늘 기억하고 싶은 말이다. 눈앞의 좁은 현실에 파묻혀 불이 하나둘 꺼져만 간다고 느낄 때, 아예 눈을 감아버리고 싶다는 마음마저 들 때 이런 관점 하나가 생각의 키를 다시 잡아줄 것이다. 한쪽으로 판단을 내리고 고민을 멈출 때의 아늑함은 익숙하다. 하지만 그렇게 한 갈래 길만 남기면 그 길이 절망으로 향할 때 달리 택할 길이 없다는 사실도, 외면할지언정 마음 깊은 곳에선 모르지 않는다.

여러 갈래 길을 볼 수 있을 때 희망이 생기고 그 희망은 다시 여러 갈래 길로 나타난다는 것을 저자의 글과 만나며 되새길 수 있었다. 가느다란 빛줄기 같기도 하고 희망을 키울 씨앗 같기도 한 인류학의 렌즈를 독자분들과 나누는 데 도움이 되기를 바라는 마음이다.

박희원

사물의 표면 아래

너머를 보는 인류학

1판 1쇄 발행   2024년 6월 28일
1판 2쇄 발행   2024년 7월 17일

지은이   웨이드 데이비스
옮긴이   박희원
펴낸이   김찬

펴낸곳   도서출판 아고라
출판등록   제2012-000002호(2006년 1월 17일)
주소   경기도 고양시 일산동구 정발산로 15 415호
전화   031-948-0510
팩스   031-8007-0771
전자우편   bookeditor@daum.net

©아고라, 2024

ISBN 978-89-92055-80-2 03900

* 이 책은 저작권법에 따라 보호를 받는 저작물이므로
무단 전재와 무단 복제를 금지하며,
이 책의 전부 또는 일부를 이용하려면 반드시
저작권자와 도서출판 아고라의 서면 동의를 받아야 합니다.

* 표지 이미지로 사용된 작품은
SACK를 통해 ADAGP와 저작권 계약을 맺은 것입니다.
저작권법에 의하여 한국 내에서 보호를 받는 저작물이므로
무단 전재와 무단 복제를 금지합니다.